守正创新　行稳致远

——南京审计大学金融学院新文科建设探索

主编　石岿然　刘　妍

中国金融出版社

责任编辑：赵晨子
责任校对：刘　明
责任印制：丁淮宾

图书在版编目（CIP）数据

守正创新　行稳致远：南京审计大学金融学院新文科建设探索/石峝然，刘妍主编．—北京：中国金融出版社，2023. 3
ISBN 978－7－5220－1879－9

Ⅰ.①守…　Ⅱ.①石…②刘…　Ⅲ.①高等学校—文科（教育）—中国—文集　Ⅳ.①G649.2－53

中国国家版本馆 CIP 数据核字（2023）第 019174 号

守正创新　行稳致远——南京审计大学金融学院新文科建设探索
SHOUZHENG CHUANGXIN　XINGWEN ZHIYUAN：NANJING SHENJI DAXUE JINRONG XUEYUAN XIN WENKE JIANSHE TANSUO

出版发行　中国金融出版社
社址　北京市丰台区益泽路 2 号
市场开发部　（010）66024766，63805472，63439533（传真）
网上书店　www.cfph.cn
（010）66024766，63372837（传真）
读者服务部　（010）66070833，62568380
邮编　100071
经销　新华书店
印刷　北京九州迅驰传媒文化有限公司
尺寸　169 毫米×239 毫米
印张　18.5
字数　320 千
版次　2023 年 3 月第 1 版
印次　2023 年 3 月第 1 次印刷
定价　76.00 元
ISBN 978－7－5220－1879－9

推进新文科建设，培养复合型人才

（序言）

2016年5月17日，习近平总书记在哲学社会科学工作座谈会上指出“一个国家的发展水平，既取决于自然科学发展水平，也取决于哲学社会科学发展水平。”哲学社会科学的发展离不开学生、学术、学科一体的综合发展体系。与此同时，在社会大变革、百年未有之大变局和实现“两个一百年”奋斗目标的历史大背景下，我国的文科教育也承载着提升综合国力、坚定文化自信、培养时代新人、建设高等教育强国以及文科教育融合发展等多重使命，这些使命共同指向一个方向——新文科教育。

目前，人工智能、区块链、5G等新技术在创造新知识的同时，也深刻改变着人类的生产模式、生活方式和价值理念，部分传统的、单一型的服务型岗位正逐渐被淘汰，社会对复合型人才的需求愈加旺盛。针对这一趋势，新文科建设强调坚持“四个面向”，要求专业建设能够主动适应国家和区域经济社会发展需要，通过人才培养目标与课程体系的调整，提高人才培养质量与发展潜力。

我国正处在实现“两个一百年”奋斗目标、实现中华民族伟大复兴的关键节点。民族复兴不仅仅是经济和科技的复兴，也是文化的复兴。中华民族在几千年历史中创造和延续的优秀传统文化是中华民族的根和魂。在现代高等教育中，如何传承中华优秀文化根脉、创新文化发展、树牢文化自信、促进多元文化交流交融是文科教育面临的新使命。在建设中国特色社会主义市场经济的实践过程中，如何提炼与之相适应的、根植于中国的经济学理论，如何在文科理论体系中强化中国声音，实现文科中国化和国际化，同样是文科教育需要思考的新问题。

新文科由变而新，从使命到内涵都得以深化拓展，这对高校文科教育工作者提出了新的挑战与要求。为切实提升新文科建设成效，南京审计大学金融学院通过理念认同与制度建设，形成合力，积极探索新文科背景下的专业、课程与教材建设，力图培养厚植家国情怀、深蕴人文精神与理工气质的复合型、创新型金融人才，在新科技革命与文科融合、产学研融合、金融思政、讲好中国故事、教学改革等多方面进行了思考与创新，形成了丰富的教学成果和研究成果。为总结学院新文科建设的阶段性工作成果，同时加强与文科教育其他同行的交流，金融学院组织编纂本论文集。

可以预见的是，新文科教育建设与中华民族伟大复兴的征程一样，将是一个长期过程，需要文科教育的各位同行继续携手前行。借此序，期望金融学院以生为本、持续改进，不断提高高等文科教育的时代性、科学性和创造性。在新文科教育实践中，进一步明确总体目标，提升价值引领，促进专业优化，夯实课程体系，推动模式创新，打造质量文化，培养顺应时代发展、符合国家战略需求的复合型、创新型金融人才。

走深走实，行稳致远。是为序。

教育部金融类专业教学指导委员会委员

南京审计大学党委常委、副校长

卢亚娟

2022 年 9 月

目　录

守正创新　行稳致远

——南京审计大学金融学院新文科建设探索

新文科建设背景下的金融类专业产教融合创新实践[①]

石岿然　曹源芳　严伟祥

（南京审计大学金融学院，江苏　南京 211815）

一、引言

我国高等教育经历了不平凡的发展过程，从阶段性特点来看，1978—1998 年是高等教育体系重构与国际接轨的 20 年，1999—2019 年是优先布局的 20 年，未来中国必将迈向建设教育强国的征程。其间，我国应用型本科院校的发展也历经“探索、转型、提升”三个阶段。当前，全球经济社会正发生着深刻的变革，2021 年 4 月 20 日，习近平总书记在清华大学考察时指出，“用好学科交叉融合的‘催化剂’，加强基础学科培养能力，打破学科专业壁垒，对现有学科专业体系进行调整升级，瞄准科技前沿和关键领域，推进新工科、新医科、新农科、新文科建设，加快培养紧缺人才”。

自 2017 年“四新”（新工科、新医科、新农科、新文科）概念被首次正式提出以来，国内各高校直面“四新”建设这一宏大课题，积极探索“四新”的内涵特点、框架体系和建构方案（龚旗煌，2021；刘振天，2021）。正如教育部高等教育司吴岩司长所指出的，以推动学科专业改革为代表的“新教改”、以发展在线教育教学为代表的“新形态”、以培养创新创业能力为代表的“新质量”，正在成为我国高等教育的重要发力点。

2020 年 11 月，教育部新文科建设工作组发布《新文科建设宣言》，吹响了新文科建设的号角，对新文科建设作出全面部署，并描绘了新文科建设“施工图”（樊丽明，2020）。在一定程度上，新文科发展水平是思维、能力和

---

① 资助项目：国家社科基金项目（22BGL009）。

作者简介：石岿然（1971—　），男，湖南湘潭人，教授，南京审计大学金融学院院长；曹源芳（1974—　），男，江西宜春人，教授，南京审计大学金融学系主任；严伟祥（1974—　），男，安徽安庆人，副教授，南京审计大学投资学系主任。

素质的整体反映，关系着社会的繁荣发展和国家软实力的提升（马骁和李雪，2020）。当前，数字化、智能化背景下的新科技革命步伐日益加快，同时全球持续的疫情对人们生活结构、学习空间和行为方式也带来了深刻影响（王萍等，2022），二者的双重叠加对高校专业、课程、教材的建设带来了前所未有的挑战和机遇，将进一步加速高等教育的生态系统变革，加快重塑高等教育的关键技术与实践，同时对交叉复合型、实践能力强的人才也提出了更为迫切的需求。

新文科建设的根本任务是提高人才培养质量。就金融学类专业人才培养而言，新文科应明晰应用性、内涵式、特色化的发展路径，既要培养时代需要的“理论研究者”，更要注重培养金融行业和区域发展需要的复合型人才。这就要求新文科构建有序、有机、有效的教学资源整合机制，培养产教对接、学用融合的金融人才。

二、深度融合，构建专业发展新范式

《国家中长期教育改革和发展规划纲要（2010—2020 年）》提出，“重点扩大应用型、复合型、技能型人才培养规模”。其后，国家层面多个文件都有涉及，包括新型城镇化、创新驱动发展战略、中国制造 2025、深化产教融合等国家战略规划文件中对应用型人才培养均有协同部署，这标志着培养“应用型人才”成为国家意志。“产教融合”作为加强应用型人才培养的重要模式，近年来在一系列政策的密集出台下得到了深入推进（见图 1）。

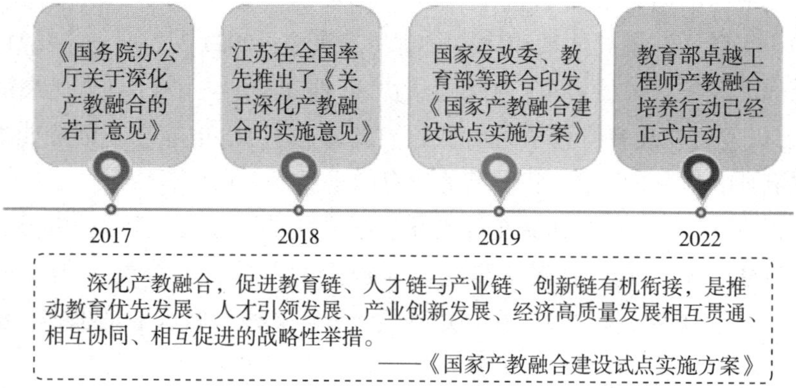

图 1　产教融合建设相关政策梳理

教育家潘懋元（2011）认为，应用型教育是面向上以行业性为主导，性质上以专业性为主线，类型上以应用型为主体，层次上以教学型为主流，模式上以实践性为主载，本质上是建立在普通教育基础上的本科层次的应用型专业教育。在上述理念的指引下，南京审计大学金融学院近年来在产教融合方面进行了积极的实践和探索。

（一）专业定位

南京审计大学金融学院有着70余年的办学历史，金融学类专业是教育部“本科教学工程专业综合改革试点”“国家级特色专业建设点”“江苏省品牌专业”，现有3个“国家级一流本科专业建设点”。长期以来，金融学类各专业紧密联系地区经济与社会发展对人才需求的客观实际，不断扩展原有优势并提升既有水平，依托金融学科这一江苏省重点学科基础，以金融风险管理研究中心、江苏省“青蓝工程”优秀科技创新团队、复合型应用性金融人才培养模式创新实验基地、江苏省省级实验教学示范中心等平台为支撑，培养具有良好道德文化素质和社会责任感，系统掌握金融基本理论、基本方法和实践技能，能够在银行、证券公司、投资公司、保险公司、资产管理公司、金融控股集团等金融领域及其他经济管理部门和企业工作的复合型金融人才。

（二）产教融合长效机制

当前社会经济发展迅速，高校金融学类专业的人才培养体系面临巨大挑战。在高校金融学类专业人才的培养过程中，通过深化产教融合推进人才培养质量的提升，实现金融学类专业产教结合，对促进人才培养模式的持续优化具有重要意义。为此，南京审计大学金融学院着重从两个方面构建了产教融合长效机制。一方面，加强产教融合育人机制的宣传与推广，通过政策引导形式强化学生、企业及家长对该机制的认知，以此获取多方力量的支持；另一方面，建立健全引导机制，联合校企双方优秀管理人员与专业教师共同参与，及时发现产教融合育人过程中存在的不足，共同协作，互利共赢。

（三）专业发展规划

金融学类专业以国家级一流本科专业建设为契机，围绕“高质量发展”这一主题，全面贯彻党的教育方针，以教育部本科人才培养质量标准为标杆，从应用型人才培养的定位出发，沿着“高端化、国际化、特色化”的办学发展方向，以“OBE 理念”（目标导向教育）为引领，以学科专业发展为龙头，科学地规划师资队伍建设和人才培养工作，稳步提升金融学类专业实力，为实现复合性创新性应用型人才培养目标，确立以“传统金融＋金融科技”“传统金融＋金融审计”方向为主的培养方向，充分发挥金融助力地方经济发展的作用，将金融学类专业建设成为省内颇具特色、国内有一定影响力的学科专业。

（四）人才培养方案修订

人才培养方案是高校规范教学环节的纲领性文件，也是专业建设的重要依据。为适应经济社会发展对金融人才的新要求，进一步深化教育教学改革，增强人才培养的适应性，构建具有我校特色的金融学类专业人才培养体系，金融学院基于“思政引领、科技赋能、学科交叉、产教融合、国际视野”的思路，依据专业发展定位、专业人才社会需求变化、专业办学条件的变化，对人才培养方案进行修订，吸纳业界专家参与指导，不断优化专业课程体系。专业课程设置上做到夯实专业基础，打通经济与管理基础课程，提高信息类课程比重，增设金融大数据分析专业课，逐步提高实践教学学分比例，以提升学生的应用能力，构建起符合应用型金融学类人才培养的理论教学体系与实践教学体系。

（五）实践教学体系重构，教学模式与方法创新

一方面，不断更新专业实践和综合实践教学内容。一是继续对实验项目、实验内容进行调整，根据专业特点增设部分独立实验和综合性实验等。二是进一步整合实验内容，加大虚拟实验室建设力度，突破学科实验课程间的壁垒，减少重复性和验证性实验内容，提高实验的效果和质量。

另一方面，加大实验室建设力度，建立功能完善、结构合理、管理高效的实验室运行机制和管理体系。加大实践教学基地建设，逐步增加实践教学专项经费，不断建设校内实习实训基地，积极拓展校外实践教学基地，培养学生的创新精神、动手能力和团队意识。加大实践教学师资队伍建设，采取在岗学习、专题培训、定期考核等方法，提高教师的实践教学指导能力。同时，完善金融学类专业教学实践环节的质量标准，健全实践教学质量监控体系。

三、产教融合，赋能人才培养新体系

产教融合是学校与企业合作实现共赢的重要模式，也是金融学类专业借此体现自身经济价值、社会价值和教育价值等独特优势的方式。这种模式能够突出金融学类专业的办学特色，同时为企业培养大批“定制化”的人才。为此，建立产教融合型教学资源库成为深化产教融合的重要内容。

（一）课程设置

围绕“培养复合性、创新性、应用型人才”的总体目标，坚持以能力为

核心，以就业为导向的课程建设思路，紧贴企业需求，坚持以就业率的高低作为衡量专业建设质量优劣的重要标准，深入行业和企业调查研究，大胆改革，探索以行业、企业需求为导向设置新的专业课程体系。运用宏观统筹、合理布局、结构平衡、整体优化的策略，全面修订金融学类专业的教学计划，课程体系构架中突出理论与实践紧密结合的特点（见图2）。

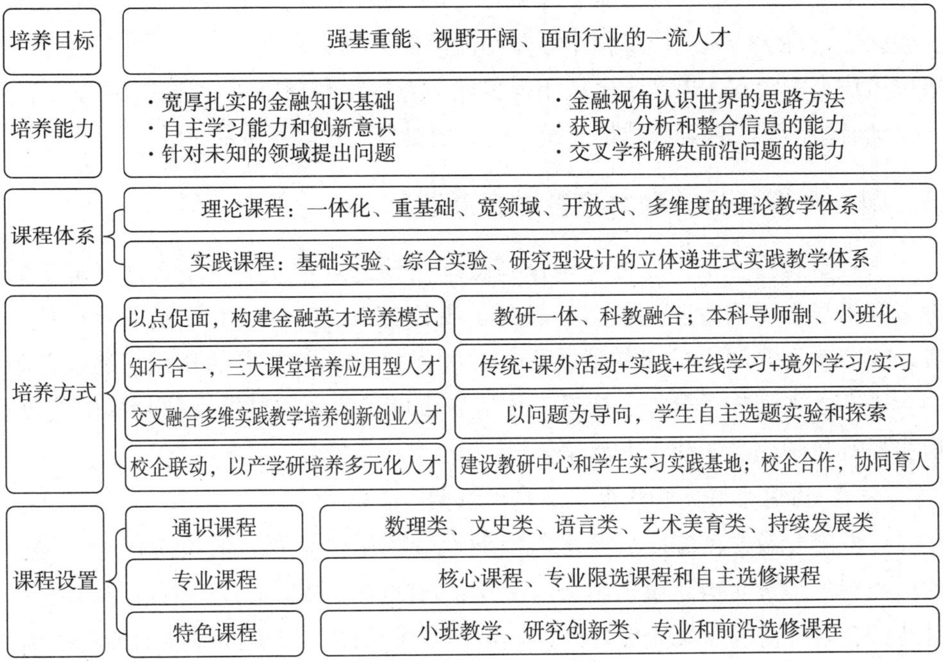

图2　基于产教融合的人才培养体系架构

（二）教材教案开发

金融学类专业结合本专业教学实际及行业对金融人才的需要情况，开发具有自身特点、科学实用的教材教案。一是建立校企共同参与的教材教案沟通机制。在《商业银行业务与经营》《金融学》《金融审计》等江苏省“十三五”重点教材及《金融风险管理与监管科技》等最新教材的编写过程中，由教学一线骨干教师组成的教材编写组，积极邀请本领域的行业专家参与指导，形成了符合行业发展实践的教材内容体系。二是以教材教案开发为纽带，推动校企的深度融合。通过校企多方联动，提高南京审计大学金融学类专业的整体水平，满足社会对金融学类专业高素质人才的需求，为江苏经济社会发展提供高质量的金融人才保障服务。

（三）实习实训

充分利用现有的实践教学平台，提高使用率；课程中有优秀的创新性设计实验，为提高学生的实际操作能力，确保提高学生的原创性研究和启发式思维能力；通过5个虚拟仿真实验室的建设，强化创新性、设计性实验课程的积累；所有实验课建设均包含齐备的实验大纲、教师指导书和实验记录，均通过反复打磨臻于完善；在已有的实验室基础上，进一步加强内涵建设，整合建成涵盖实验教学、科学研究、产学合作等多功能的江苏省省级实验教学示范中心及省级虚拟仿真实验室，提高学生应用操作能力及师生科研能力，通过不断总结实习实训经验，积极探索人才培养模式，全面提高人才培养质量。

四、师资建设，助力产教融合新改革

产教融合模式下，高校与企业是教学活动的双重主体，是人才培养的管理者和引导者，双方互利共赢。教师是高校教学、人才培养活动的具体执行者，在产教融合深入发展的背景下，教师发挥着至关重要的作用。通过产教融合进一步加强校企合作，提升人才培养质量，就必须要重视教师队伍建设，切实提升教师的教学质量和水平。

（一）构建共培互聘师资队伍建设机制

产教融合教学模式下，金融类专业充分利用校企双方的资源优势，构建共培互聘的师资队伍建设机制，以使专业教师能够得到全方位的培养和提升。对此，金融学院与多家企业之间构建定期联系机制，鼓励教师参加师资培训、技能培训、知识竞赛、国内外学术交流；聘请企业家、企业技术人才和管理人才担任学院兼职导师，对金融类专业开展不同类型、丰富多彩的讲座与指导；鼓励青年教师与企业管理人员结对学习，深入企业开展实地调研，构建产教融合背景下高校与企业、教师与企业之间的沟通与协作机制。组织教师深入企业中开展学习和调研，既丰富了教师的理论知识，又提升了其实践技能，形成了一支高素质、高水平的教学团队。

（二）师资队伍教育教学能力提升

产教融合的发展对专业教师的教学能力提出了更高的要求，不仅要掌握相关的金融学类专业知识，还需提高教学、科研、社会实践等多方面的能力。同时，还要拥有开展各项教学活动、教学比赛的能力，具备指导学生将所学金融知识运用到所学专业的实践指导能力，并能够面向行业需求开展相应的社会服务。因此，在产教融合背景下，对于教师的教学能力提出了更高的要求。因此，为进一步提升教师的教育教学能力，我校金融学类专业在实践过程中注重把握好以下三个方面。

一是教师树立产教融合教学理念。专业教师观念上的转变是实施产教融合的首要条件。在产教融合过程中，要求专业教师要积极转换角色，深入理解产教融合的相关含义以及教学理念。在日常教学活动中，熟悉产教融合对于金融教育提出的具体要求，让金融学类专业教学既能遵循金融专业教学规律，又能满足产教融合的总体要求，使知识学习与金融专业教育有效融合，实现具有金融特色的产教融合。

二是提高金融学类专业教师的综合素养。为了满足产教融合的要求，需要进一步提高金融学类专业教师的综合素养。为此，在教学过程中既要求教师重视金融理论教学，也注重提高学生的实践应用能力。为了更好地提高学生的实践应用能力，要求金融学类专业教师在课堂上做到理论联系实际，使学生了解未来的金融职业与工作场景。通过上述途径，金融学类专业教师的教学能力、教学理念、知识领域也得到了拓宽，提升了教师的科研能力、专业实践素养。

三是构建教师实践培训体系。为了使教师全面掌握所授专业的知识体系，鼓励教师进入企业开展实践和实地调研，通过短期培训等方式推动青年教师深入企业开展实践活动。教师在实践当中发掘出将金融理论与实践有机结合的方法，找到适用于产教融合的教学模式，切实提升了学生的理论与实践有机结合的能力。青年教师也增加了社会服务的经验，有助于提高自身专业能力，拓宽科研研究领域，最终反哺教育教学。

（三）绩效考核分配制度改革

绩效考核分配制度在产教融合过程中发挥着引导作用。近年来，在金融学类专业建设过程中，通过加大相关经费的投入，不断增强实践教学的力度，拓展校企共建的范畴，对在产教融合发展中作出重要贡献的教师在绩效考核分配方面予以倾斜。另外，建立及时的反馈机制，灵活调整绩效评价考核内容和方式，使之不断完善，不断提高教师参与产教融合的积极性。

五、协同发展，打造双创教育新生态

金融学院始终“坚持产教融合、科创融合、专创融合”的三位一体创新育人理念，构建了以“双创教育为引领，以学生成长为导向，以教学改革为手段，以研究项目为载体”的培养模式，着力打造育人为本、创新驱动、深度融合、多维协同的创新创业育人局面。

（一）以课程为载体，将双创教育贯穿始终

全面修订人才金融学类五个专业及两个专业方向的培养计划，通过多元化协同培养机制，强化全产业链的培养合力，将创新创业教育与入学教育、课堂教育、专业实践以及科研训练相衔接，并将双创教育纳入学分管理之中，实现参与双创课程和训练的学生全覆盖。开设《创新创业大讲堂》公共选修课及《创新思维训练》《创新创业》等在线开放课程，累计有3000名学生参加创新创业课程。

（二）以平台为驱动，提高双创教育实效

充分依托丰富的金融行业资源，与弘业期货股份有限公司、中信证券江苏分公司、民生银行南京分行等金融机构紧密合作，成立以学生创新创业教育及创业孵化为核心的“人才培育平台”“科研创新平台”“公共服务平台”及“协同创新平台”四大服务平台，为学生创新创业项目孵化提供全方位服务保障。

（三）以企业为依托，优化双创教育成果

金融学院以南京市江北新区研创园为双创教育的重要载体，与多家入驻企业进行深度对接，在人才培育、科学研究、社会实践、成果转化等方面进行合作。邀请入园企业相关负责人、技术骨干担任学院创新创业兼职导师，组织讲座、培训、双创训练营等50多次，共吸引4000余名学生参加，从技术、资金、孵化等各个方面为学生创业提供指导和支持，实现了以企业为依托优化双创教育的目标。

（四）以大赛为抓手，组织学生积极参赛

鼓励学生结合“暑期社会实践”“创青春”“挑战杯”等活动，积极申报“互联网+青年红色筑梦之旅”大赛，有效推动创新创业教育与思想政治教育相融合，推进创新创业实践与乡村振兴战略、精准扶贫脱贫相结合，为乡村振兴注入新动能。近五年来，金融学院学生共获得国家级奖项120个，省部级奖项330个，深度对接双创团队70个，服务团队140多次，对团队服务指导孵化不断线。

六、能力强化，探索实践育人新模式

南京审计大学金融学院被誉为“江苏金融黄埔”和“行长的摇篮”，办学资源丰富。近年来学院进一步深化专业综合改革，坚持以学生为主体，突出产教融合，创新应用型人才培养模式，提升教学的针对性、灵活性、新颖性与实效性。

（一）人才培养成果

一是构建了多层次实践教学体系。依托省级实验教学示范中心和教育部校外实践教育基地（南京审计大学—民生银行南京分行实践教育基地），以及弘业期货股份有限公司期货人才实践培训基地等，形成了线上与线下融合、课内与课外融合、金融与科技融合的多层次实践教学体系。

二是提高了实践教学体系的信息化程度。金融学类专业实践教学在荣获江苏省教育成果一等奖的基础上，相继构建了集江苏省高等学校实验教学示范中心、教育部校外实践教学基地、江苏省高校在线开放虚拟仿真实验教学系统为一体的实践教学体系。

三是形成了具有示范效应的“学院、书院、校外三联动”人才培养机制。在解决过分重视专业教育、通识教育不足的难题上，本专业形成了本科生导师制及学分制、书院特色通识教育课程体系、校外实践导师评价制度三者联动的人才培养机制，受到社会的广泛关注和好评。

四是积累了一系列教育教学成果。江苏高校品牌专业建设工程一期项目（金融学）建设验收顺利通过；《金融学》等两门课程获得国家级“金课”，6门课程被认定为省级精品在线开放课程，5门课程获得江苏精品（重点）教材立项建设；3名金融学教师参加江苏省第二届教师教学创新大赛；金融学类3个专业连续获得首批国家级一流本科专业建设点，2021年金融学专业入选首批“江苏省高校国际化人才品牌专业”（本年度全省金融学类唯一入选专业），2022年金融学专业入选首批“江苏省高校产教融合型品牌专业”（本年度全省金融学类唯一入选专业）（见图3）。

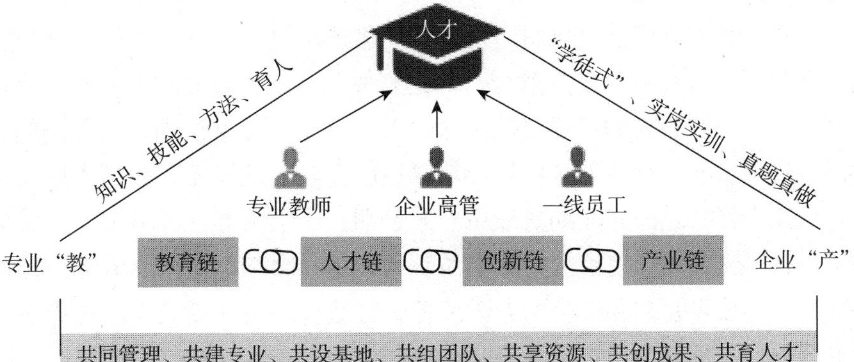

图3　金融学类专业产教融合新模式

根据艾瑞深中国校友会网站公布的专业排行榜，南京审计大学金融学类专业排名江苏第一；江苏省银保监局数据显示，我校金融校友任支行行长以上人数超过1000 人；据《江苏省高校毕业生就业、预警和重点产业人才供应报告》显示，金融类各专业是毕业生最愿意推荐的专业。

（二）主要特色和社会辐射

近年来，金融学院实施“学院＋企业”育人模式，通过与地方政府、科研院所、企业“三方”联合，课程、创新、实践“三课”联动，校园、研创园、研究院“三位”一体，创新了产教融合体制机制。

一是构建特色优势金融类专业群。根据金融业对高层次人才的需求，强化人才链与产业链对接，将学校相关专业整合为专业群，统筹管理，提高与产业对接服务的能力。以金融学类专业为核心专业，投资学、保险学、金融工程、信用管理、金融科技等为支撑专业，构建金融类专业群，加强专业交叉与融合，“做精”核心课程、“做实”基础课程、“做特”模块课程，满足金融业对不同岗位人才专业能力要求。近年来，已建成 3 支校企合作教学团队，产教融合专业课程比例达 30% 以上，为区域产业发展提供 2000 多名高素质应用型本科人才，为社会培训金融人才 2 万余人。

二是打造产教融合的学科高地。通过政府支持、校企合作，全面建成以长江学者为核心的经济与金融研究院，以优秀中青年学者为核心的银行与货币研究院，以国务院政府特殊津贴专家为核心的新金融研究院三大研究平台，打造省内领先的金融领域学科高地，为江苏省金融业发展提供技术支持，为区域金融的可持续发展提供咨询服务，为金融业高层次人才培养与社会培训提供智力支撑，为区域企业服务。横向项目研究经费每年在 500 万元以上，20 多份研究报告得到国家审计署、江苏省和南京市领导的批示。

三是创新学院办学体制机制。创新政产学研转创“六位一体”管理机制和校园、研创园、研究院“三方融合”的运行体制，建立政府政策引导、校企深度融合、全程协同育人的培养机制，深化人才培养“标准协同、过程协同、师资协同、资源协同”校企四个协同，培养适应金融业发展需求的高素质应用型人才。依托合作共建的弘业期货股份有限公司、中信证券江苏分公司、民生银行南京分行、光大银行南京分行等单位，共同为社会培训金融业人才。经过几年的建设，形成可复制和推广的办学经验，打造长三角区域具有一定影响力的金融人才培养高地，为区域金融的发展提供强有力的人才支撑。

七、结语

新文科建设是学科发展的自然延伸，也符合学科发展的规律。“新文科”的“新”不仅是强调形式之新，更是思维理论之新、应用实践之新。因此，新文科建设既要以文科发展历史为主题进行“写生”，也要对知识体系进行“侧写”；既要对学科管理进行“素描”，也要就教育评价进行“勾勒”。

在新文科建设背景下，南京审计大学金融学院贯彻新理念、实施新改革、探索新路径、推动新发展，积累了一些经验，探索了产教融合发展新模式。金融学专业在获得江苏省高校首批产教融合型品牌专业的前提下，引入行业标准，重构课程体系，积极探索“课程嵌入”“定向培养”“分段教学”“工作室模式”等形式多样、机制灵活的产教融合模式，在真实具体的情境中培养学生的行业实践能力，建立行业文化自觉，增强学生的自主学习能力、创新能力和团队合作意识。产教融合型专业以其鲜明的跨专业性、职业性、应用性等特征，深受学生、家长和社会的欢迎和认可。

参考文献

[1] 习近平．在清华大学考察时的重要讲话［N］．人民日报，2021-4-20.

[2] 龚旗煌．新文科建设的四个“新”维度［J］．中国高等教育，2021（1）：15-17.

[3] 刘振天．文科知识生产的本土逻辑及高校新文科建设的路径［J］．中国高教研究，2021（11）：7-14.

[4] 樊丽明．“新文科”：时代需求与建设重点［J］．中国大学教学，2020（5）：4-8.

[5] 马骁，李雪．创新与融合：学科视野中的“新文科”建设［J］．中国大学教学，2020（6）：31-33.

[6] 王萍，王陈欣，赵衢，等．数智时代高等教育发展的新趋势与新思考——《2022地平线报告（教与学版）》之解读［J］．远程教育杂志，2022（3）：16-23.

[7] 潘懋元．应用型人才培养的理论与实践［M］．厦门：厦门大学出版社，2011.

数字化背景下产教融合协同育人机制的创新路径

——以金融学专业为例①

李　丹

当前我国经济已经进入高质量发展阶段，“十四五”规划中指出要加快数字化发展，促进数字经济与实体经济的深度融合。作为现代经济的核心部分，金融数字化转型已经覆盖各类金融机构业态和金融服务，银行业积极贯彻人民银行提出的《金融科技发展规划（2022—2025年）》，运用金融科技进行数字化转型。金融行业的数字化转型对于金融学专业人才培养目标、路径及模式等方面提出了更高的要求和挑战。然而，当前部分高校金融学专业还存在人才培养理念落后、人才培养方案与金融行业数字化转型需求不匹配等问题，迫切需要推进金融学专业人才培养的变革。深化产教融合，构建多主体协同育人机制是解决金融数字化人才少问题，培养具有创新能力、跨界整合能力的复合型高质量金融人才的重要举措。

一、产教融合的内涵及发展

（一）产教融合的内涵

产教融合是指政府、学校、行业以及企业通过整合各方资源优势，开展多方位、深层次的产学研合作，共同培养高素质的综合性创新人才，以此推动产业升级，提高区域经济的高速发展。王泳涛（2020）认为产教融合实质是产教协同育人，形成以需求为导向的人才培养模式，从而解决人才教育供给与产业需求的结构性矛盾。新时代的产教融合应该是将学生学习与教师教学、科研机构科研、企业生产实时结合起来，学习过程中贯穿理论知识和操作实践，从而实现高校和企业的良性互动与深度合作，完善以市场需求为导

① 本论文得到了南京审计大学新文科课题“新文科背景下‘三位一体’教学质量保障体系构建与评价机制研究”（2021JG191）、南京审计大学国家级一流专业（投资学）建设专项课题“投资学专业教师教学质量提升机制研究”（2021JG123）的资助。

向的人才培养机制，进而培养出理论知识扎实、实操能力强的复合型人才（陈宇红、孙秀茹，2022）。

从高校角度来看，产教融合可以整合政府、企业等各方资源，实现各方资源的优势互补，通过理论学习与实践相结合，有利于提高学生的创新能力，提高人才培养质量；从企业角度来看，通过与高校合作，企业可以与高校共同开发科技创新，将科研成果转化为生产力，同时可以获得企业需要的对口人才，有利于产业发展和升级；从政府角度来看，产教融合可以提高高等教育人才培养质量，提高学生的创新能力，一方面可以提高国家的科技创新能力，另一方面可以促进就业，提高经济的高质量发展水平。

（二）产教融合的发展历史及现状

随着社会发展和科技进步，创新已经成为国家发展的重要驱动力。产教融合的雏形最早出现在美国（刘桔林等，2022）。1906 年，美国辛辛那提大学提出采用工学交替的产教融合方式，学生分别在高校和企业学习，企业的实践学习显著提升了学生的实践动手能力和创新能力。1973 年，加拿大成立合作教育协会，并制定了世界上第一个产教融合认证标准和流程，有效保障了人才培养质量。此外，日本推出了产学官模式，高校与当地企业合作开展应用型研究活动，教学研究与区域经济相结合；新加坡推出“教学工厂”模式，学校引入现代企业的先进设备，教学实践活动主动适应企业需求；德国推出的“双元制”学徒模式，是由政府统筹，通过法律制度将校企协同育人的“双元制”学徒教育体系纳入教育整体框架，以及英国推出的“三明治”模式，这些产教融合模式在各个国家都取得了巨大成功。

我国最早从 20 世纪 90 年代开始探索产教融合育人模式，建立产学研的校内外实训基地，开展校办企业。由中国产学院合作教育峰会于 2009 年公布的《中国产学研合作教育发展宣言》是最早提出产教融合的文件（刘林生等，2022），随后一系列的国家层面的文件相继颁布。2013 年，党的十八届三中全会提出要深化产教融合和校企合作，同年教育部颁布的《教育领域综合改革意见》中提出高校要积极开展产教融合的人才培养理念和模式改革。2017 年，国务院办公厅针对产教融合发布了《关于深化产教融合的若干意见》，强调要深化产教融合，实现学校端的教育链、人才链与行业企业端的产业链、创新链有机衔接。2019 年，国家发展改革委等多部门制定了《国家产教融合试点建设方案》。2021 年，认定首批国家级产教融合试点城市 21 个，产教融合试点企业 63 家（张健、马遇乐，2022）。2022 年 1 月，教育部、财政部、国家发改委联合发布的《关于深入推进世界一流大学和一流学科建设的若干意见》再一次提出要强化高校、科研院所和行业企业的协同育人，深化产教融合，全面提升创新型、应用型以及复合型优秀人才的培养能力。

产教融合协同育人能够将科研实践、人才培养与社会需求联系起来，从而培养学生的创造精神，为社会培养更多的创新型复合人才，但我国的产教融合实践时间不长，当前产教融合协同育人机制还存在各种阻碍，需要进一步探索。学校方面存在教育形式单一，专业设置、课程实训不灵活，存在与产业端脱节现象，从而出现了校热企冷"两张皮"问题，教育供给侧与产业需求侧之间存在结构、质量以及水平上的错位问题，部分参与主体思维认知局限，校企合作深度不够，同时缺乏充足、有效的保障，而且缺乏有效的产教融合监督考核机制，难以有效检验成果（张小梨，2022；张志平，2022）；产业方面，企业仅在人才培养链条的需求方单点接入，没有实现教育链与产业链的全流程闭环，企业作为支持性角色，发挥作用有限，限制了产教融合的深入开展，没有形成规模性成果（张健、马遇乐，2022）。2019 年，我国共有 5.7 万家企业开展产学研结合创新模式，其中与高等学校合作的企业占全部合作创新企业的 28.2%，也就是绝大多数企业仍然是通过自主创新的形式进行产品和技术研发，产学研协同育人意识较低（王亚煦，2022）。因此，数字化背景下如何探索并优化金融学专业产教融合的多主体协同育人路径具有重要的现实意义。

二、数字化背景下金融学专业产教融合协同育人需求分析

随着人工智能、大数据等新一代信息技术的应用，全球经济开始向数字经济转型，金融科技正在重塑金融行业生态，中国工商银行成立金融科技公司，推出了智慧银行生态系统；中国银行通过设立数据资管部来进行数据挖掘；中国农业银行打造"农银 e 贷"的线上融资平台等。金融行业的数字化转型成为银行业的必然选择，对金融科技综合人才的需求激增。产教融合有利于金融业借助外部优势资源开展金融科技创新，加速数字化转型。

（一）学生端的产教融合协同育人需求分析

本文以南京审计大学金融学院、经济学院专业学生为调研对象，开展了关于产教融合方面的问卷调查，学生涵盖大二、大三两个年级，发放 130 份问卷，回收 127 份，问卷回收率为 98%。问卷涵盖学生的专业培养情况、实践教学教师情况以及产教融合三个方面。

1. 专业培养情况。从调研数据看，当前学生对于本专业的培养方案了解不够，仅有 16% 的同学非常熟悉本专业的培养方案，79% 的同学只是一般了解；从学生对当前课程设置的反映来看，有 24% 的同学认为当前课程设置对于其未来就业非常有帮助，绝大多数同学认为帮助程度一般（见图 1）。通过问卷我们还了解到有 24. 4% 的同学认为当前通识教育对自己未来的成长、能力的培养具有非常重要的影响，仅有 11. 8% 的同学认为意义不大。

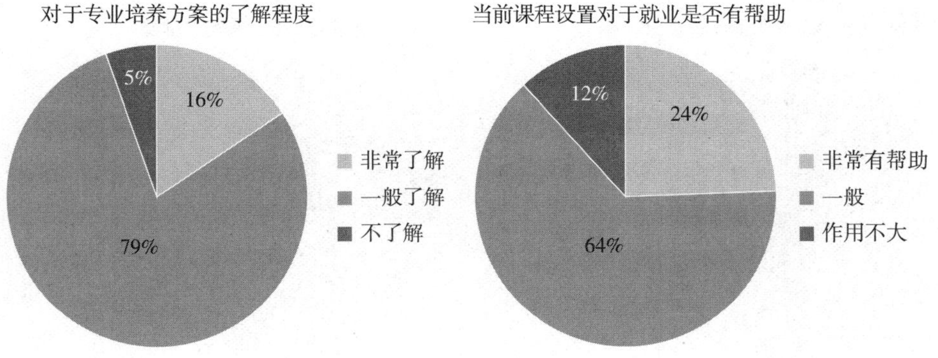

图 1　专业培养情况

2. 实践教学教师情况。通过问卷调查了解到当前实践教学老师及时掌握金融行业的发展动态，有 71. 7% 的同学认为授课老师非常了解当前金融行业的发展现状。有 48% 的学生认为实践教学对于以后的职业发展非常有帮助，同时，教师在实践教学过程中坚持以学生为中心展开实践教学活动，调研数据显示 52. 80% 的学生认为教师在上课过程中注意培养学生的创新和动手能力（见图 2）。

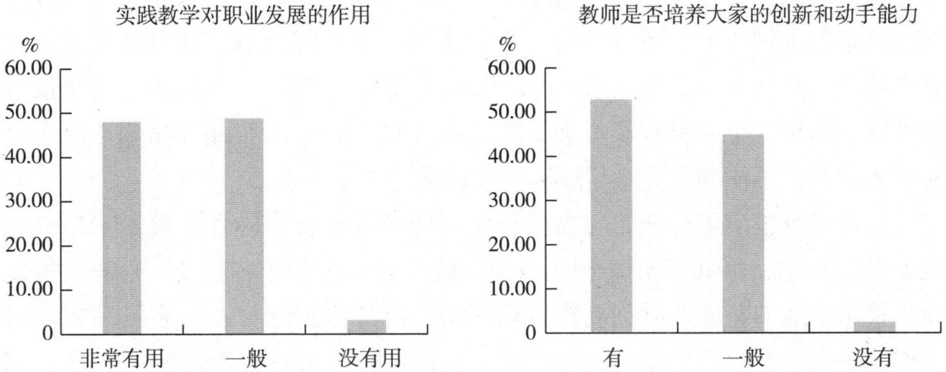

图 2　实践教学教师情况

3. 产教融合情况。调研数据显示仅有 2. 4% 的学生熟悉学校的产教融合项目，40. 9% 的同学一般了解，高达 56. 6% 的学生不了解学校的产教融合项目，说明当前学校在产教融合方面的宣传以及实施项目较少，没有起到很好的效果。但从调研中发现学生对于产教融合的需求非常旺盛，有 75. 6% 的同学非常愿意参加学校组织的企业实习活动，72. 4% 的同学认为由金融企业相关人员来上实践教学对于自己的成长、就业非常有帮助（见图 3）。

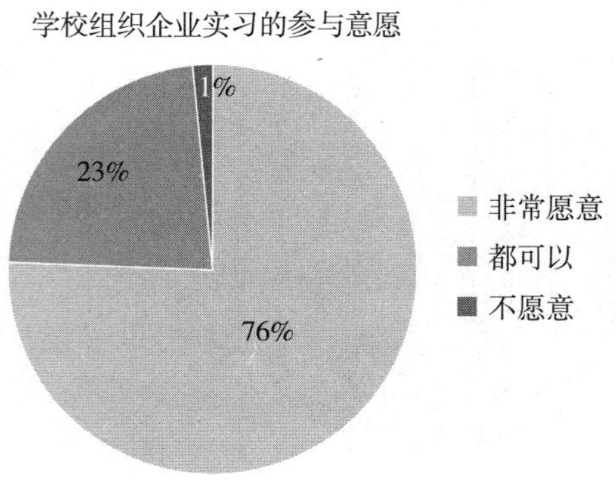

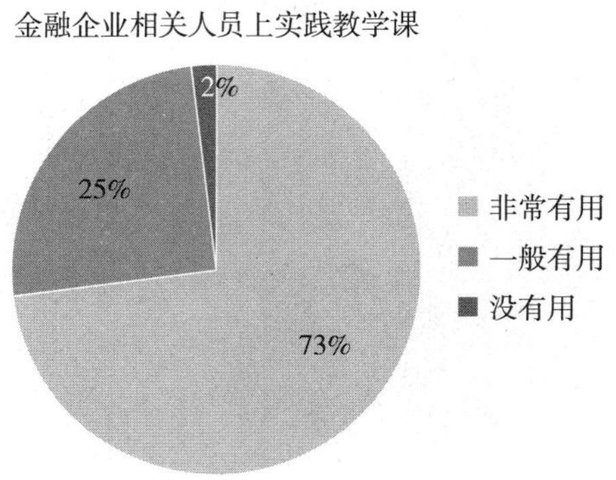

图 3　产教融合情况

从学生端的问卷调查中可以发现，在当前数字化发展背景下，财经类学生对于产教融合的需求是非常迫切的，但当前人才培养定位、学生知识与能力培养结构还需要进一步优化，产教融合的多元主体协同育人模式还不成熟，难以培养高素质、应用型的复合型金融人才。

（二）行业端的产教融合协同育人实践及需求分析

当前我国金融行业数字化转型中缺少的是复合型的创新人才，这类人才既需要掌握金融业务，还要掌握信息技术等交叉学科知识，同时还要具备跨界思维、大数据思维、用户思维等新思想（袁娟，2021）。然而由于高校没有或者刚开始设立金融科技类专业，对于人才培养目标、实践教学等方面还存在很多障碍，不能满足金融行业数字化转型的人才需求。

当前已有很多银行开始与高校合作开展产教融合协同育人模式来培养金融数字化人才。如 2009 年中国工商银行就成立了包含知名高校、科研机构以及高技术企业的首家金融创新产学研联盟，近年来持续推进与多数高校开展合作，探索多样化合作模式；2018 年，招商银行与上海交通大学联合成立 AI 联合实验室，通过人工智能技术赋能招商银行的信用卡业务；中国银行通过成立产学研创领导小组，与高校开展体系化合作交流，并通过设立实验室、研究中心等常设联合合作机构，落实合作内容，截至2020年底，已经与40多所高校建立合作关系，并计划三年内打造50～100家产教融合实训基地；建设银行于2020年分别与西安交通大学、华南理工大学联合设立了“建行金融科技菁英班”，通过委培机制，提前锁定了人才，为建行的科技创新提供持续的原动力（王志超，2021）。

三、数字化背景下金融学专业产教融合协同育人机制的创新路径

（一）数字化背景下金融专业人才培养要求

数字化背景下，新金融人才应该是掌握金融专业知识和能力、熟悉金融科技、具备金融发展新思维、具有较强创新能力的复合型应用人才。培养数字化新金融人才，关键在人才培养中要有新思路和新要求。

高等院校在培养新金融人才中，要摸清数字化转型脉络，确定新金融人才培养目标体系，首先，要厚植金融科技理论。在数字化背景下，大数据、人工智能、区块链等新一代信息技术的应用，使得新金融人才培养要适应数字时代的发展要求，掌握金融科技方面的新理论、新方法。其次，要掌握数字化分析新工具。数字化时代，对于数据的挖掘、分析和处理能力是新金融人才需要具备的基本技能，因而要加强计算机科学尤其是大数据分析、人工智能等方面的培养。再次，要培养跨学科、复合型的创新能力。数字化时代，需要在不确定情况下处理各种复杂问题，就需要培养学生跨学科、可拓展的复合型能力，提高其运用新技术或者新工具解决数字化时代的新问题。

（二）数字化背景下金融学专业产教融合协同育人机制的创新路径

习近平总书记在党的十九大报告中指出要“加快建设实体经济、科技创新、现代金融与人力资源协同发展的产业体系”，并多次强调人才是创新的根基。当前我国经济已经步入高质量发展阶段，创新是驱动经济高质量发展的有效支撑，而高校则是人才创新教育的核心，产教融合是实现经济高质量、可持续发展，推动产业创新的关键力量。深化产教融合，实现多主体协同育人是推进人才供给侧结构性改革的一项关键任务。

高等教育的内涵式发展就是要引导高校主动对接国家的重大战略，完善双一流建设推进机制，融入国家的创新体系建设，从而实现以行业需求为导向的人才培养机制（王泳涛，2020）。因此，数字化背景下，作为地方性财经类院校要贯彻落实中央政策，以立德树人为根本任务，以“兴趣＋能力＋使命”为培养体系，以学生发展为中心，建立健全高校与地方政府、行业企业

协同培养新金融人才的培养机制，满足金融行业数字化转型发展需要的高素质、复合型的创新人才需要。

1. 以产学研项目为载体，引企入教，创新协同育人培养体系。新文科背景下，高校开始进行教学培养体系的改革，传统的培养模式改革只是调整理论课程与实践课程的比例，不能从实质上提高学生的创新能力，不符合新金融人才的要求。以产学研项目为载体，引企入教，由政府引导、企业牵头，高校和企业共同作为主体参与，形成“顶层设计—校企联合—产教融合—政府引导—技术融入—实践课堂—行业服务”的多主体协同育人新模式，可以从实质上提高学生的创新能力和解决问题的能力。

以产学研项目为载体，通过科研合作，将企业的资金优势和优势平台引入学校，搭建教学创新平台、金融科技实践教学平台，一方面有利于企业产业升级，另一方面有利于企业和高校共同进行技术研发和成果共享，不仅促进高校创新平台的建设，还能通过依托金融科技实践平台，模拟金融行业应用场景，可以提高学生的实践能力，培养学生的创新能力，实现以需求为导向的协同育人模式。

以产学研项目为载体，引企入教，可以了解数字化背景下金融行业转型的岗位需求，人才培养要求，从而可以将行业标准、企业技术标准、企业先进理念等元素引入课程教学体系中，将企业业务流程、项目开发、真实案例等纳入实践教学体系中；开展计算机技术、数据挖掘、风险控制等金融科技发展所需技能培训，注重培养学生的数据分析能力、计算机技能等；同时鼓励企业与高校合作开发软件、平台以及编写教材，关注金融行业发展动态，加快金融课程体系的更新；此外，紧跟金融数字化转型步伐，通过增加金融企业实习机会、去金融行业参观等方式开展浸润式教学，提高学生对金融行业的认知程度以及解决问题的能力。

2. 成立产业学院，聚力落地实施产教融合协同育人。产业学院就是以企业的产品链、生产链、服务链和技术链为服务对象，通过实体或者虚拟形式进行技术服务和人才培养的应用型专业教学形式，实现高校与企业的深度融合（顾永东等，2022）。产业学院已经成为很多高校深入推进产教融合的一种组织创新模式，目前很多高校开始探索产业办学模式，江苏有 30 个重点产业学院建设点，福建也已经建立了涵盖化工、汽车等多产业的 40 多个产业学院。

与传统的培养模式相比，产业学院是以产业需求为导向，将学校、政府、行业、企业各方资源整合在一起，建立政产学研多主体协同育人的利益联结，将产教融合渗透到专业学位的培养方案、课程设置、导师队伍以及评价等多环节，有效覆盖了人才培养的各个环节，有利于提高人才培养质量，助推科研成果转化和经济的可持续发展，真正实现资源共享、协同培养。

产业学院模式下有利于高校积极主动与企业共建课程体系，强化“双师制”的培养体系，利用自身多学科专业的资源优势，了解金融企业数字化转型的需求，设置符合金融行业发展需求的专业培养方案，促进金融学专业发展和新金融人才的培养。金融数字化转型下，金融专业人才不仅需要掌握金融方面知识，还需要具备计算机应用、数据分析能力以及前瞻性、开放式思维等能力。产业学院模式下高校需要积极主动引导企业参与课程体系建设，一方面通过开设金融案例教学课程、数字化转型前沿课程等基础课程，搭建各类实践平台，增加学生实习机会，培养学生运用理论知识解决实际问题的能力，并形成具有特色的金融学实践教学体系；另一方面加强与企业在教师团队方面的合作，从金融领域引进一批综合素质高、专业能力强的专家作为学校实践教学的核心成果，为学生讲授金融实务课程，开展金融实务指导，进行有针对性的专业指导和职业规划指导，强化“双师制”协同合作，真正实现协同育人，提高人才培养质量。

产业学院模式有利于激发企业的参与动力，改变企业传统的产教融合关系中的用户角色，使企业充分参与到人才培养的各个环节，充当人才实践教育的培养方。企业主动帮助高校提升新金融人才的实践能力和数字化转型能力，同时为科研机构科研开发提供充足的资金支持。同时，企业还可以作为新金融人才的检验方，检验当前金融人才培养水平与企业需求的匹配度，并及时反馈给高校，有利于高校人才培养方案的及时调整，解决产教“两张皮”的问题。

产业学院模式有利于强化政府的统筹力度，完善政策激励，打通产教融合政策的“最后一公里”，真正解决高校、企业参与主体的后顾之忧。产业学院模式能够明确政府、高校、行业、企业的职责、范围，调动多方积极性，形成多主体密切合作、协同促进产教融合的局面，促进产教融合协同育人模式落地。产业学院模式下通过定期展开多方联席会议，共同协商制订人才培养方案，基于区域经济发展、行业转型升级的发展需要整合多方资源，实现资源的跨界流通，提升资源共享效应。产业学院模式有利于政府采取多项举措细化落实产教融合模式下的多方面组合式激励政策，为产教融合提供相应的配套服务，简化企业服务流程，提升行业企业参与产教融合的动力，推进产教融合协同育人，解决高校、企业的后顾之忧。

产业学院模式有利于明确政府、行业、企业、高校之间的责任，由各方主体共同制定产教融合协同育人质量评价体系以及监督机制，完善产业学院的运行规则和实施步骤，进一步深化产教融合，改变产教“两张皮”现象，真正实现教育链与产业链的有机结合，实现多主体协同育人的闭环系统。

3. 依托优势学科，构建金融特色型的产教融合生态圈。当前人才同质化现象越来越严重，可替代性较强，因此地方院校的产教融合建设思路要依托优势学科，统筹优化已有教育资源，紧密衔接地方经济发展脉络，构建具有特色的产教融合生态圈。

高校要依托自己的优势学科、国家级一流课程，将数字经济、区域经济发展、行业发展融入产教融合体系。一方面，通过“优势学科主干课＋其他学科选修课＋通识课＋实践课”培养金融专业学生的宽广知识面，培养学生的发散思维，提升其解决复杂问题的能力以及跨学科的创新能力；另一方面，利用本专业的优秀校友资源，将专业建设、金融行业转型需求和区域经济发展相结合，完善金融专业教学过程，进一步对接产教融合协同育人。

构建金融特色型的产教融合生态圈要以“对接行业、协同企业、特色发展”的思路，采用多样化合作模式共同建立产教融合生态圈。一方面，高校主动对接行业，围绕数字化转型和金融创新需求，构建多层次的合作关系，如与商业银行不同业务条线、总分行分别建立相关的战略合作关系，并强化业务驱动的合作模式，形成一批专业到条线、明确到实践创新平台等合作方式；另一方面，整合优秀校友资源，按照专业技能、研究方向等建立企业专业库，定期为学生开展行业方面的讲座和实践课程，进一步强化“双师制”，为本专业实践教学打造一批相关领域的专家。

构建金融特色型的产教融合生态圈可以构建新金融人才的梯度培养机制。高校要主动对接行业企业，开展多样化的产教融合协同育人模式。一方面，可以通过与行业企业开展订单式培养项目，在招生中就明确该部分学生的培养方向、计划、权利以及相应的约束；另一方面，通过校企共同成立实验室、共建实践平台、共同开展课题合作的方式，培养学生的实践能力以及加强与行业的紧密联系，为行业企业提供高质量的人才。此外，还可以通过聘请行业专家来开展教学活动、课题讲座、实践培训等方式，加强学生与行业企业之间的联系，使学生加深对金融行业前沿领域的了解，为学生以后步入工作岗位打下基础。此外，金融企业还可以通过夏令营、暑假实习等方式挖掘优秀新金融人才。

四、总结

当前我国人才教育供给和产业需求在结构、质量以及水平上还不能完全适应，人才供需的结构性矛盾还比较突出。深化产教融合，将科研实践、人才培养和社会需求联系起来，为国家培养创新型复合式新金融人才提供了重要渠道，有利于提高人才培养质量，促进社会经济的可持续发展。数字化背景下，对金融学专业的培养提出了更高的要求，地方院校金融学专业要从促进区域经济发展、适应行业需求角度出发，统筹各方资源，转变原有的育人模式，通过多渠道创新产教融合多主体协同育人模式，培养学生的创新思维和实践能力，为社会培养更多高素质的复合型创新人才。

参考文献

[1] 张小梨．新发展理念背景下产教融合瓶颈问题研究［J］．大学，2022（2）：59－63.

[2] 张建，马遇乐．深化产教融合实践探索　金融助力实体经济发展——以国际产教融合实施路径为借鉴［J］．国际金融，2022（3）：54－58.

[3] 刘林生，王园，蒋品群．基于产教融合的新工科人才培养共同体构建——以“半导体物理与器件”课程为例［J］．科技风，2022（1）：29－31.

[4] 刘桔林，胡紫璇，宫佳良，等．财经类应用型本科产教融合影响因素及实现路径研究——以湖南省为例［J］．中国乡镇企业会计，2021（12）：180－182.

[5] 张志平．职业教育产教融合2.0时代的内涵演进、应然追寻、突然状态与路径抉择［J］．成人教育，2022（3）：66－72.

[6] 王泳涛．我国省级政府深化产教融合的政策分析与局限突破——基于24省市实施意见的文本分析［J］．职教论坛，2020（1）：42－48.

[7] 陈宇红，孙秀茹．应用型本科教育产教融合的探索［J］．邢台学院学报，2022（1）：170－173.

[8] 王亚煦．新工科建设背景下产学研协同育人体系的构建——以粤港澳大湾区高校为例［J］．中国高校科技，2022（5）：80－85.

[9] 韩团军，尹继武，黄朝军，等．基于产学研合作协同育人项目的高

校驱动机制研究［J］. 创新创业理论研究与实践，2022（3）：64－67.

［10］王志超．以产学研用深度融合支持商业银行数字化转型——基于人才建设视角［J］. 现代金融导刊，2021（9）：43－46.

［11］袁娟．数字化转型背景下高校金融科技人才培养探索［J］. 科技创业月刊，2021（8）：104－106.

［12］顾永东，刘兆星，陆颖．产业学院模式下工程专业学位研究生培养产教融合创新实践［J］. 高校教育管理，2022（4）：105－112.

新文科背景下基于全球素养的复合型金融人才培养模式的研究与实践

华　维

一、引言

2000 年以来，对比理工科的欣欣向荣和优越的出路，人文学科总是处在边缘，学生没有动力去选择文科，因为文科给人的感觉就是边缘。因此，当前教育部提出新文科的倡导有振兴文科的意图，也有国家战略发展的需求，重视文科对社会发展和生产力创新的推动作用，重视人文类学科在塑造学生文化底蕴、道德伦理的作用，培养对民族、对社会具有思想创新的人才，推动整个社会的精神文明、品质向前发展。在此背景下，我们认识到学生的整体素质的提高又必须结合当前的全球一体化的背景，我们提出基于全球素养的复合型金融人才的培养目标。

全球素养又称为全球胜任力。1974 年，联合国教科文组织通过《关于教育促进国际理解、合作与和平及教育与人权和基本自由相联系的建议》，此建议的提出，为全球胜任力的提出奠定了思想基础。1988 年，美国国际教育交流协会在其《为全球胜任力而教》报告中最先提出“全球胜任力”这个概念。2017 年，哈佛大学和经济合作与发展组织共同提出全球胜任力的官方定义：青少年能够分析当地、全球和跨文化的问题，理解和欣赏他人的观点和世界观，与不同文化背景的人进行开放、得体和有效的互动，以及为集体福祉和可持续发展采取行动的能力。世界各国对全球素养的认识也从理论探讨逐渐转化为实践行动。截至 2016 年，301 所德国高校已与 154 个国家的近 5300 所高校签署 3.2 万多项国际合作协议，海外项目的实施有效地推动了德国青年全球化经历和多元文化理解。英国一直以来注重通过联盟高校的形式不断吸纳全球最顶尖的大学加入其中，在留学交流、跨国教育、海外合作方面推进全球胜任力的发展（鲁燕，2021）。在我国，清华大学积极争取适合学生的国际化资源，不断加强与海外高水平大学、机构和企业的合作，进一步整合其资源，加强其国际化教育的水平，抬升学生全球素养的培养水平。

全球经济金融的进一步发展，促使金融类人才逐步由单一化转向复合化的培养，作为金融财经类院校，输出具备竞争力的金融类人才是评估本专业和本学科的关键因素。金融类人才的培养不能局限于区域或者文化、地理位置等因素。当学生毕业进入金融行业，不仅需要金融相关的专业知识，而这些知识又在很大程度上呈现出不同区域、不同文化之间的贯通。金融经济理论的全球性，金融经济措施的互相借鉴性，都要求我们毕业后走出去的金融类人才能够从各区域和国家的背景出发，找寻其中的关联和特点。除了跨地域和跨文化的理论知识，此行业更多地要求金融类毕业生能够通过交流和沟通阐述自己的想法，从而说服别人，达成自己的目标。人与人的交流对于毕业生来讲比掌握专业知识要更困难，因为他们原先较为封闭的校园环境和整个行业开放的、多元的环境之间存在矛盾冲突，使得毕业生走出校园无法适应整个行业的现状。而金融类行业又是一个开放的行业，形形色色的人、形形色色的文化，加上金融全球化的发展，毕业生需要面对的困难更多。因此，我们将目标设置为培养青年国际化视野，提升大学生全球素养。

为达成此目标，我们主要解决以下 4 个问题：

一是如何提高学生的知识与理解力，可以利用和结合本学科（经济金融）的知识以及相应的思维模式，提出问题、分析问题、形成自己的观点。

二是如何改善价值观和世界观，培养学生对处在多元化的环境中如何多视角思考全球经济金融问题，如何与不同文化、语言、生活方式的人进行沟通交流，尊重他人和文化的多样性。

三是如何提升行动力，将理论付诸实践，愿意参与到改善社区和其他地区的经济生活条件中。

四是如何以培养具备全球素养的复合型金融人才为目标，达成新文科建设的新气象。

二、理论研究

为了更好地研究新文科的背景以及全球素养的融合问题，此部分的研究我们从新文科和全球素养两个角度展开：

（一）关于新文科的理论研究

因为传统文科的局限性和一直以来的边缘化，我们强调的新文科不是“新旧之分”，而是“创新”。对于文科“无用”的观点，必须突破已有的范畴，重建其模式，走出自己划定的圈圈，与社会融合、与其他学科专业融合，形成具有创新立意的新文科。社会的大变革对于新理论、新思想的需求的呼声越来越高，而这正是新文科可以赋予人类的最根本的内涵，因此，社会需要新文科。科技的创新是推动生产力的重要因素，但是科技背后的发展因素，涉及道德伦理、精神面貌、文明品质等，这些都蕴含着科技创新的理论和思想，以及把握科技创新的整体路径和方向，因此，国家进步、科技创新需要新文科的思想领路。当然在当前社会中，所有的社会进步和技术创新都离不开人，当学生蜂拥而上、急功近利去选择强势学科时，一方面造成了这些学科的过度拥挤以及今后就业的残酷竞争，另一方面也使得我们的学生在成为更现实的人时，忽略了思想和品德的改造，在追求新技术的时候，缺少思想的引领和道德伦理的底线。随着社会的不断发展和突破，我们对于人文类学科所带来的思想内涵的需求越来越大，因此，从个人角度看，我们需要新文科。传统文科可以给我们带来中华民族的文化和知识积累，带来对历史和文明的思考，可以培养具备民族自豪感、文化自信的人群，因此，从塑造文化自信的角度看，我们需要新文科。

（二）关于全球素养的理论研究

我们通过对多个国家和高校在提高全球素养的人才培养模式方面进行研究，发现尽管手段多样化，但是主要归纳为以下思路：

1. 以学生为本。学生是具有独立意义的主体，注重学生的主体性需求，关注学生的成长，尊重学生的自主意识，按照学生的成长规律开展具体的教育教学活动；学生是发展的主体，首先会根据外部的社会变化而自我调节，其次认识到学生是具有巨大的发展潜能的，且具备一定的发展规律，学生的特点不是一成不变的；承认学生个体之间的差异，满足学生的个性化发展。

2. 师德为先。韩愈《师说》曰：师者，传道授业解惑也。“传道”，要求老师言传身教，传授知识的同时培养学生的人格品质。大学阶段正是学生三观形成的关键时期，对于学生来说，教师影响到学生的健康成长与发展，所以我们首先应该明确“师德”的重要性。

3. 能力为重。为培养出具备全球素养的金融人才，学生应具备历史、文化、经济、环境等多方位的知识架构，能够深刻理解和运用这些知识进行独立思考；能够掌握至少一门外语，去理解、体验和欣赏不同文化；能够具备跨文化的交流能力和沟通能力，增进相互理解和信任，化解矛盾和冲突；为社会可持续发展，在从事金融职业活动中能做出负责任的决策；对自己、自己的民族和文化有深刻的认识和自信，并具备反思能力，可以从多元文化角度思考问题的能力。

4. 终身学习。我们最终要培养的学生是在脱离了教师的指导后，能继续保持独立学习且终身学习。全球文化、社会、经济的不断发展和演进，促使我们每一个社会人要保持持续学习的能力，跟随事物发展的客观规律，从而推动社会经济的发展。

另外，根据我们对当前“全球胜任力”人才培养的研究也发现存在一些问题：

1. 具有全球素养的金融类人才分布不均。主要原因是区域的经济金融发展程度存在较大差距。以上海的金融行业为例，首先行业内部格局多样化，管理模式国际化，吸引了非常多的国内或者国际的一流毕业生，他们来自全球的顶尖高校，而这些高校对于人才培养的模式往往走在普通高校前面。其次，经济较为落后的地区不仅无法吸引具备“全球胜任力”的人才，也对此类人才没有需求。而事实上，金融全球化和贸易全球化的战争需要大量的国际化人才，从这个角度看，不仅仅是高校的输出的问题，也是企业的输入问题。

2. 我国的人才培养体系不完备。虽然清华大学已经形成了关于“全球素养”的研究团队，并在此基础上展开了培养具备全球素养的高水平人才的实践，并发布了《清华大学全球战略》，将“全球胜任力”纳入人才培养核心目标，但是此类学校的探索微乎其微，并且基本停留在相应内容的课程建设和概念研究方面。大学课堂中缺乏对相应知识的培养，而培养的过程也缺少相应的师资。问题还体现在只是机械的对相关内容进行灌输，缺少实践性的引导。

3. 基于“全球素养”的人才培养的资源缺乏。首先，具备相关知识和素质的教师资源稀少，教师本身就缺少相关的培训。其次，学生不仅需要从书本上获取知识，更需要丰富的、真实的环境去实践。但是我们目前还缺少足够的经济资源和学习资源去支撑人才培养体系的大变革。

从上述两个角度的理论研究发现，新文科和全球素养是可以融合的。我们强调学科交叉、突出技术创新与思想创新的融合，在当前推进“一带一路”的建设中，需要培养一批既具备科学素养，又具备高度的责任感，以及全球视野和跨文化交际能力的新文科人才。

三、实践路径

根据上述思路和对当前问题的思考，我们认为培养具有全球素养的金融复合人才，要体现在学生培养目标中，具体落实在培养过程中，主要包括以下具体措施：

（一）课程教学的设置

通识课程中涉及的国际模块应该包含世界历史、地理、政治、经济、文化和全球议题等内容，推动学生对于全球历史现状和当前政治经济的理解；国内模块应该包含中国历史、地理、文化、文学、经济等内容，这是对于金融类学生做的大类规划，保证学生能够广泛涉猎，更加突出“复合型”的人才培养需求。通识教育提供的是宽广的教育，帮助学生了解自己和社会、文明与文化、技术与创新、过去与未来，从而建立一套完整的知识体系框架。通识教育还帮助学生建立自己的知识体系、价值理念、方法逻辑，培养独立思考的能力，了解自己的特点和兴趣，为后续的专业学习提供坚实的学习基础、学习能力和知识沉淀。例如我们针对非金融类学生开设的选修课，可以将金融中深奥的知识做简单明了的介绍，帮助更多学生了解金融体系。

专业课程模块应该涉及当前金融领域发展的具体方向，并根据具体专业有所侧重。其中的主干课要体现本专业最核心的知识结构，而广泛的选修课则保证了每一个学生都可以根据自己的兴趣、特长、职业规划而充分地选择。此外每个专业课程都应该逐年更新，在全球背景下探究专业问题，让学生在学习知识、培养专业素质能力的同时，可以从增强对本国文化的认识和自信，从不同文化背景的角度去思考问题和理解问题，最终解决问题。专业课程的设计除了理论教学外，实践教学非常重要。实践教学包括实验、实习等。例如投资学课程，我们就可以将在课上讲授的理论知识点，如模型、理论、方法等运用计算机的数据模拟、实物操作等帮助学生深入了解这些知识点的优点和缺点，也帮助学生认识到实践和理论的差别。实习则是将我们的学习场所由教室转到工作场所，我们不仅要运用知识，还要运用到最宽泛的知识体系，包括职业道德等。为了达到全球素养的培养，建议我们在理论教学中要融入全球的最新研究成果和行业概况。在实践教学中，可以将这些研究成果运用到实处，争取国际间的交流，推动理论研究的发展。在实习过程中，可以尝试接触多元化的工作环境，锻炼自身的跨文化交流能力。

（二）教师的言传身教

教师的作用体现在“授业”（具有一定的知识储备，并采用恰当的方法传授给学生，使学生能够更好地接受、吸收和运用）；“传道”（教师在情感、态度、价值观上对学生进行激励和鼓舞，培养学生的人格品质）；“解惑”（解决学生的困惑，采取恰当的方法调动学生的主动学习能力，培养学生勇于质疑、勇于探索的能力）。教师作为学生在校期间的引路人，首先，知识体系要过关，我们要不断学习，跟上前沿理论的发展，了解当前金融市场的最新产品和理念，将这些新知识传递给学生，供学生不断地思考和批判。因此，我们要不断加大对教师的培训，鼓励教师跨院系、跨校、跨国开展合作研究和学术交流，只有具备一定的国外教育背景和丰富的国际体验，教师在指导学生的过程中才能言传身教促进学生全球素养的培养。其次，我们要保证基本的职业道德观，树立自身为人师表的品德，以此对学生进行品德的教育。例如，在我们的《Ethical and Professional Standards》这门课中，我们为学生介绍金融领域的职业道德伦理，那么我们自身必须首先能够做到，虽然我们在日常的教学活动中不一定会涉及金融的职业活动，但是基本的诚信、教师专业化、严谨的态度都可以影响学生，塑造学生成为一个具备道德素质的人。最后，除了品德素质的树立，我们还要进一步培养学生敢于质疑、勇于探索的能力。这些能力的培养除了我们在课堂的循序渐进，还更应该体现在课堂外的沟通和人格影响中。

（三）国际化教育资源

争取和整合国际化教育资源，为学生提供多途径的自我提升的方式。增加学生出境学习、研究和交流的机会，帮助学生近距离观察和了解不同国家的发展面貌，切身感受当地的文化和社会。开展海外教授的讲座报告，举办具备海外工作经验的专业人士的研讨会，共同探讨行业发展前景和咨询人生规划。在长期从事国际化教育中，我们发现学生对于全英文的教学并不肯定，因为全英文的教学只是一种语言文字的改变，并不是国际化教育的核心。我们为学生提供的国际化教育资源，不仅仅是可以看得见摸得着的资源，比如全英文课程等，我们还需要为学生提供具备国际化教育背景的教师和理念，培养教师的终身学习能力，从专业设置到人才培养方案，再到课程的建设，不是国外知识体系的照搬，而是重塑。于是，我们提出“全球课堂”、互动式教学模式，强调教师与学生在平等的环境中就一些问题展开交流和讨论。

（四）国际化学校氛围

在课程、教师资源以及更为广泛的国际化教育资源到位的基础上，我们考虑的是如何整合这些资源，从而营造出国际化的学校氛围，而这种氛围对学生有潜移默化的影响。在校的国内学生与国际学生如何能够深度融合，依赖于国际化的学校氛围。在校内，鼓励学生与国际学生一起上课，课后组建小组一起学习，参加学生社团。鼓励学生在课后与国际学生共同探讨问题、开展一些多元化的文化活动、帮助国际学生适应环境。增设一些公选课程，增加本土学生与国际学生同堂学习的机会。推动全英文教学，营造开放包容的国际化氛围。国际化学校氛围的体现是一个长期的过程，这需要大量具备国际化背景的师生共同努力，借鉴先进的经验，对教学理念、课程设置进行建设。

我们将国际化进一步运用到具体的课程中，包括《Finance》和《Ethical and Professional Standards》，这两门课程分别是全英文教学和双语教学。从一定程度上看，学生更有走出去的明确目标。运用《Finance》课程展开研究型教学探索，鼓励学生多思考、多动手。在课程中引入金融前沿理论和案例，探讨全球议题，培养学生在多元环境中的矛盾问题解决能力。鼓励学生与国际学生的沟通与交流，感知国际文化和了解国际经济金融面貌。进一步推动全英文教学，不断培养学生英文听、说、读、写的能力。运用《Ethical and Professional Standards》课程展开案例式教学探索，运用全球议题，培养学生主动学习以及终身学习的能力。在授课过程中传授职业道德基本理论，探索在多元文化背景下的职业道德和传统道德的冲突，并以身作则，培养具备职业道德的国际化金融人才。我们关注学生的核心素养，培养学生能够适应不同语境、文化的能力。另外，我们思考开发一些情景测试的案例，鼓励学生参与，并在课堂中展示，通过生动的情景表演解决此门课程给人一贯的枯燥无味的感觉。另外，情景测试还可以增加学生之间的探讨和辩论，更进一步增加学生对知识点的理解和运用。

我们希望通过课堂的改革，不仅培养学生对于专业知识的渴求和终身学习的决心，而且希望培养出来的毕业生能够最终走向国际舞台。当前，我国面临着全球经济、文化等多方位的冲击，虽然我们的学生经常在一些国际大赛中获得奖项，但是我们依然可以发现我国青年人在全球的经济、政治、文化等舞台上依然没有大的声音。我们的知识架构以及全球素养能力与一些国家还有一定的差距，如何推动青年人走向全世界，发出我们自己真正的声音，才是这个社会所急需的。因此，我们关注到一个可执行的措施就是如何提升学生解决重大议题的能力，例如全球贸易格局、经济格局、改善社区的经济生活条件等。我们可以将这些议题结合到课程中，在第一课堂或者第二课堂发挥学生的主观能动性，搜集资料，整理图表，撰写报告，辩论演讲等。

此外，我们提出几个关键词。一是中外交流。当前的全球发展和全球的知识体系、文化体系需要中国参与、改造、创新和再发展。新文科的提法最初来自美国，是指将新技术融入人文类课程中，丰富学生的知识体系、提高学生的实践认知，从而提高就业率。但是我们看到西方体系中的新文科与我们所希望达到的新文科有一定的区别，我们要勇于发现问题，而不是全盘否定。我国的新文科是定位于中国传统文化的基础之上，有着我们自己的文化积累，是对中国传统文化的创新。但是对于西方文化，我们需要了解、尝试融入和包容，以此形成新型的知识体系。文化交流可以帮助我们了解西方国家，帮助我们真正地参与到国际环境的改善中，并且自信地输出文化。二是人类命运共同体。在全球素养中我们提到的一个核心词汇叫“人类命运共同体”。近些年，我们针对全球气候、环境、经济以及前沿学科的发展不断在贡献我们的力量。所谓的人类命运共同体指的是地球上的每个人都有一条纽带紧紧联系，我们没有办法割裂，成为不受外界影响的人，每一个地球上的人都是整个地球的一分子。因此，我们挖掘作为个体、国家和民族的智慧和力量，这将有利于人类命运共同体的理论和知识体系的构建。我们可以参与到全球教育体系的对话中，以人类命运共同体为原则，尝试建立国际关系理论体系和知识体系，推动文化传播。三是跨文化交流能力。跨文化交流能力不是指语言交流的顺畅，而是强调交流的内容和交流过程中传出的思想意识和文化。比如，我们的研究成果、学科教案和教材体系，要争取能用其他常用语言发表和出版，这对我们的学者提出的不仅仅是语言的要求，还有写作规范、思路、内容等都要遵循一定的国际准则。

四、总结

为了能更好地培养具备“全球素养”的复合型金融人才，基于以上的理论研究和实践路径探索，我们思考了以下两点：

（一）本土国际化培养

我们一直在鼓励学生走出去，采用暑假夏令营、海外短期访学、出国留学等途径。但是，我们更应该思考的是如何打造我们自己的国际化教育品牌。首先，开发本科生和研究生的专业类英文课程，还可以尝试开发一些全球化的在线课程，提供更多的国际化课程学习平台，将我们的教育资源采用国际常用语言发布，推广到全球，真正参与到全球的教育体系改革和新文化的培育中。其次，邀请国际来访学者和具有多元背景的企业家开展报告讲座，协助 CFA 举办人才峰会等高水平行业和学术会议，帮助学生了解金融行业的通行准则。再次，大力宣传本校本专业的人才吸引和教师聘用计划，推荐全球范围内的高水平教师人才，参加全球范围的国际会议，提高全球化知识技能。不断培养具备国际化背景的教师，通过共同的努力，打造国际化教育资源和氛围。

（二）评价机制

全球素养的培养是一个长期的过程，我们无法通过几门课程和几次实践就可以培养出具备全球素养的金融人才。因此，我们不应该用硬性定量指标去衡量或给出结论，而应该通过多途径引导学生主动学习和实践、不断提高实践能力，认知等能力。我们思考通过开发一些情景测试，帮助学生体验和思考如何在多元化环境中学习、生活和工作，如何化解矛盾冲突，如何在全球议题中找准自己的位置和提出自己的想法。我们可以通过学生的综合素质以及毕业后的跟踪调查了解学生的发展，以此来评价我们基于全球素养的人才培养模式，并在此基础上，不断发现问题、解决问题、调整策略、更新方式方法。只有通过一个不断循环的方式，我们才可以走出当前国际化教育的困境，我们才可以将引入国际化资源变成输出国际化资源，将对学生的培养真正做成全球素养的核心，我们培养出去的学生才能真正站在国际舞台，发出我们自己的声音。

全球化是一个不断强调的概念，理所应当应用到高校的人才培养中。虽然我们目前还面临一些资源欠缺和客观经济发展不平衡的问题，但是我们可以从最基本的课程设置、人才培养方案的制订、课内外的实践教学活动以及教师的培训着手，逐步培养具备“全球素养”的复合型金融人才。这一想法的实现以及实践路径的坚持是一个长期的过程，新文科的建设如何达到新时代的需求，以及全球素养人才的培养需要社会的关注和教育理念的革新。

参考文献

［1］鲍春艳，孙伟．国际化人才培养模式存在的主要问题及对策分析［J］．财富时代，2021（11）：53－54.

［2］贾文山，马菲．从对中国新文科的回望到对全球新文科的畅想［J］．扬州大学学报，2021（2）：105－111.

［3］鲁燕．“全球胜任力”的内涵与塑造——基于“大学生全球胜任力

提升”的视角［J］. 当代陕西，2021（11）：64－65.

［4］唐雁. 全球胜任力视角下的高校学生全球化视野培养［J］. 教育教学论坛，2021（22）：5－8.

［5］腾珺，张婷婷，胡佳怡. 培养学生的“全球胜任力”——美国国籍教育的政策变迁与理念转化［J］. 教育研究，2018，39（1）：142－147＋158.

［6］俞可，陈雅璐. 全球胜任力把世界装入行囊［N］. 中国教育报，2018－08－31.

［7］贾文山，刘长宇. 从中国国际话语体系建设的三个维度建构“全球中国”话语体系［J］. 西安交通大学学报（社会科学版），2020（4）：134－143.

数智时代投资学专业人才培养改革探究

胡　熠　严伟祥

2022 年 1 月 12 日，国务院颁布了《“十四五”数字经济发展规划》，为“十四五”期间的数字经济发展描绘了精细的蓝图。兼具数字化和智能化特征的数智经济正以迅猛的速度改变着社会经济的方方面面。教育行业也迎来了前所未有的挑战与机遇，数智时代对人才质量提出了更高的要求。特别是对于投资学专业，相关人才面对庞大的数据量、复杂的业务流程，不得不适应数智时代带来的数字化、智能化变革。因此，探讨数智时代背景下投资学专业人才培养的改革，是教育新常态发展的必然趋势，也是顺应时代背景的必然选择。

数智时代以大数据、人工智能、互联网、云计算以及区块链等信息技术为基础，呈现出数字化与智能化的双重特性（谢志华等，2021）。其中，数字化特征依赖于数智技术的虚拟化、网络化和集成化。虚拟化是各项实体活动的新型呈现方式，转化为信息形态的实体活动能够在任何时间、任何地点显示和传播。网络化为数字化的信息传播提供了路径，打破了个人与组织之间的边界，也消除了时间与空间带来的差异。集成化属性为数字化浇筑了坚实的基座，互联网、区块链等数智技术下的信息收集、整理、储存与传播大大提高了信息的真实性与可靠性。智能化特征则体现在数智技术的场景化维度。智能化特征赋予数智科技取代人类特定行为的强大本领，包括记忆、学习、决策等，为数智时代的发展提供了便捷之路。场景化借助物联网技术、虚拟现实技术等，对各项实体活动进行逼真的模拟，一方面能够还原真实实体活动，强化信息使用者的代入感；另一方面则能够通过不断的场景重现提高智能化水平。

投资学专业通过向资本市场输送优秀人才的方式助力经济发展。当经济发展在数智时代迎来变革之后，投资学专业的人才培养需要实施配套的改革机制，嵌入数智化思维与能力，筑牢人才培养与经济发展的共同基础。数智时代数字化、智能化的发展速度之快、势头之猛，扩大了投资学专业人才培养与社会需求之间的鸿沟。人才培养目标与实践相脱节、人才培养师资力量相对薄弱、人才培养资源配置不尽合理、人才培养模式略显单一等问题不断凸显。本文通过对投资学专业人才培养现状进行深入剖析，构建以智能化手段助力教学改革的路径机制，期望通过投资学专业人才培养的数智化改革，培育出更多符合时代需求的投资学专业人才，在数智时代更好地服务于经济高质量发展。

一、传统投资学专业人才培养现状

（一）投资学专业人才培养的目标脱离实践

在我国教育体系中，教育部等行政机构在人才培养目标设定方面，拥有绝对的话语权（唐大鹏等，2020）。但是，市场化的企业在人才使用方面承担了更多的责任，更加清楚对专业人才的具体需求。教育人才供给与人才需求的割裂状态，导致投资学专业人才培养目标在一定程度上出现与实践相脱节的问题，在市场竞争中处于劣势地位的投资学专业人才面临着严重的就业问题。随着我国经济社会的迅猛发展，跨越工业经济时代，数智时代已经悄然而至。但是，由于设立人才培养目标的行政机构并非传统意义上的人才需求方，其对人才培养目标的变化缺乏敏感度，难以及时、准确地按照市场化公司的人才需求做出转变。一味地按照现行人才培养目标培养出的投资学专业人才，可能会因为知识输出过于陈旧、技能掌握不足等因素难以适应数智时代背景下社会实践的人才需求，同时也造成教育资源的严重浪费。

（二）投资学专业人才培养的师资力量相对薄弱

投资学作为一门实践操作性很强的专业，在数智时代的人才培养过程中面临着严重的师资问题。首先，在数智时代，新型投资学专业人才培养目标的实现依赖于同时具备专业理论知识与计算机技能的教师。但是，现有高校的教师尤其是中老年教师群体，往往缺乏过硬的信息技术本领。与此同时，为了追求教学过程的流畅性，部分教师在课堂上表现出重理论轻实践、重知识轻技能等特征（胡熠等，2022），难以培养出符合数智时代需求的高质量人才。其次，为了优化师资结构、跟进知识的更新迭代，部分高校引进博士毕业生加入教师队伍。青年教师虽然掌握一定的信息技术、理论知识扎实，但是从高校到高校的专业背景导致他们缺乏实践经验，难以从根本上有效解决投资学专业人才供需不均衡的问题。最后，当意识到高校投资学专业教育与社会人才需求之间存在壁垒之后，一些高校在人才培养过程中聘用实务界专家进行实务教学。但是由于实训时间有限、实训基地不足等因素的限制，理论知识与实践操作难以融为一体，“两张皮”现象的存在大大降低了实务界专家的教学效果。投资学专业人才培养的师资力量在知识结构、技能结构、实践水平等维度呈现出相对薄弱的特征，不利于数智时代的人才培养与经济发展。

（三）投资学专业人才培养的资源配置不尽合理

投资决策的正确制定，固然需要完善的投资理论、系统的业务流程，数智时代赋予跨专业知识储备与技能整合更高的地位。尤其是在新文科建设进程中，跨学科思维成为智能教育的新形态（樊丽明，2020）。但是，在目前的投资学专业人才培养过程中，大部分教师以讲授课程重点难点为目标，较少关注实务中的教学资源，如热门事件的分析、经典案例的解读等，过度依赖专业课本。然而，即使部分教材会囊括投资领域的最新案例，由于出版周期较长，也难以保障教学资源的更新。除此之外，数智时代赋予优质投资学专业人才以投资、业务、技能一体化的本领，但目前的投资学教育忽略了相关专业教育资源的嵌入与贯穿，跨学科的资源整合度较低，在讲授投资学专业的同时，缺少对业务知识、智能技术知识的嵌入。更有甚者，在所使用的投资学教材中，仍然包含着传统的投资业务流程，无法有效衔接数智时代的大数据与信息技术。教育资源配置在学科层面的局限性严重降低了投资学专业人才与数智时代的适配度。

（四）投资学专业人才培养的教学模式略显单一

在传统的投资学专业人才培养理念与培养过程中，单一的“填鸭式”教学模式普遍存在于各个高校。虽然能够使教师以最少的精力完成教学任务，但晦涩难懂的理论、机械单一的讲授、极低的课堂参与度，无法确保学生的学习成效，不利于高质量人才的培养。在数智时代背景下，实务界对复合型投资学专业人才的需求进一步推动教学模式做出变革。一方面，在互联网覆盖度高的环境下成长的学生，面对投资学专业理论知识的冲击，难免会对互联网中的相关事件产生疑问。这就需要互动式的、创造型的、人文价值更高的教学模式，允许学生发声、自由交流，第一时间为学生答疑解惑，关注学生的真实需求；另一方面，在共享教学资源的数智时代，单一的课堂教学模式无法满足跨学科的、海量的教学资源对时间和专业能力的需求，不利于学生有效提取并吸收教育资源，减缓了投资学专业人才培养的步伐。

二、数智时代投资学专业人才培养改革路径

（一）数智化化解供需矛盾，重构人才培养目标

在数智时代，人工智能、大数据、互联网、区块链等信息技术已经得到深度而广泛的应用，证券投资行业对人才的需求发生了天翻地覆的变化。投资学专业人才一旦进入社会、走向工作岗位，面对的不再是单一的投资决策分析、简单的计算机系统、机械化的业务操作，而是对多学科知识、科技平台、云计算、智能算法的流畅运用与应对。但是，传统投资学专业人才培养体系对数智化理念的嵌入程度尚浅，与实践需求的匹配程度较低，人才供给难以有效满足市场需求。

当社会人才需求与投资学专业人才供给之间存在矛盾的时候，重新构建人才培养目标显得尤为重要。在数智时代，投资学专业人才的培养应当以市场需求为导向，以培养高质量人才为目标。顺应数智经济、服务社会发展的高质量投资学专业人才，不能只是高绩点的做题家，也不能只是具备理论知识的“书虫”，而应当是能够将理论与实践融会贯通、具备专业知识与信息技术的实战家。教育部等主管部门在人才培养目标设定过程中，应当通过调查实践需求或配备实务专家等途径，以市场需求为导向重构人才培养目标，平衡人才供需，助力数智经济发展。

（二）数智化升级人力资本，丰富人才培养队伍

在数智时代，知识的更新迭代速度非常之快，信息技术的发展亦是日新月异。在为教师带来便利性、快捷性的同时，也带来了变革性的冲击。知识体系陈旧、实践经验匮乏、数智技能缺失的师资力量配置，如若不进行升级优化，将无法适应数智时代背景下的智能化教学环境以及新业态与新技能对投资学专业人才的高要求。

投资学专业人才教育的供给端，应当立足于社会整体需求，从教师资源配置出发，不断升级人力资本、丰富人才培养队伍，提高人力资本的胜任素质，为社会输出高质量的投资学专业人才夯实基础。一方面，在数智时代，人工智能、物联网技术等的广泛应用，要求教师具备跨专业的特定技能，尤其是在教学技能方面的升级。教师应当熟练掌握智能技术的原理、方法与应用，提升自身教育本领，适应“人机协同”的教育环境；并将智能技术嵌入日常教学过程中，培养社会实践适配度更高、综合素质更强的投资学专业人才。另一方面，人力资本的升级应当体现在学生的未来价值层面。当实务界

专家无法直接对学生开展全方位、渗透式教育时，青年教师可以承接知识转化与传授的工作。以高校为单位聘请投资经验丰富、熟悉智能化系统的实务界专家，对青年教师开展专业性培训，促进新知识、新技能的融合，通过内部培养复合型教师，为输出高质、复合型的投资学专业人才搭建桥梁。

（三）数智化共享教育资源，拓宽人才培养边界

在数智时代，投资学专业人才不仅需要系统化的理论知识、熟练的信息技术，还需要跨专业知识的掌握，以在投资决策过程中正确解读宏观经济运行态势、分析公司会计报表、把控合规风险等。学科间相互孤立、教育资源分散的现状，导致人才培养局限于狭窄的专业领域，大大加剧了投资学专业人才在数智社会的就业难度。

复合型投资学专业人才的培养，依赖于学科间的交叉融合，应当以教育资源共享的方式，合理拓宽人才培养的学科边界。教育部明确指出，新文科建设必须实施融合发展。在数智时代，智能信息平台的使用为各个学科之间的相互渗透、创新融合提供了契机。投资学专业人才的培养应当秉持面向社会、面向未来的教育理念，以数智时代的人才需求为导向，借助数智化平台实现教育资源共享，不断拓宽人才培养边界。例如，将大数据教育与投资学教育资源相融合，构建“大数据＋投资学”的新领域，能够为数智时代的数据分析奠定基础；将会计知识教育与投资学教育资源相融合，构建“财会＋投资学”的新领域，能够为数智时代的专业性分析、系统化分析储备人才；将信息教育与投资学教育资源相融合，构建“信息技术＋投资学”的新领域，能够为数智时代的智能运算、一体化运营提供有力支撑。

（四）数智化创新教学模式，强化人才培养效果

数智时代带来的突破性变革，为知识的传递、更新增加了可替代、可重复、高覆盖等属性。一方面，能够将传统教学模式中的知识权威角色即教师从繁重的、机械化的教学任务中解放出来（刘泓汐，2021）；另一方面，也将革新以教师为主的传统教学模式，对教学模式的创新提出了更高要求。

教学模式的转换与创新升级，应当从教师的角色定位出发。在“人机共存”的数智时代中，“机器”提供的共享教育资源将学生带进了知识的海洋，但低质量的信息、不断重复的知识，会大大降低学生的学习效率，造成时间与资源的双重浪费。当数智时代的互联网、云课堂、人机对话等信息技术融合至教学模式中，“人”即教师的角色发生了变化，从传统的知识权威转变为知识的筛选者、素质教育的领路人，引导学生以正确的姿态在知识的海洋中

畅游。此外，教师的教学设计是实现教学模式创新的重要途径。当教师的角色定位发生变化后，教学设计的侧重点不再是知识的传递、讲解，而是教师创造性地对知识进行升华与应用。与此同时，数智时代数字化教学平台的广泛应用，把传统的线下课堂搬到了线上，为教学设计的多元化提供了条件。但在实施过程中，应当避免过度精细化、“无死角”的监控（赵磊磊、陈祥梅，2022），减轻学生的心理压力。在具体的投资学专业教学设计中，应当结合数智时代对投资学专业人才的需求，增加智能投资分析模块，并合理分配理论知识模块与智能投资分析模块的比例，以专业理论知识为基础、以信息技术为手段，通过智能投资分析的教学过程充分对接实务，打造深度课堂。

三、结论

新一轮科技革命的到来，要求投资学专业人才在掌握基本的流程化、规范化、系统化等业务模式的基础上，侧重于运用数智化思维实施难度系数更高的智能投资决策。传统教学模式下的投资学人才培养目标与社会实践相脱节、投资学专业师资力量相对薄弱、投资学人才培养资源配置不尽合理、投资学专业教学模式较为单一，难以胜任数智时代的需求。投资学专业人才培养的数智化改革势在必行。在数智经济背景下，可以借助数智化手段化解供需矛盾，重构人才培养目标；以数智化手段升级人力资本，丰富人才培养队伍；以数智化手段共享教育资源，拓宽人才培养边界；以数智化手段创新教学模式，强化人才培养效果。通过目标设定、师资升级、资源均衡、创新落实等一系列措施，探索投资学专业人才培养的新模式，以数智发展赋能教育改革，以教育改革优化数智发展，进而促进经济社会的高质量发展。

参考文献

［1］谢志华，高严，杨龙飞．新技术条件下的业财融合［J］．财务与会计，2021（16）：9－14.

［2］唐大鹏，王伯伦，刘翌晨．“数智”时代会计教育重构：供需矛盾与要素创新［J］．会计研究，2020（12）：180－182.

［3］胡熠，刘骅，严伟祥．新文科背景下基于 OBE 理念的证券投资学教学改革探索［J］．科教文汇，2022（3）：71－74.

［4］樊丽明．“新文科”：时代需求与建设重点［J］．中国大学教学，2020（5）：4－8.

［5］刘泓汐．数智技术变革时代教师专业发展：挑战、核心素养与实践方略［J］．中国成人教育，2021（21）：72－75.

［6］赵磊磊，陈祥梅．数智时代教育大数据风险：表征样态与化解路向［J］．贵州师范大学学报（社会科学版），2022（2）：72－82.

新文科背景下投资学国家一流专业建设路径研究

江世银　张　杰

一、引言

当前，因投资学国家一流专业人才培养进度尚未跟上金融服务实体经济的步伐，高校以一流专业建设“双万计划”为引领，正在探索新文科背景下投资学专业建设路径，这一建设是新时代中国特色社会主义建设的必然要求。新文科建设强调学科交叉、文理相融，旨在培养具有跨学科专业背景和创新合作能力的新时代卓越人才，它是参与世界教育、科技、经济等竞争的必然结果。最需要建设的专业就是那些根植于祖国大地、能体现世界水准的学科专业，如投资学专业，其独特的专业内涵使高校投资学专业既是最需要进行新文科专业建设的领域，又是最有条件实施新文科专业建设的领域。在这一客观背景下，新文科建设工程开始稳步推进。面对层出不穷的新兴科技，例如云计算、网络智能空间、机器人与自主系统、大数据分析、智慧城市建设、虚拟现实等带来的全新的发展态势和挑战，文科专业建设也被要求做出与之相适应的调整。新文科将实现传统文科与理工科的融合，如建立人工智能伦理学从伦理层面指导人工智能的发展。与此相近的，这就逐步形成机器人伦理、网络伦理和自媒体伦理等。现代人工智能、大数据、互联网等对高等教育的影响十分深远，对文科类专业，诸如投资学专业的人才培养提出了新的要求。因此，研究新文科背景下投资学一流专业建设路径不仅对于培养投资学专业人才有着重大实践意义，而且可为其他专业的建设提供重要借鉴。

投资学是一门对投资理论进行系统研究，并用以指导现实投资活动，实现预期回报的学问。国内关于投资学国家一流专业建设路径与人才培养模式的研究较为广泛，不少学者都对此提出了自己的见解，但研究者所在学校层次不同，其对专业建设定位、建设路径的看法各有不同。一流高校的投资学专业更加注重复合性和创新性，而地方普通高校则多数定位在应用性方面，更多倾向于专业性和实操性。这些研究都丰富了投资学专业建设理论。

第一，对于研究背景，学者们的看法趋于一致。周毅等（2019）设计了如何进行新文科建设。[1]刘虎等（2020）探索了新文科背景下高校如何重塑文科的实验教学。[2]吴南等（2021）认为，新文科建设需要以社会需求为导向，多方协同培育跨学科应用型人才。[3]第二，对于问题研究，不同学者各有说法。何万国等（2010）认为，不管是何专业的大学生创新实践能力培养不够。[4]冯宇等（2016）也持这样的观点。[5]张杰等（2019）分析了学生缺少创新与实践能力的培养问题。[6]郑树娴等（2020）认为，国内高校投资学专业设置存在诸多弊端并提出人才培养模式亟待优化的建议。[7]马永斌（2015）和贾曼莉（2016）认为投资学专业学生普遍存在实践创新。[8][9]周二勇等（2020）也持有类似的看法。[10]陈西和熊湘辉（2021）分析了投资学课程教学存在的问题。[11][12]刘海东等（2021）认为，投资学专业学生缺少创新实践方面的训练。[13]第三，对于路径研究，学者们都有不同主张。吴成颂（2014）指出通过体验式教学加强投资学专业建设。[14]赵明慧（2018）和杨宝强（2020）也这样主张。[15][16]值得一提的是，陈玲等（2018）用层次分析法（AHP）构建了投资学建设评估模型，并运用模糊综合评价法分析了投资学建设相对滞后的原因并提出了加强人才培养的对策建议。[17]张杰等（2018）提出人才培养需要注重实践教学，包括本科人才培养也是如此。[18]郑树娴等（2020）提出了需要为新文科建设和培养更多新时代投资应用型高质量专业人才探索出一条新的路径。[7]张中华（2020）认为，投资学专业人才培养需要适应经济发展的需要。[19]何平均（2020）从人才培养角度也提出了投资学专业建设思路。[20]刘虎等（2020）主张重塑文科实验教学，[2]周衍平（2021）主张投资学专业培养模式的创新。[21]江世银等（2021）提出了金融学国家一流专业学生创新能力提升路径，同样适用于与金融学类似的投资学专业学生。[22]吴南等（2021）认为，实践教学是培养学生实践能力和创新能力的重要环节，而投资学学科涉及多门学科交叉，需要结合人工智能、大数据等现代技术构建实践教学体系，特别是构建投资学专业实践教学体系。[23]刘志东（2021）提出了新文科背景下的投资学课程内容体系建设设想。[24]

这些研究为我们思考新文科背景下投资学国家一流专业建设路径提供了基本的思路与方向。但是，在新文科背景下，投资学一流专业建设如何科学地设置课程，培养既有理论深度又能进行创新实践的人才，达到世界一流专业要求还需要我们进行长期的路径探索并在实践中进一步完善。

二、投资学一流专业建设历程与现状

投资学专业是为适应投资主体与投资人多元化、投资渠道与方式多样化、投资结构与规模分散化、投资行为职业化与投资活动专业化的背景而产生的一门新经济管理专业。现代经济社会的发展越来越需要具有充当智能投资顾问的专业性投资人才。基于此，各高校根据这一形势变化的需要，纷纷设立投资学专业。

（一）投资学专业建设历程

投资学是一门兼具理论性和实用性的专业，尽管还不成熟，但它是极具发展前景的专业。最早的投资学科可以追溯到我国 20 世纪 50 年代的基本建设拨款与贷款班，它是为适应计划经济体制下的基本建设投资人才的培养需要而设立的。随着经济市场化的改革以及投资主体多元化与投资渠道方式的多样化，为适应社会对投资人才使用的需求，2003 年，我国第一个投资学专业设立。因市场前景看好，这方面的人才供不应求，不少高校纷纷设立投资学专业。2010 年，开设投资学专业的高校仅 21 家，到 2013 年增加到 46 家。投资学专业出现了报考、用人单位需求较为火爆的景象，仅 2014 年度就有 19 所本科院校的投资学专业备案或审批通过。经过大力发展与本科专业评估，投资学专业普遍被看好。截至 2019 年，全国高校设有投资学专业有 86 个。目前，全国专门设立有投资学专业的高校有 100 多所。

伴随投资学的兴起与发展，专业建设也在跟进。无论学科专业平台还是课程建设、团队建设，都取得了初步的成效。2013 年，中央财经大学汇集了全国投资学第一届年会，为投资学科提供了交流平台，与会专家就投资学专业建设进行了广泛的学术交流。随后，一些高校打造出投资学精品课程。编写了很有影响的国家精品教材。2018 年，国家精品在线开放课程评出投资学课程，证券投资学国家一流课程也相继出现。2019 年，全国首批投资学国家一流专业，如中南财经政法大学投资学专业获批建设。在新文科背景下，投资学专业建设普遍受到重视。国家在加大这方面人才培养的规划、投入与要求，学校在积极建设投资学国家一流专业，专业负责人在组建团队、优化教师结构、更新知识，各方都在努力推动投资学国家一流专业建设，争取早日成为国家一流专业。

目前，投资学国家一流专业建设进入了新文科建设的时期。新文科建设是国家对学科建设为适应新时代发展需要而提出的要求。新文科建设以新时代和新科技革命为背景，破与立共存，以继承传统与创新思维、交叉与融合、协同与共享为主要途径，努力培养出具有中国特色的世界一流投资人才。这一建设促进多学科交叉与深度融合，从学科导向转向专业导向，从专业分割转向交叉融合，从适应服务转向支撑引领。这是国家一流专业出现的新景象。目前，新文科已取得了初步的成绩，对文科各专业特别是投资学专业已产生了一些作用和影响。

已培养的投资学专业毕业生主要到证券、信托和投资银行等从事证券投资，到公司企业从事企业投资，到政府相关部门从事有关投资政策制定与管理等工作。层次较高的毕业生到高校、科研部门从事教学、科研工作。如果仅仅是学士学位，到高校科研院所进行教学科研的较少。新文科背景下，投资学专业建设取得了一定的成绩。总体来看，投资学专业建设的时间不长，还是一个金融学大学科下的新兴专业，系统成熟的投资理论还在形成过程中。投资学国家一流专业建设任重道远。

（二）投资学专业建设现状

伴随着投资学国家一流专业建设的推进，各高等院校高度重视，纷纷采取一系列措施加快建设。一是制定建设规划。为推进国家一流专业建设，高校一般都制定有学科发展与专业发展规划，为具体实证提供长远努力方向，特别是那些投资学国家一流专业建设点为了获得投资学国家一流专业，基本都制定有 3 ~5 年的投资学学科与专业发展规划。二是加大投入。不少高校都增加了经费投入，确保经费能够支撑一流专业建设，有地方财政每年支持 100 万元，学校还给予配套经费支持建设。三是加强师资队伍建设。一方面，将过去承担投资学人才培养的教师通过访问学者等形式再培养，使其跟上时代发展的步伐，掌握最新的知识变化；另一方面，要求新进教师有新文科背景，或要求是具有多方面知识的博士、博士后，有的甚至要求海归人员。四是改进课程设置。适应新文科建设的需要，投资学专业调整了课程设置，增加了涉及人工智能、大数据、互联网金融、区块链金融等方面的内容，广泛涉及新基建投资、量化投资与智能投资等。五是注重实践创新。各校也更加注重投资学专业学生在掌握坚实理论基础上与实践相结合。面临百年未有之大变局下的经济金融变化趋势，越来越开放的国内外市场都对投资学专业建设提出了更高的要求，这促使社会更加重视投资学专业的建设，各大高校也更加注重实践基地合作与建设。

三、新文科背景对投资学一流专业建设的影响

（一）新文科背景对专业建设的影响

在当今百年未有之大变局下，新文科建设是走以学科内涵式发展之路来抢占学科专业制高点的客观要求，这一建设对于构建世界一流学科专业话语权具有重要的意义和影响。专业都是在学科门类下存在与发展的，新文科的提出与实施，无不影响各专业的培养目标、方向与路径。然而，过去传统的文科学科和专业设置过细，文理互不融合，学科专业内涵狭窄单一，专业之间各自为政，不利于资源共享和部门之间协作交流。学理工科的学生没有深厚的文科常识，学文科的学生不懂理工科基本知识，文理脱节非常明显。新文科建设鼓励跨学科开展人才培养，而主修投资学专业和辅修其他专业，可以有效弥补现有投资学专业界限分明的弊端，把现代技术手段融入文科学科体系构建及教学研究中。新文科背景下的专业人才培养需要知道理工科的基本知识与基本道理，有的甚至还需要运用理工科的思维思考。所以，新文科背景对各专业建设与人才培养具有重要的影响。

（二）新文科建设对投资学国家一流专业建设的影响

新文科背景下的投资学专业可以结合学生个人兴趣和特长，引导并为学生创造复合化培养的途径，为文科人才提供更为宽泛的学习和知识拓展的途径。投资学专业涉及实物投资、金融投资和人力资本投资，国内与国际相交叉，经管、法律和理工知识相渗透，微观与宏观相结合等特点。它要求投资学专业适合时代变迁以及国家发展和世界变化需要，增强投资学专业建设的时效性和紧迫性。它还要求专业建设通过中外不同的人才培养模式，取长补短，形成中外学科间的互补与交叉。

投资学专业兼有文科与理工科的综合趋向。新文科、新工科建设都会影响投资学的目标、内容、方向与重点等。投资学专业实验室是投资学教学的第二课堂，有利于学生开发思维和提升实践能力，特别是培养创新实践能力。然而，国内高校对于投资学专业实验室的建设重视不够，学生获得的实验知识也较少。涉及的实验室不仅设备器材不完善，而且实验室教学安排少，有的高校实验室形同虚设，有的仿真实验室根本没有仿真实验，有其名而无其实。随着新文科的建设，加强文科与理工科的融合，投资学专业建设无不受其影响。投资伦理、模拟投资等将得到重视。

（三）新文科背景下的投资学专业培养要求

新文科背景下的投资学专业建设立足于培养具有扎实、系统的经济学、

管理学理论与方法，面向全社会从事投资管理及相关业务的高素质复合型专门人才。投资学研究在不确定性条件下如何把个人、机构的有限资源分配到诸如实物、股票、国债和不动产等资产上，以获得合理的现金流量。新文科背景下，投资学专业培养将发生较大的变化。与传统的培养模式相比，它将更加注重投资学专业一流课程和教学团队建设，注重实验教育研究和案例教学总结，注重教师教学质量和科研反哺教学，注重学生创新与实践能力提升，注重产、学、研协调育人和复合型人才培养，注重金融科技背景下培养模式转换与质量提升，注重专业素养培育与课程思政融入等。特别是推进投资学专业建设教学改革，培养出新时代创新型卓越投资人才，选择恰当的投资学专业建设路径，实现经、管、法创新开拓新兴交叉点。新文科背景下的投资学专业教学需要将大数据、云计算、智能技术融入其中，让学生掌握系统的理论、拥有宽广的知识、具有初步的实战经验，具备定性与定量相结合的分析能力。它特别要求培养处理风险投资等方面的业务技能，以效用最大化和利润最大化为原则，实现财富配置的最优解。

总之，新文科对各专业尤其是投资学专业会有重要的影响。投资学国家一流专业学生将吸收更多理工科的思维，吸取传统的文化，在理论与实践中获得新生。这方面的建设将会取得新的成绩。投资学国家一流专业建设将会培养全新的投资专业人才。

四、专业建设问题

（一）理论功底不厚

理论素养是专业的基础。投资学是研究建立在经济学与管理学等理论基础上的资本运行规律的学科，是与金融学、统计学、计算机科学和法学等相结合的综合性、基础性、实践性交叉专业。虽然投资学专业离不开实践，但它的理论性是非常强的。虽然投资学专业办学的历史还不算很长，但投资学理论及其应用的历史不短。从前古典经济学投资行为与投资理论到后凯恩斯经济学投资理论及其实践已经有了几百年时间，其理论性与实践性都极强。投资学专业理论的掌握主要是通过教学传播知识。没有雄厚的专业理论知识，难以指导实践，获得投资成功。一般院校的投资学专业都依托于金融学专业，学生的专业知识主要来自金融学理论，而投资学理论功底不厚。例如，不少投资学专业学生对基本的投资理论缺少系统的了解，更不用说新兴的投资理论。大数据、云计算、互联网、移动互联网、物联网、人工智能、机器学习和区块链等新技术正在改变投资环境、投资行为和投资方式，由此需要掌握的新投资学理论显得十分不足。他们进行一般的投资还可以，但不知道其中的理论依据，以至于不少人认为投资学专业学生是不懂理论或没有理论的万能人才。

（二）实践创新不足

实践创新是专业建设和人才培养的动力。投资学既区别于过去的基本建设专业又有别于现代的金融学专业，它是一门更新快、发展迅速、应用性强的专业，其产生、发展的时间不长，理论不成熟就说明了这一点。当今经济金融日新月异，金融产品与金融交易模式创新层出不穷，特别是互联网改变了金融交易与服务的方式。如果不实践创新甚至脱离行业实践，完全照本宣科，这就是一种舍本求末的方式，迟早会被淘汰。传统的专业教学与人才培养模式相对固化，跟不上时代发展的步伐。投资学专业的研究对象——股票市场、债券市场、期货市场、外汇市场和黄金市场等瞬息万变，为人才培养提出新实践创新要求。于是，传统的教学内容、教学方式已经无法跟上时代前进的步伐。国内不少大学对投资学专业的教学仍旧仅仅停留在书本知识上，理论与实践脱节，教学方式偏重于理论式、教科书式，缺乏创新的教学理念和教学方法，特别是没有实践创新的引导与培养。整个课程安排极其不合理，没有坚持系统性、连续性的原则，不少课程内容出现重复并且重复面还不低，已经大大影响了投资人才培养质量。他们的课程考核以记忆性、背诵式的内容为主，一毕业就过时的占5% ~10%，毕业5年过时的占10% ~20%，毕业10年过时的占20% ~30%。如果没有及时更新，这样的投资学专业人才是不能适应经济社会发展需要的。这样的教学模式造成忽视实践重要性、脱离社会需求的人才培养体系，不利于高校学生的能力开发和优秀人才的培养。投资分析是投资实践中的一个环节，属于操作层次，这方面的实践明显不足。百年未有之大变局越来越表明，任何专业如果缺少创新实践都可能会被淘汰。在大众创业、万众创新的趋势下，社会特别需要在全面系统掌握投资学理论基础上的具备实践经验、实操经历、分析解决问题能力强的创新型、能力型、应用型的投资人才。投资专业的学生参与实践创新才可能不被社会所淘汰。

（三）课程建设滞后

任何一流专业建设都离不开课程建设，它是人才培养的核心要素，是落实专业人才培养任务的微观载体。所以，培养投资学专业人才都需要落实在具体的课程上。投资学课程是高等院校经济管理类及相关专业本科或研究生的必修课或选修课。当今世界投资对象的复杂性、专业性、创新性要求投资学课程需要引入新的内容，以培养投资学领域超强能力的专业交叉复合型人才。然而，受传统教学课程设置的影响，投资学专业课程建设没有跟上形势发展的需要。一个普遍的现象是，高校的投资学课程教学讲授经典金融投资理论，教学内容更新速度滞后于投资实践，其结果是理论与实践脱节。有的内容在不少课程重复讲解，有的内容在全部课程设置中几乎都没有涉及。以往投资学课程涵盖范围窄、内容浅，已经跟不上市场发展的步伐，而需要及时更新的课程如《投资项目评估》《综合理财规划》《互联网投资》等实战性较强的课程往往被忽视。不仅如此，投资学专业的课程思政也没有得到足够的重视。所培养的投资学专业人才为谁服务、如何服务等问题还普遍存在。目前，多数投资学课程内容尚不能客观、科学、全面地向学生传授投资理论、业务知识与操作技能。投资学专业人才培养离不开实战操作，不少学校设置了虚拟仿真课程，有的还建立了虚拟仿真实验室，但因受各方面的影响而流于形式。根据新文科发展的需要，投资学国家一流专业的学生应全面系统理解投资和资本本质，因此，教师要准确把握新时代赋予投资新使命的课程建设需要，培养适应社会需要的投资学专业人才。这方面的课程建设任重道远。

五、投资学一流专业建设路径

（一）注重理论素养培养

没有坚实的理论基础，难有成功的投资者。一般的投资者都有某种理论依据或受某种理论的指导，这就更不用说成功的投资者了。成功的投资者不仅进行投资实践，而且知道为什么需要这样的投资。投资学国家一流专业建设需要引导学生加强理论知识的掌握与运用，使其不仅知道该如何投资并且清楚进行每笔投资的理论依据。在新文科背景下，他们不但应当懂得实物投资理论而且应当掌握金融投资理论。除了传统的投资理论，如重商主义体现为国家层面的前古典经济学投资行为与投资理论，以亚当·斯密等为代表的古典经济学的投资理论，以奥地利学派、剑桥学派、一般均衡学派以及新古典主义学派为代表的新古典经济学投资理论，以《就业、利息和货币通论》为主的凯恩斯经济学投资理论和以托宾 Q 理论、哈罗德—多马、索洛和卢卡斯、罗默等为主要代表的后凯恩斯经济学投资理论，现代的投资理论，如包括马科维茨的投资组合理论、米勒的资本结构理论、夏普等的资本资产定价模型、斯科尔斯等的套利定价模型、法玛的有效市场假说、弗仑奇等的多因子模型等微观金融资产层面的量化投资理论等都是投资学专业学生应掌握的投资理论。在新文科背景下，我们认为，投资学国家一流专业建设需要坚持投资理论与新技术应用融合，适应互联网和数字经济发展的要求，将互联网、新一代人工智能和区块链技术引入新投资学人才培养体系，这些都是值得投资理论和投资课程深入探讨的问题，增强新型投资经营管理的科技含量。

（二）创新实践教学

投资学专业与其他金融类专业相比，更加注重实践能力与创新能力的培养。实践教学是培养学生实践能力和创新能力的重要环节，而投资学学科涉及多门学科交叉，需要紧密结合互联网、大数据、人工智能和区块链等现代技术创新实践。在新文科背景下，推广投资学科的创新实践，培养高素质高水平投资人才，需要整合校内外资源，建立长期的校外实践教学基地，实现校内校外实习实训教学资源共享与人才供需对接。在投资学专业人才培养中，让学生有机会进入专门的创新实践基地感受。近年来兴起与持续推进的大众创业、万众创新为创新实践教学提供了良好的氛围，投资学一流专业建设的高校、二级学院、教师、学生应主动参与其中。其中，学校的职责是制定相关的专业规划、政策与宣传，二级学院的职责是组织实施并提供具体的引导，教师的主要职责是指导学生创新创业实践，学生的职责是参与创新创业实践，接受教师的专业指导。创新实践教学是新文科背景下投资学一流专业建设的重要路径，它需要学校、家长、社会的协调努力。在此过程中，培养学生的创新思维意识，鼓励学生积极参与创新实践，提倡学生多元化、特色化发展，努力培养出一批国际一流的投资学专业人才。

（三）促进优质课程建设

新文科背景下，投资学专业课程需要进行调整，开发建设优质的课程。优质的课程既有理论深度又有实践案例，既有较强的专业性又有课程思政，既有现代科技内容又有传统文化思想，既有文科思想又有理科思维，既进行课堂教学又有实践演练，既有传统教学方式又有现代教学方法。开发建设优质的投资学专业课程，以创新创业为根本，以服务经济社会发展为目的，全力打造课程思政示范课和国家级金课。目前，在投资学专业已立项投资学、证券投资学等国家级一流课程和省级课程思政示范课。这方面的工作还需要继续坚持下去，直到达到世界一流专业水准为止。此外，利用虚拟仿真技术，打造投资学国家一流专业课程，与企业合作开发虚拟仿真类课程——资产配置优化虚拟仿真，直到成功建成国家级虚拟仿真类的金课为止。优质的投资学专业课程包括投资学、证券投资学、风险投资学、投资银行学、公司金融学、国际投资学、投资价值分析与评估和投资项目评估等。在国家“双万计划”下，努力打造一批国内一流、国际领先的示范课程，形成优质的投资学课程团队。课程团队教师不仅从经济角度阐释投资学相关理论知识，也更注重从社会责任角度阐释投资的作用和价值，注重从财富创造、大国重器等视角探索投资发展的逻辑与投资学人才培养的路径。优质的投资学专业课程既遵循一般课程要求又要体现课程思政的中国特色，探索新文科背景下的投资学专业建设和人才培养模式的特色教改做法，从宽、深两个维度铺出投资学国家一流专业人才成长成才的职业通道。

参考文献

[1] 周毅，李卓卓．新文科建设的理路与设计［J］．中国大学教学，2019（6）：52－59.

[2] 刘虎，王勤，冯建刚．“新文科”背景下高校重塑文科实验教学体系的思考与探索［J］．实验技术与管理，2020，37（9）：270－273.

[3] 吴南，王春辉，全颖．“新文科”背景下投资学专业实践教学体系探究［J］．科技创业月刊，2021，34（7）：142－144.

[4] 何万国，漆新贵．大学生实践能力的形成及其培养机制［J］．高等教育研究，2010，30（10）：62－66.

[5] 冯宇，陈婉霞．基于职业能力培养的投资学专业实践教学研究［J］．现代经济信息，2016（19）：387＋389.

[6] 张杰，张雯涵，江世银．基于前景理论的高校教师学术失范行为治理机制研究［J］．高教探索，2019（12）：108－115.

[7] 郑树娴，黄可权．基于新文科理念的新投资学应用型专业人才培养模式构建与探索［J］．创新创业理论研究与实践，2020，3（23）：105－108＋111.

[8] 马永斌，柏喆．大学创新创业教育的实践模式研究与探索［J］．清华大学教育研究，2015，36（6）：99－103.

[9] 贾曼莉．《投资学》实践教学创新与大学生财商培养研究［J］．今日财富，2016（15）：124－125.

[10] 周二勇．高水平应用型本科专业建设人才培养模式与评价体系研究［M］．北京：北京理工大学出版社，2020.

[11] 陈西．“互联网＋”背景下高校《投资学》课程教学改革探讨[J]．现代商贸工业，2021，42（9）：161－162.

[12] 熊湘辉，魏云霞．课程思政下的《投资学》课程教学研究[J]．决策探索（中），2021（3）：30－31.

[13] 刘海东，张秋红．应用型本科院校投资学专业核心技能的意义及获取研究[J]．长春教育学院学报，2021，38（10）：43－49.

[14] 吴成颂．基于“体验式学习”的《投资学》课程教学模式改革探析[J]．当代经济，2014（21）：104－106.

[15] 赵明慧．投资学专业综合实训项目教学体系的构建与实践[J]．财会学习，2018（31）：217－218.

[16] 杨宝强．《投资学》课程改革中的体验式教学研究[J]．商业经济，2020（11）：187－188＋194.

[17] 陈玲，黄惠晶．“双一流”建设背景下投资学的学科建设与人才培养研究[J]．内蒙古财经大学学报，2018，16（2）：108－114.

[18] 张杰，江世银，吴雪华．校企联合培养专业硕士的模式与运行机制[J]．大学教育科学，2018（6）：81－85.

[19] 张中华．经济结构转型升级与投资学专业的发展[J]．新文科教育研究，2021（3）：94－103＋143.

[20] 何平均．基于“三个发展”理念的农业院校投资学科建设思路[J]．教育教学论坛，2020（38）：40－41.

[21] 周衍平，陈会英，马有才，等．科教融合、产学协同、知能一体的投资学专业培养模式创新研究[J]．山东农业工程学院学报，2021，38（11）：124－128.

[22] 江世银，张杰，毕清波，等．金融学国家一流专业学生创新能力提升研究[J]．教育理论与实践，2021，41（33）：7－12.

[23] 吴南，王春辉，全颖．“新文科”背景下投资学专业实践教学体系探究[J]．科技创业月刊，2021，34（7）：142－144.

[24] 刘志东．新文科背景下投资学课程内容体系与课程建设探讨[J]．中国大学教学，2021（5）：54－59.

新文科语境下投资学一流专业建设路径研究

严伟祥

一、新文科产生背景与内涵界定

为全面提高国家科技硬实力和文化软实力，党和国家要求高等教育大力推进“四新”建设（新文科、新工科、新农科和新医科），以科技助力，加快培养紧缺人才。当前，新文科建设已成为人文社会科学的新任务、新要求和新使命。以往人才培养主要由某一学科单独或主要承担，但是面对新一轮科技革命和产业变革，社会急需的高质量人才必须由多学科共同发力，通过资源共享、学科交叉、专业交叉、师资交叉，培养复合型创新人才。

“新文科”一词，最早出现在欧美。这是由于欧美大学生报考文科专业逐年下降，文科类高校产生严重的危机感，为了减缓文科专业式微趋势，美国俄亥俄州希拉姆学院于2017年对传统文科进行学科重组，将理工类课程融入哲学、文学、语言等文科专业体系，实现跨学科培养学生。自此，新文科的创新人才培养方式在世界范围内引起了关注。2020年11月，教育部在山东大学发布《新文科建设宣言》，标示着我国新文科建设正式进入全面实施阶段。

我国新文科的建设背景与欧美有很大差异。当前，国际形势纷繁复杂，数字技术、人工智能等新科技驱动产业变革，人类的生产方式、生活方式和价值理念正在重构（樊丽明，2020），新文科建设是党和国家面对世界“百年未有之大变局”，推动新时代经济社会高质量发展对教育领域提出的新思路和新要求。新文科是新时代中国特色社会主义建设过程中高等教育自我创新、自我发展的必由之路，突破传统思维模式，打破专业壁垒和学科束缚，加强文理交叉融合，解决学科本身和社会发展中凸显而来的复杂问题，构建具有中国特色的学科知识体系（吴岩，2020），并引领学科发展。可见，我国新文科建设更加有高度，负有社会发展使命。

众多学者围绕新文科内涵、任务、发展路径以及新文科背景下各类文科专业建设模式进行了广泛探讨，均认为新文科具有鲜明的时代特色，是促进学科交叉融合、构建中国特色学术话语体系的必然要求（廖祥忠，2020）。新文科新在育人理念、学科融合、教学内容和手段等方面，核心使命在于人的培养，通过传统专业升级改造、开设符合社会发展方向的新专业（马骁和李雪，2020）、优化人才培养方案和课程体系（王重润，2020）、改革课堂教学内容和方式等实现新文科人才培养（吴岩，2021）。

二、一流本科专业建设背景与内涵

2018 年以来，我国高校积极响应教育部要求，坚持“以本为本”，推进“四个回归”，不断加快高水平本科教育建设。2019 年 4 月，教育部正式启动一流本科专业建设的“双万计划”，将在全国建设 1 万个国家级一流本科和 1 万个省级一流本科专业，以实现面向未来、适应需求、引领发展等目标。一流本科专业建设是落实党的十九大要求、加快推进“双一流”建设的细化和外延。

截至 2022 年 6 月，教育部共实施了三轮一流本科专业建设点的申报和认定工作，共认定了国家级一流本科专业建设点 11761 个，省级一流本科专业建设点 15727 个[①]，基本完成了教育部提出的“双万计划”目标。接下来，各高校将围绕教师发展与教学团队、课程教材资源开发、实验实训平台、学生创新训练和国内外交流合作等方面，大力推进一流本科专业建设，以期超额完成教育部一流专业验收标准。

在新文科背景下，如何建设一流本科专业也引发了国内教育管理者和教师新一轮研究。吴岩（2019）认为一流专业是一流人才培养的基本载体，充分利用现代信息技术，打造一流课程（金课）、一流教师（金师）、一流教学方法，建构一流本科专业，才能将学生培养成一流人才，回归高等教育的初心，实现内涵式育人目标。刘六生和宋文龙（2019）表示地方高校是我国高等教育体系的重要组成，而且占比超过八成，只有充分利用一流本科专业建设点的契机，扎实升级改造原有特色专业，才有助于实现自身发展目标。

三、国内投资学专业发展现状

投资学涉及金融学、财务管理、统计学、应用数学等多个领域，是一门

---

① 2019—2021 年度分别认定了 6210 个、4448 个和 5069 个省级一流本科专业建设点，2019 年和 2020 年已认定的省级可以再申请国家级认定，因此最后省级一流本科专业建设点应该少于 15727 个。

多学科融合的专业。随着区块链、人工智能和大数据等现代技术的发展和应用，银行、证券等金融机构的传统经营模式正被颠覆，金融产品与投资策略不断创新，资产配置与管理的难度逐渐加大，风险传染路径更加复杂，这对投资人才的技能培养提出了更苛刻的要求。在新文科语境下，如何提升投资学一流专业建设，如何培养一流人才是高等教育亟待解决的课题。

（一）国内投资学专业发展

投资学专业名称几经变迁，才最终确定下来。1952 年新中国进行了院系大调整后，一些高校陆续开设“基本建设经济专业”，后又改称为“基本建设财务与信用专业”，这就是现在投资学专业的前身。随着国家计划部门将“基本建设”更名为“固定资产投资”，各高校纷纷将“基本建设财务与信用专业”改造为“投资经济专业”。遗憾的是，1997 年教育部调整专业目录，取消了投资经济专业。但是证券市场的快速发展和投资组合理论的形成，一些高校坚持在目录外开设投资学专业，使其发展得以延续（张中华，2021）。为了顺应改革发展对经济建设人才的需要，2012 年教育部颁布新版《普通高等学校本科专业目录》，新增投资学为金融学类目录专业，这为更多高校开设该专业提供了依据，截至 2019 年，有 86 所高校开设了投资学专业，极大地丰富了金融学类专业。

目前，投资学专业的开设主要集中在财经类高校，这与财经类高校专业设置得非常细致、多年深耕财经专业有很大关系。财经类高校的整体专业和学科偏少，往往可以细分到三级学科，而综合类高校的专业普遍偏多，所以设置上相对比较宽泛，一般到二级学科。可以说，正是财经类高校持续不断地对投资学专业投入和建设，才为我国金融行业输送了大量投资人才。

（二）投资学一流本科专业建设点分析

随着国家“双万计划”的全面实施，中央和地方高校积极投入并申报“一流本科专业”建设点的认定工作。本文梳理了截至 2022 年 6 月教育部公布的投资学一流本科专业建设点名单（见表 1）。目前，共有 9 所高校的投资学专业被列为国家级一流本科专业建设点，还有若干高校获批省级一流本科专业建设点。对于获批的一流本科专业建设点，各省（市）和高校将分别加大财力、物力和人力的投入，推动专业高质量建设。未来一段时间，将会涌现更多的投资学相关的教学资源和教学成果，这势必对我国投资学专业的发展形成积极的正向促进和示范引领作用。

进一步的分析，我们发现绝大部分高校的投资学专业都归属金融学院，这也符合投资学专业属于金融学类专业（见表1）。但是中央财经大学、上海财经大学和西南财经大学的投资学专业有所不同，其是放在管理或财税学院。究其原因，很有可能此三所高校是最早开设投资学专业，而投资学专业的原称与财政、工程建设有很大关系，放在该学院也是传统的延续。另外，我们分析和比较主要高校的投资学人才培养方案，发现中南财经政法大学、中央财经大学、上海财经大学和西南财经大学四所高校兼有实物投资与金融投资，其他高校主要以金融投资为主。造成这类差异，是因为其他高校开设投资学专业较晚，人才培养主要以我国资本市场为对象。

表1　　投资学一流本科专业建设点（部分）

大学名称	所属学院	培养方向	级别	获批年份
中南财经政法大学	金融学院	实物与金融	国家级	2019
中央财经大学	管理科学与工程学院	实物与金融	国家级	2020
上海财经大学	公共经济与管理学院	实物与金融	国家级	2020
对外经济贸易大学	金融学院	金融投资	国家级	2020
南京审计大学	金融学院	金融投资	国家级	2020
浙江工商大学	金融学院	金融投资	国家级	2020
安徽财经大学	金融学院	金融投资	国家级	2020
广东财经大学	金融学院	金融投资	国家级	2020
西南财经大学	财政与税收学院	实物与金融	国家级	2021
东北财经大学	金融学院	金融投资	省级	2021
浙江财经大学	金融学院	金融投资	省级	2021

（三）投资学专业建设存在的问题

党的十九大以来，我国持续提升直接融资比重，拓宽多层次资本市场的广度和深度，先后设立科创板和北京证券交易所，以期为创新型中小企业提供更快、更广的融资服务。在国家和时代双重需求下，自然对投资学专业人才要求更高。然而，当前投资学人才培养与社会需求还存在一定差距。

1. 投资学人才专业性不强。当前，国内高校普遍强调“厚基础、宽口径”人才培养模式，增加公共基础课，即通识类课程，以期培养学生的综合素质和适应能力。通过调查表1中各高校投资学专业人才培养方案，发现通识课和专业课的比例普遍接近1:1。“厚基础、宽口径”的培养模式本来是希望打牢学生基础，后期通过自主学习，拓展专业学习或发展，但是不同高校的生源质量、社会名望、教育资源都存在很大差异，这种人才培养模式反而加剧了普通高校的投资学人才专业性不强的现象。

2. 投资学课程特色不明显。根据高等教育本科专业目录划分，可知投资学归属经济学门类，同时又是金融学类的三级学科，它与金融学、保险学、金融工程同为金融学类的基本专业。在普通高等学校本科专业类教学质量国际标准（2018 年版）中，金融学类的专业课要求“5 + X”，即指定 5 门课，然后从课程库选择 X 门课。当投资学、金融学和金融工程专业同在一个学院时，师资力量、课程资源非常接近，容易造成投资学专业课程与其他专业趋同，特色不明显。

3. 投资学专业建设主体薄弱。投资学专业主要为银行、证券、基金、期货等金融机构培养人才，仅仅依靠校内教师推动专业建设和人才培养，主体力量明显比较薄弱，培养出来的学生很可能难以满足金融行业的需要。因此，投资学专业应该积极拓展外部建设资源，专业负责人、全体教师、专业学生和金融机构共筑投资专业建设共同体，凝智聚力、上下齐心、内外协力，共同推动投资学专业高质量发展。

投资学是研究资产定价、资本运行的科学，是建立在经济学、应用数学和财务管理等理论基础上，与金融学、统计学、管理学等紧密结合的综合性、实践性交叉学科（刘志东，2021）。在新文科背景下，只有认清学科服务对象，运行规律，聚焦现实问题，同时打破学科之间的壁垒，实现学科交叉，才能培养出真正的高质量金融投资人才。

四、投资学一流本科专业建设路径

（一）构建新文科语境下的投资学一流专业思政体系

新文科语境下投资学一流本科专业的建设，一定要遵循习近平总书记关于教育和立德树人的重要论述精神，以“服务多层次资本市场建设”为目标，推进专业思政和课程思政融合，探索构建新文科思政体系。首先，在新文科和新时代高等教育发展大环境下，制订投资学一流专业思政建设方案，把思想政治教育贯穿到专业建设各要素全过程。其次，对专业思政和课程思政进行顶层设计，既体现专业思政的规律性，又体现课程思政自身的独立性，在实施过程中，充分发挥教师的能动和创新精神，形成教育合力。最后，审视投资学专业内涵和外延，以服务国家资本市场建设，同时实现社会使命以及个人价值，全面推进课程思政、专业思政、学科思政有机融合，落实立德树人根本任务。

南京审计大学投资学专业成为2020年度第二批国家级一流本科专业建设点之后，于2021年5月启动新版人才培养方案修订。在新版人才培养方案修订过程中，经过广泛调研、座谈研讨和反复打磨，增加思政课程、实践类创新课程以及理工科课程，同时实现育人和育才根本任务。在课程思政建设方面，通过教研活动、思想培训、校际交流和教学竞赛等途径，提升教师业务素质，打造高质量教学团队。投资学专业从“党和国家政策方针、习近平总书记重要讲话精神、辩证唯物主义思想、科学认知、中国好故事、传统经典思想”六个方面撷取思政素材，分别与专业课程重要知识要点进行匹配相融，辅之相应的案例进行教学。通过思政元素融入课程、教材、平台、竞赛等活动，加强师生纽带关系，落实全员育人、全程育人、全方位育人（见图1）。

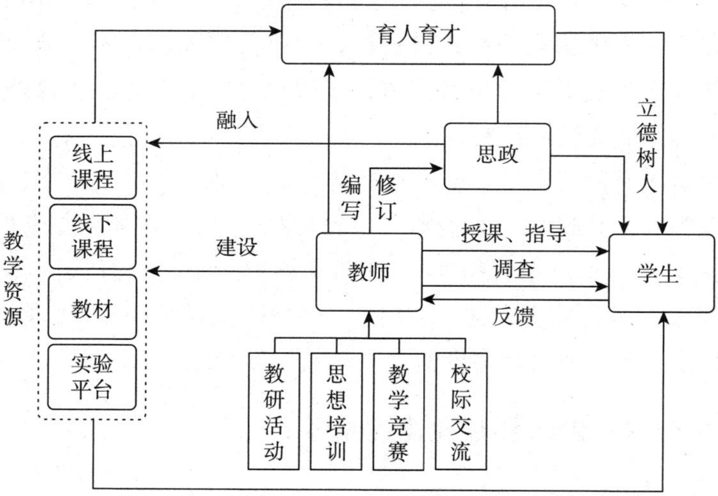

图1　投资学专业思政建设路径

（二）打造一流课程资源　支持一流专业发展

随着我国人工智能、大数据、云计算、区块链等新技术在金融行业的广泛运用（严伟祥和张维，2019），以数字化、智能化、网络化、信息化等为代表的新科技与投资学课程交叉融合已成为必然。因此，对现有的课程进行升级改造是新文科、一流专业建设中重要一环。

1. 引入全新理工科课程。投资学专业主要是面向金融机构培养专业人才，需要使人才具备资产定价、线性优化和风险管理的能力，在人才培养方案中，均会设置一定的数学类相关课程。如何在海量金融交易中确定最优组合和风险度量，不仅需要数学逻辑思维，还需要借用计算机编程快速实现策略。因此，引入数据结构和处理、计算机编程语言势在必行。在新版人才培养方案中，投资学专业在 Python、Matlab 或 R 语言基础上开设量化投资与 Python 工具、Matlab 与金融建模和金融数据分析技术等复合型课程。通过金融投资理论、数学功底和计算机语言工具进行交叉融合，提升投资学专业学生的理工科创新思维。

2. 开发线上线下一流课程。投资学专业早在 2016 年就开始尝试将信息技术融入课堂和资源中，增强可视化呈现、互动化传播、沉浸化体验、网络化学习等，先后建成《证券投资学》慕课和江苏省在线开放课程《投资学》。2019 年，投资学专业按照教育部的要求，以五类“金课”建设为驱动力，打造了《投资学》《公司金融》《投资银行学》3 门线上课程、《证券投资学》等 2 门线上线下混合式课程、《证券投资》等 7 门线下课程、《证券投资与量化交易》等 2 门虚拟仿真实验和《模拟股市》社会实践课程，形成从理论教学到实践教学线上化，提供全天候学习环境。

3. 编写高水平教材。投资学专业组织教学骨干教师通过萃取海外经典金融教材精华，结合中国证券市场特色，编写《证券投资学》教材。2019 年该教材获“十三五”江苏省重点教材修订立项，2021 年进一步被江苏省评为优秀培育教材。除了教材，投资学专业还组织一线教师推进案例库和习题库建设，先后完成《投资银行学》《金融风险管理》案例库、《证券投资学》课程思政案例库和《证券投资学》习题库。通过多举措、全方位丰富线下教学资源。

（三）提升新文科师资水平　支持一流专业建设

教师是专业建设的主体，只有不断提升师资水平，才能保证新文科建设顺利实施。提升新文科的整体师资水平，不仅需要补充高水平的新教师和提升现有教师的水平，还要从学院结构、年龄层次和学历层次等方面进行优化，打造高水平教学团队。第一，建立本校跨学科教学师资团队。鼓励投资学专业教师与其他学科组建教学团队，共同开发新课程、新资源，形成跨学科深层次互动、交流，形成高水平师资团队。第二，打造跨界师资团队。引导投资学专业教师到行业和企业深度调研与研修，更新教育教学观念，全面提升行业素养，与行业内专家共同开发应用型课程，加强与校内外实践基地和实践导师的交流。第三，引培并举，提升教师师资水平。一方面积极引进名校高水平博士；另一方面支持青年教师到国内外一流大学跨领域、跨学科进修，引导教师持续学习、终身学习，跟踪投资学专业研究前沿理论和成果，不断补充行业新知识、新技术，更新课程的教学内容。

（四）建立投资学产学合作协同育人机制

新文科语境下，产学合作是高校非常重要的办学理念和办学战略，构建投资学专业与金融机构和科技公司协同育人机制是提高投资学专业毕业生质量的重要途径。一是建立投资学专业教师与企业产学合作平台。通过合作，旨在建立“双师型”教育团队，参与投资学人才培养方案制订、课程开发、教材编写、案例库建设、实践教学等，有效实现理论与实践的融合。二是建立双向流动机制。即“让校内教师走出去”“把业界专家请进来”，形成“对流”促进校企相连。鼓励投资学专业教师到相关金融机构或科技公司挂职锻炼（挂职纳入工作量考核），业界专家到学校开设金融科技、量化投资课程和专题讲座等，以实现全方位的双向流动。三是构建协同育人共同体。高校（学界）要与行业企业（业界）、政府部门（政界）等协力互动，通过政校共建、校企合作等跨界的协同育人共同体，建立投资学新文科建设的校际联盟、政校联盟、校企联盟等，形成全方位投资学人才培养协同育人机制。

（五）构建科学高效一流专业管理机制

一流专业建设是一个系统工程，科学高效的管理机制是保障一流专业建设的关键。首先，制定投资学一流本科专业建设规章制度。金融学院积极加快制度建设，理顺投资学一流专业建设前期、中期、后期的工作要点，保证一流专业各项建设有专人管理、组织顺畅、标准明确、管理有序。其次，构建一流专业经费管理机制。一流教学资源建设、一流师资水平提升都需要经费支持，因此提前制定一流专业建设预算，专款专用，加强管理，减少资金浪费。再次，投资学专业还应积极拓宽经费自筹渠道，利用企业资金共建虚拟实验平台和实践基地，为学生提供更多的实习机会。最后，建立一流专业建设绩效评价机制。在投资学一流专业建设的前期、中期和后期设立相应的监督、评价和考核环节，明确建设目标、任务和标准，如评估建设规划的合理性，检查建设成果、经费使用效率等。通过层层把关，科学高效地利用一流专业建设经费。

五、结论

在新文科和一流专业双重建设背景下，投资学专业要充分利用科技时代产生的红利，升级改造传统人才培养体系，发挥教师专业建设的主体地位，以学生为中心，真正把思政育人、科技再造课程、资源、教学方法有机融为一体，通过校校、校企、校地多方合作，打造协同育人机制，充分利用和管好一流专业建设资金，产出更多具有示范和引领价值的教学成果，提升投资学专业影响力的同时，丰富我国新文科建设创新范式。

参考文献

[1] 樊丽明．“新文科”：时代需求与建设重点［J］．中国大学教学，2020（5）：4－8.

[2] 廖祥忠．探索“文理工艺”交叉融合的新文科建设范式［J］．中国高等教育，2020（24）：6－7.

[3] 刘志东．新文科背景下投资学课程内容体系与课程建设探讨［J］．中国大学教学，2021（5）：54－59.

[4] 刘六生，宋文龙．我国地方高校一流本科专业建设的困境与出路［J］．云南师范大学学报（哲学社会科学版），2019，51（6）：111－119.

[5] 马骁，李雪．创新与融合：学科视野中的“新文科”建设［J］．中国大学教学，2020（6）：31－33.

[6] 吴岩．前瞻布局　领跑未来　培养中华民族伟大复兴的战略力量［J］．中国高等教育，2020（19）：17－19＋25.

[7] 吴岩．积势蓄势谋势　识变应变求变——全面推进新文科建设［J］．新文科教育研究，2021，1（1）：5－11＋141.

[8] 王重润．新文科背景下新财经教育改革路径及案例研究［J］．黑龙江高教研究，2020（12）：57－62.

[9] 严伟祥，张维．投资专业人才培养模式创新研究——基于金融科技语境［J］．重庆科技学院学报（社会科学版），2019（1）：110－112.

[10] 张中华．经济结构转型升级与投资学专业的发展［J］．新文科教育研究，2021（3）：94－103.

新文科背景下地方高校保险学一流专业建设探索

罗　琰　王艺瑾

一、引言

当今中国正处于百年未有之大变局，在此背景推动下，“新文科”概念日益普及，无论从教育层面，还是国家层面，乃至全世界层面，科技革命和产业调整都迫切需要新文科登上时代舞台。保险学作为经济学门类中的金融学专业类别中的一门专业，是研究保险及保险相关事物运动规律的经济学科。由于保险涉及的领域十分广泛，涉及金融学、统计学、数学、经济学、自然科学等各个领域，具有多属性、广泛性、法律性与实践性，因此与新文科建设内涵的目标高度契合。新文科是未来发展的必然趋势，目前很多保险业务都依托互联网技术完成，算法时代带来的新技术为“新保险”“保险+”提供了发展契机。

地方高校是我国高等教育体系的主体，要充分利用地方与专业特色的优势，整合优质学科资源，瞄准理论前沿和学科交叉领域，在服务地方经济发展中发挥重要价值。专业人才培养目标要与国家要求吻合，适应社会需求，符合学校定位，立足国家、行业和区域经济社会发展的重大战略。地方高校需锚定转型发展，转型到服务地方经济社会高质量发展、新时代产教融合校企合作、培养应用型人才和增强学生就业创业能力上来，还要明确培养担当民族大任时代新人的办学定位，正视地方高校坐标位置优势，坚守地方应用型办学定位。

二、新文科和一流专业建设

（一）新文科之源与发展

“新文科”最早于2017年由美国希拉姆学院提出，是为了打造“新技术+文科”而提出的概念，其目的主要是专业重组，使文科专业学生进行综合性、跨学科学习，从而成为更适应经济社会发展的文理学科复合型人才。而我国“新文科”的提出源于2018年，目前并没有明确的概念界定，但普遍基于与传统文科进行比较，是源于新技术、新需求以及新国情，其内涵包括但不限于专业重组、学科交叉。[1]当下正处于“两个一百年”的关键节点，要充分利用百年未有之大变局，通过问题导向，敏锐捕捉新问题和新机会，进而揭示中国快速发展的理论逻辑与实践规律，进而兼收并蓄，构建原创性的新理论和新思想。

新文科在我国的发展主要经历了以下阶段：2018年8月，中共中央在发布的文件中指出“高等教育要努力发展新工科、新医科、新农科、新文科”（简称“四新”），至此“新文科”概念在我国正式提出。2019年4月，教育部、科技部、财政部等13部委联合启动“六卓越一拔尖”计划2.0，正式开启国家“四新”建设工程，新文科由此从概念提出走向正式实施。2019年6月，高等教育司吴岩司长在高等学校专业设置与教学指导委员会第一次全体会议上特别强调“我们一定要让新文科这个翅膀硬起来，中国高等教育飞得才能平衡、飞得高”。2020年11月，新文科建设工作会议在山东大学（威海）召开，会议发布了《新文科建设宣言》，对新文科建设做出了全面部署，明确新文科建设的共识、基本遵循与任务，这标志着新文科建设在全国范围内全面启动。2021年11月，教育部发布了《关于公布首批新文科研究与改革实践项目的通知》（以下简称《通知》），《通知》中指出要构建世界水平、中国特色的文科人才培养体系，新文科建设得以全面推进。[2]2022年7月，山东大学主办、全国新文科教育研究中心和青岛大学承办了新文科建设高峰论坛，论坛以“新征程、新使命、新动力”为主题，推进新文科建设再深化、再出发、再突破。

在当今科技革命和产业变革的新时代背景下，无论从学科交叉的角度，还是知识生产的角度，抑或是中国国情的角度，新文科已成必然发展趋势。人工智能、区块链、大数据等新兴技术的涌现，使分析与解决社会问题需要更多学科参与，需要更多复合型人才，从而促使了学科交叉。新的知识生产模式更强调创新，强调知识集群，强调实践应用，越来越多的成果出现在学科交叉领域，这就体现了知识生产方面学科交叉的重要性。同时，一个国家的发展水平不仅取决于自然科学发展水平，还要评估社会科学发展水平。习近平总书记指出：“哲学社会科学是人们认识世界、改造世界的重要工具，是推动历史发展和社会进步的重要力量。”因此，具有中国特色的新文科建设与中国国情紧密相关，其发展视野不应再局限于国内，而是要让中国能够在世界学术舞台拥有话语权。自2018年新文科概念提出至今，全国各领域专家学者、教育工作者深入开展理论研究，努力探索实践路径，不同类型高校也在积极尝试开展，积累实践经验，意在走出符合中国国情的具有中国特色的新文科创新发展之路。

（二）新文科之“新”

陈宝生部长在“六卓越一拔尖”计划2.0启动大会上指出：新文科之“新”，并非“新老”的“新”“新旧”的“新”，而是“创新”的“新”，要遵循“质量为王、守正创新、分类推进”的原则，要走一条新路，下一盘大棋。从新文科在我国的发展现状来看，学术界对新文科建设的内涵有着较为深刻的理解，它并非科技与文科的简单叠加，新文科之“新”主要表现在以下三方面：[3]

第一，培养目标之新。基于当前国情，为了中国教育现代化建设，为了推动中国日益走上世界舞台中央，要求文科必须进行升级改造。建设具有中国特色的文科亟须学界革新人才培养目标，培养目标要从传统的“守城”向“攻城”转变，应当注重创新与应用实践相结合。时代新人不仅要具备跨学科与学科交叉融合的视野，更要有优良的实践能力以及洞察社会变化的敏锐思考力，而文科又占专业种类和在校生数的半壁江山，因此，追求“求善”“求美”的高等文科教育应坚持以文化人、以文培元，为新时代培养更多基础扎实、顺应时代、创新力强的多元人才。

第二，肩负使命之新。我国已踏上全面建设社会主义现代化国家的新征程，践行新时代中国特色社会主义，对我国文科的发展提出了新使命。要完成2035年基本实现社会主义现代化的远景目标，迫切需要体系改革提升国家文化软实力，而提升文化软实力，包括学科建设、高等教育、民族文明素质等方面，新文科建设是必经之路。新文科建设的着力点需要从探讨人文社科规律向重塑人们观念转变，还需体现具有主观性、民族性、历史性和意识形态性的价值与思想，为推动人类命运共同体贡献中国智慧、中国方案、中国力量。同时“算法时代”的来临，使人们活在算法里、套路里，日益脱离了思考，而这就需要文科来揭示理性背后的正当性和正义性，整合多学科知识，进而为理工科乃至国家和社会提供思想指引与价值选择。

第三，学科方法之新。随着科技的迅猛发展，众多新技术，如人工智能、大数据、信息可视化等正逐渐渗透到文科学术研究中。例如，经济学类学科在数据信息获取过程中存在一定的困境，传统方法导致信息有相对滞后性，研究者的学术研究成果就会产生一定偏差，但通过互联网、数据库等技术的普及，便可以使研究者实时掌握最新数据资料和社会热点，进而有利于社会问题探讨与交流。传统文科学科方法相对烦琐低效，这显然不符合时代发展要求。新文科建设大力推进文科的学术研究技术化，抓住传统方法的痛点，把握科技带给文科的机遇，适应文科研究新范式，用新技术激发创新，开辟文科发展新局面。

（三）一流专业建设意义

教育兴则国兴，教育强则国强，党的十九大报告指出：新时代高等教育的任务是加强一流大学和一流学科建设。自 2015 年国务院首次提出“双一流”建设，在新形势的要求下，各高校都在积极提升高等教育的综合实力和国际竞争力，坚持争创“双一流”的办学方向。而“双一流”建设的重要基础是一流本科专业建设，以“本科为本”是我国一流大学建设的逻辑起点。2019 年 4 月，教育部办公厅颁布《关于实施一流本科专业建设“双万计划”的通知》，[4]其中明确提到计划在 2019—2021 年建设 10000 个左右国家级一流本科专业点和 10000 个左右省级一流本科专业点，面向全部专业，鼓励分类发展、特色发展，通过建设新工科、新医科、新农科、新文科示范性本科专业，推动本科教育进行质的提升。

2022 年 1 月，教育部、财政部和国家发展改革委联合发布的《关于深入推进世界一流大学和一流学科建设的若干意见》提到[5]一流专业建设能够为新时期培养一流人才、为争创一流大学奠基、为全面建成社会主义现代化强国提供有力支撑。“两个一百年”奋斗目标的实现归根到底靠高质量的高等教育以及靠受过高等教育的人才，习近平总书记强调：“国家发展同大学发展相辅相成。”而大学发展又同本科教育密切相关，因此，积极推动一流专业建设是实现中华民族伟大复兴的基石，是推动国家战略向前迈进的关键，更是应对世界百年未有之大变局的内核。

三、保险学一流专业建设现状

（一）保险学一流专业建设必要性分析

1. 保险学专业发展前景。从保险业发展来看，内外部环境的变化使得经济发展的机会与挑战并存，保险作为风险管理的重要手段之一，被国家寄予厚望。“十四五”规划纲要中 15 次提及“保险”，2022 年中央一号文件中 11

次提及“保险”，这直接体现了保险业在当前形势下能够发挥的重要作用。然而，在政策红利坚强支撑的背景下，我国虽已成为保险大国，但距保险强国还有一定差距。在保险密度层面，2010 年开始，我国保险密度以较高增速增长，持续向全球平均水平靠拢，截至 2021 年，其与全球平均保险密度的差额已由 2010 年的 429 美元/人缩减至 141 美元/人（见图 1）。

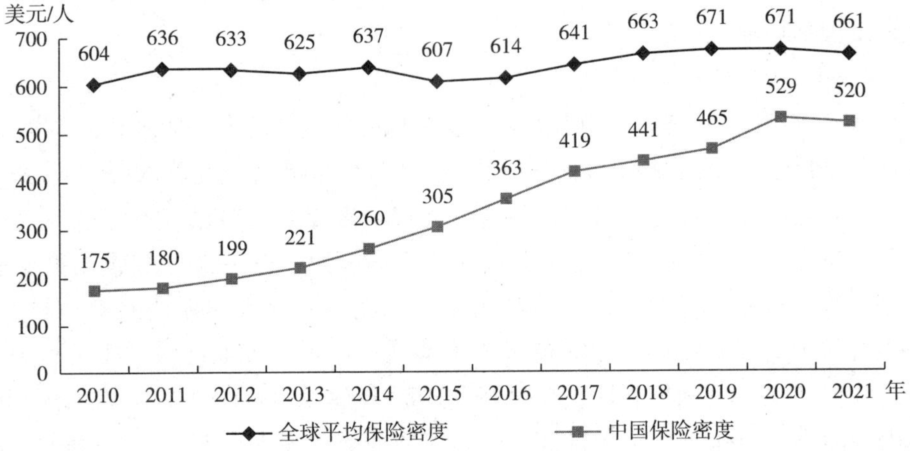

图 1　2010—2021 年中国保险密度与全球平均保险密度对比

（数据来源：中国银保监会、前瞻产业研究院）

在保险深度层面，整体上我国保险深度与全球平均水平相比，差距始终较大，2021 年的差距小幅度上涨，且与 2014 年《国务院关于加快发展现代保险服务业的若干意见》中指定的 5% 的目标有一定距离（见图 2）。与此同时，我国保险发展水平与欧美等发达国家的差距不容小觑。综上，中国保险业纵深发展潜力较大，短期或受市场环境影响，但长期处于向好趋势，仍有较为广阔的发展空间。

从保险业人才需求来看，新形势下保险行业正处于渠道转型、产品与服务转型和数字化转型阶段，行业对人才的专业性、规范性提出了更高水平的要求，使得高质量人才需求旺盛，保险业进行人才更替是必然趋势。[6] 中国人均 GDP 突破 1 万美元，标志着我国保险行业进入高质量高速度发展的新时期。目前作为金融业三大支柱之一的保险业，其发展速度远超银行、证券等其他金融板块，中国有望在 21 世纪 30 年代中期跃身成为全球第一大保险市场。我国在 2021 年的总保费已达 44900 亿元，对于如此高体量的消费市场，无论中国保险企业还是外资保险企业，未来都存在较大的优质人才缺口。

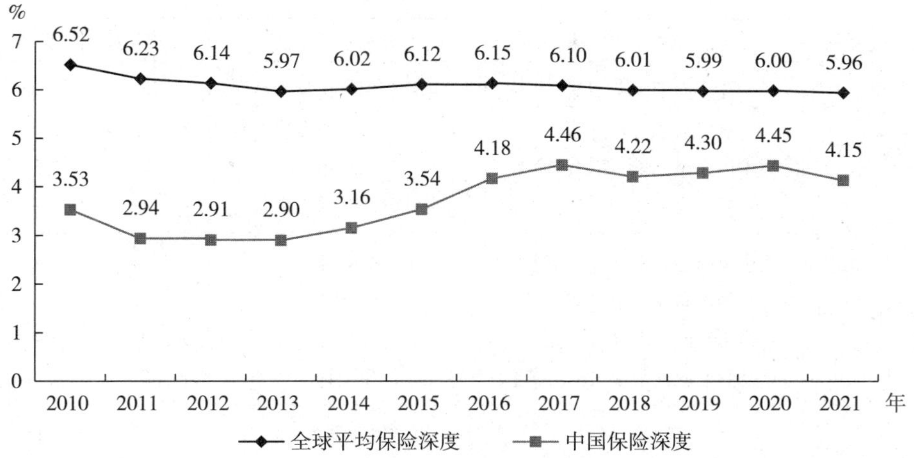

图 2　2010—2021 年中国保险深度与全球平均保险深度对比

（数据来源：中国银保监会、前瞻产业研究院）

2. 保险学一流专业建设必要性。保险的社会地位正处于上升势头，人们的保险意识增强，态度也逐渐改观，不再简单地将保险与保险销售混为一谈，这标志着我国已从保险大国向保险强国迈进。保险专业的主要就业方向有保险公司、保险中介机构、保险监管机构或企业风险管理部门等，面对当前经济和社会发展形势，未来保险相关行业需要的并不是低端从业人员，而是高素质的复合型人才。一流人才的培养与一流专业建设密不可分，综观保险及其相关行业发展的前景，全面提高高校培养保险专业人才的能力，以一流专业评价标准建设保险学势在必行。

（二）保险学一流专业建设现状与问题

“双万计划”计划在 2019—2021 年建设 10000 个国家级一流本科专业点和 10000 个省级一流本科专业点，其中包括 1641 个经济管理类国家级一流专业。保险学专业属于经济学大类，我国最早在 20 世纪 80 年代设立保险学专业，是我国起步相对较晚，但发展较为迅猛的专业。目前全国共有 127 所本科院校设有保险相关专业，保险学国家级一流专业建设点有中国人民大学、中央财经大学、对外经济贸易大学、复旦大学等 23 所高校。南京审计大学保险学专业 2021 年顺利入选江苏省一流专业建设点。部分高校保险学相关专业概况如表 1 所示。

表 1　　部分高校保险学相关专业概况　　单位：个

院校类别	院校名称	所设院系或专业	在校学员	师资
“985 工程”	北京大学（双一流）	风险管理与保险学系	155	8
	清华大学（双一流）	经济与金融专业保险方向	82	5
	中国人民大学（双一流）	保险系	128	9
	复旦大学（双一流）	风险管理与保险学系	189	9
“211 工程”	中央财经大学（双一流）	保险学院	834	47
	对外经济贸易大学（双一流）	保险学院	1023	46
	西南财经大学（双一流）	保险学院	1064	40
	中南财经政法大学（双一流）	保险系	351	12
普通本科	南京财经大学	保险学系	163	13
	南京审计大学	风险管理与保险系	240	11
	首都经济贸易大学	保险系	189	10
	天津财经大学	保险专业	129	9

总体来看，保险学专业向前蓬勃发展的趋势是显而易见的。保险学是专业性很强的专业，其培养目标是使学生能够适应现代风险社会，满足保险及其相关行业发展需要的高层次应用型专业人才。由于未来几十年不再有人口红利，以及经济发展受各种不确定因素影响加剧，且我国金融资产的配比仅占2%，远远低于发达国家水平，中国保险业发展空间巨大，保险学专业高质量发展刻不容缓。但保险学专业发展时间相对较短，一流专业建设的过程都在“摸着石头过河”，目前尚存在一些问题。

1. 资源条件不平衡。首先，多数高校给保险学相关院系或专业拨款补助力度相对较小，使得保险学专业发展经费严重不足，这就导致部分院系在人才引进和理论研究等方面受限，难以充分发挥自身优势建设保险学一流专业。其次，由表 1 可以看出，师生比例并未达到合格线，根据近三年双一流大学师生比分析，一般的综合类、财经类院校的师生比合格线为 1∶18，而部分高校与此标准仍有一定距离。

2. 课程体系不完善。我国保险学专业的主要课程包括会计学、经济学等学科基础课，保险学原理、风险管理、保险精算等专业基础课和保险法、保险公司运营等专业选修课三大部分。虽然基础课程较为完整，但通专结合方面有待提高，学科交叉培养不明显，比如计算机有关课程通常需要学生进行自主选修。课程体系在提高教学水平和一流专业建设中发挥着举足轻重的作用，各高校的保险学专业课程体系亟待完善。

3. 产学机制不成熟。保险学专业校企合作的范围和深度还不够，实践教学部分并未充分渗透到培养过程中的各个环节，使得学生走出校园之后并不能快速适应工作内容与节奏。传统的理论教学使学生陷入“纸上谈兵”的境地，与应用型人才培养的目标相去甚远。校企合作的良性循环是培养顺应市场需求的高素质人才的助推器，不成熟的产学机制阻碍着保险学一流专业建设发展。

四、新文科背景下地方高校保险学一流本科专业建设路径

（一）建设保险学专业院校资源共享机制

部分地方高校保险学专业存在科研基础设施不够完善、师资力量相对薄弱、科研经费较为短缺、研究课题资源相对较少等问题，可以建立科学合理的资源共享机制来弥补上述不足。一方面，科研资源共享可以节约成本，降低科研经费预算，缓解地方高校院系的资金压力；另一方面，通过共享机制能够使院校之间优势互补，取长补短，还可以在一定程度上给本校的课程体系进行补充，整体上各院校协同发展，从而也能提高科研产出效率。随着互联网平台的高速发展，现已有 MOOC、超星等比较成熟的教学资源平台，地方高校可以将其他高校开设的优质课程作为本校的资源补充。各高校还可以进行长期稳定的科研合作，共享科研基础设施和师资力量，从而实现更优质的科研成果输出。

（二）在“新文科”背景下全面优化保险学课程体系

在新文科的使命要求下，文科需要构建跨学科、跨专业的课程体系，从而培养能够担起民族伟大复兴重任的创新型复合人才。经济和社会环境复杂多变，新一轮科技变革又加剧了这些不确定性，而保险学正是一门研究风险管理和减少不确定性造成的损失的学科。对于保险行业而言，越来越需要综合素质较强的应用型、创新型、复合型保险专业人才来适应高速发展的保险业。保险学专业主要课程涵盖金融、数学、统计、经济、财政、法律等多个方面，但学科内涵仍相对局限，课程体系需要向顺应未来、重视实践的方向进行优化。比如可以开设“计算机 + 保险”跨学科交叉培养的实验班，强化保险学专业学生应对互联网时代的新挑战的能力。同时也可以增加社会实践相关学分要求，促使学生丰富社会体验，提高学生文献阅读能力以及批判性思维。与此同时，也能让学生深入了解社会现状，读万卷书也要行万里路，

亲身实地参与到实践中有助于更好地学以致用。优化好课程体系，打通学科藩篱将是当下乃至未来一段时间内各地方高校的主要任务之一，新文科的培养目标能否实现与课程体系能否优化完善好有着紧密联系。

（三）发挥地方高校优势完善产教融合机制

地方高校要重视服务地方行业发展，搭建产教沟通渠道，建立稳固的校企合作关系，形成有效的评价反馈机制，促进良性循环，保障一流专业建设与地方经济发展的可持续性。要完善产教融合机制，首先，需要进一步拓展校企合作的广度和深度，努力契合行业发展需求进行人才培养。[7]工作需求日新月异的变化，导致实践应用逐渐成为文科人才的弱势，深化校企合作的广度和深度有助于提高学生的综合素养以及适应行业发展需要的能力。其次，要提升合作校企的质量，加强与地方优质企业的联合，形成互惠互利、协同发展的局面。可以同保险企业、金融服务企业、银行等高质量企业联合制订专业建设方案，使供需两端形成有效链接。人才需求主体与高校高度融合，双方共同参与到人才培养的过程中来，可以提高协同育人双方的贡献度，推动教学成果转化与专业建设正向发展。最后，保险学专业师生可以在实践中充分发挥专业优势，为企业乃至地方政府解决实际问题，如缓解人口老龄化造成的社会负担等。可以与政企联合，创新政保合作模式，以及通过合理运用健康险与养老保险助力保险创新发展，也能缓解政企的资金压力，进而促进地方经济发展。

五、南京审计大学保险学江苏省一流本科专业建设探索

（一）南京审计大学保险学专业建设现状

南京审计大学保险学专业始建于1983年，是南京审计大学建设时间相对较久的专业，于2012年获江苏省“十二五”高校重点专业建设项目，2015年、2020年分别获江苏省品牌专业金融学（含保险学）一期及二期建设工程项目，2021年获批江苏省一流本科专业建设点，以及保险专业硕士学位授予权。根据2021—2022年中国科教评价网数据显示，南京审计大学保险学专业在全国109所开设保险学专业的高校中位居第18位，江苏省内排名第一。

在“新文科”建设的指引下，学院积极推进保险学一流专业建设，在教科研水平、课程体系建设、育人模式构建、课程思政建设、学生综合能力等方面取得较为理想的成果。

在教学科研水平方面，本专业教师重视教学创新与改革，积极提升科研

能力与水平。本专业内获省部级教学相关奖项的有11人，其中1人获省本科高校教师教学创新大赛正高组特等奖（晋级国赛）、1人获省本科高校青年教师教学竞赛一等奖。近年来，主持国家社科（含重点）、国家自科及省部级课题20余项，发表CSSCI等核心论文40余篇，出版专著4部。在课程体系建设方面，积极探索一流课程建设，强化保险专业同审计、金融科技等学科的交叉融合，确定了“内涵提升、特色发展”的专业建设目标和思路。在育人模式构建方面，围绕一流人才培养目标，构建“三全育人”格局，同时与江苏省发展改革委、中国人保江苏分公司、民生银行南京分行等高质量政企开展产学研合作，形成协同培养育人模式。在课程思政建设方面，坚持立德树人，深挖保险学核心课程群德育元素。本专业完成了保险学专业核心课程的思政案例集编写和思政课题研究，获得多项思政微课、思政教学大纲和课件竞赛奖。在学生综合能力方面，学生参与“互联网+”“挑战杯”等各类学科竞赛及创新创业项目的比率达到100%。本专业学生获国家级创新创业训练项目7项、省级大创项目7项，学生参加各类学科竞赛获国家级奖5项、省级奖16项、校级奖16项，获审计长奖学金、国家奖学金20余人，发表学术论文24篇。

（二）南京审计大学保险学省一流专业建设措施

1. 坚持立德树人，全面推进课程思政建设。中国共产党始终重视各级各类学校的意识形态工作，党的十八大以来，以习近平同志为核心的党中央高度重视学校课程思政建设。[8]2020年，江苏省教育厅发布《省教育厅关于深入推进全省高等学校课程思政建设的实施意见》（以下简称《意见》），强调要积极落实立德树人的根本任务，深入推进课程思政建设，发挥教师队伍、课程建设、课堂教学各方作用。[9]我校保险学专业全面贯彻《意见》精神，深挖保险学核心课程群德育元素，以优化人才培养方案为抓手，以理论和实践教学为路径，扎实推进专业思政和课程思政建设。[10]

2. 深化特色专业方向改革，培养新时代保险人才。学校拥有强大的审计学科优势与地缘位置优势，保险学专业深化“保险+审计+科技”特色专业方向改革，动态优化专业培养方案及教学计划，增加保险审计、金融科技等专业课程，持续推进保险与审计的学科交叉融合，形成独具特色的“保险+审计+科技”学科建设新模式。围绕一流人才培养目标，构建“三全育人”格局，以需求为导向优化培养方案，完善人才培养方案，优化课程设置。引导推动保险专业学生参与大学生实践创新训练计划项目，“互联网+”大学生创新创业大赛以及保险专业教师的各类科研项目，撰写科研论文，培养适应时代和社会发展需要的复合、应用、创新型保险专业人才。

3. 构建立体化课程体系，协同推进实践教学建设。学校以学生为中心，变革传统教学手段，创新教学方式，构建线上线下混合式教学模式，打造系列一流课程，线上传授硬知识、线下培养软能力。同时，强化专业、课程、教材、技术四项“新基建”，推动保险学专业与审计、金融科技交叉融合，深化保险学专业综合改革，构建新文科立体化课程体系。在完善省级在线开放课程“保险学”和校级金课“保险学”的基础上，建立专业核心课程五大“金课”体系。同时保险学专业立足学校审计、信息技术资源优势，促进保险审计与保险科技教学实践平台更深层次协同和融合。大力推进保险审计、保险科技创新等系列教学平台构建，开展项目化教学等教学方法创新。协同优质行业共建“产科教共同体”，拓展高质量实践基地，提升学生服务社会的专业使命感和综合实践能力。

4. 加强师资队伍建设，重构“四层次”基层教研组织。在加快省一流本科专业建设过程中，师资队伍是其中重要的一环。院系基于校、院、系、课程组纵向分层的“四层次”整体协同教学组织架构，在保险理论、保险业务等传统课程组基础上，推进“最保险”虚拟教研室的探索性实践，同时成立保险学课程思政研究中心。紧跟学院教学重点工作，围绕教师教学能力提升，开展授课竞赛、同行观摩、课程建设、评价与反馈等。借助国内外访学计划及学校“511 人才工程”，引进与培养相结合，优化师资队伍建设，打造一支由著名学者领衔、知名学者带头、老中青结合、教学科研并重的双师型师资队伍。

参考文献

［1］黄启兵，田晓明．“新文科”的来源、特性及建设路径［J］．苏州大学学报（教育科学版），2020，8（2）：75－83.

［2］《教育部办公厅关于公布首批新文科研究与改革实践项目的通知》教高厅〔2021〕31 号．

［3］陈凡，何俊．新文科：本质、内涵和建设思路［J］．杭州师范大学学报（社会科学版），2020，42（1）：7－11.

［4］《关于实施一流本科专业建设“双万计划”的通知》教高厅函〔2019〕18 号．

[5]《教育部 财政部 国家发展改革委关于深入推进世界一流大学和一流学科建设的若干意见》教研〔2022〕1号.

[6] 任泽华. 我国保险教育供给与需求的思考 [J]. 上海保险，2007 (4)：57-59.

[7] 潘俊，潘鑫晨，肖奕萱. 一流本科教育背景下地方高校本科专业建设的问题与改进对策 [J]. 科教文汇，2022 (11)：1-3.

[8] 何良伟，靳玉军. 新文科背景下高校课程思政建设的实践路向 [J/OL]. 西华师范大学学报（哲学社会科学版）. https：//doi.org/10.16246/j.cnki.51-1674/c.20220730.001. [2022-08-13].

[9]《省教育厅关于深入推进全省高等学校课程思政建设的实施意见》苏教高〔2020〕3号.

[10] 罗琰，肖如. 课程思政融入"保险学"教学的路径及要点探索 [J]. 黑龙江教育（理论与实践），2022 (8)：79-82.

高校保险学专业课程思政建设的路径探索

冯海昱

早在2016年12月，习近平总书记在全国高校思想政治工作会议中根据“协同教育”理念提出了“把思想政治工作贯穿教育教学全过程，开创全程育人、全方位育人新局面”的要求。2020年5月，教育部在印发的《高等学校课程思政建设指导纲要》（以下简称《纲要》）中又反复强调了“课程思政建设既影响接班人问题，又决定民族复兴。寓价值观引导于能力培养之中，帮助学生塑造正确的世界观、人生观、价值观，是人才培养的应有之义。”高校都将课程思政建设的重要性提到了前所未有的高度，也为高校创新思想政治教育模式指明了方向。

课程思政绝不仅仅是思政类课程的重要任务，它是一项长期而系统的工程，需要高校各个专业课程共同参与到对学生的思想政治教育中来，专业课程思政也被公认为是建设难度最大的部分。

高校保险学专业是培养从事全面风险管理解决方案的设计与运作、金融投资与理财方案的设计、保险机构的经营与管理以及保险行业监管等工作的专门人才的金融学类专业。保险业作为现代金融体系的支柱行业之一，有着“分散风险，补偿损失”的独特职能，兼具经济“助燃器”和社会“安定器”的作用。保险业从业人员的政治思想素养高低极为重要，直接关系到在中美贸易摩擦、新冠肺炎疫情反复无常、外部冲击导致国内经济下行压力增大的今天，保险业能否更好地发挥作用。高校保险学专业人才的培养成果会对我国社会经济的发展产生重大影响，因此，保险学专业课程思政的建设工作刻不容缓。

一、保险学专业课程思政建设的现实背景

党的十八大明确指出“立德树人”是高等教育事业的终极追求，党的十九大再次强调高等教育必须落实立德树人的根本任务。高校保险学专业人才的培育自然也不例外，必须确保培养出来的保险专业人才首先要具备较高的

政治思想素质，符合国家社会经济发展对保险人才的素质要求，达到保险人才为国家经济健康发展服务，为维护社会安定祥和、持续进步服务，为人民得以安居乐业而服务的目标。

2014年8月，国务院颁发的《关于加快发展现代保险服务业的若干意见》对保险业明确提出了积极创新适应“新常态”经济发展的保险产品的要求，近年来的保险行业严监管提倡“保险姓保”、回归保险保障本源。新型保险产品的设计与开发急需大量高素质、高专业技能的保险人才，而这离不开对保险学专业课程思政建设的探索，只有高校保险学专业课程思政的建设落到实处，高校保险学专业才可能输送出具有扎实技能、出色素养、善于创新的服务型保险人才，为我国保险业的蓬勃发展贡献一份青春力量，帮助保险业牢牢把握“新常态”经济下的发展机遇。[1]

（一）高校保险学专业课程目标的诉求

“立德”指的是培养优良的思想道德品质，“树人”则指培育优质的人才，“立德树人”就是指要培养有品德的人才。高校保险学专业课程致力于培育具有崇高职业道德和丰厚人文素养，熟练掌握保险、金融及理财等基础知识，具备保险综合业务管理、保险理财顾问、保险定损理赔、保险内外勤岗及银行临柜业务等工作能力的高素质人才。笃守信誉、经世济民等职业道德与经济史、哲学史、法学史等人文素养的形成与保险学专业课程思政的建设息息相关。国家需要的是有社会主义理想、德智体美劳全面发展、能担当民族复兴大任的时代新人，而不是为了追名逐利违反职业道德的“保险精英”，这对高校保险学专业课程思政的建设提出了最低要求。

（二）高校保险学专业课程教学模式的创新

过去以“传授理论知识，比拼期末分数”为重心的保险学专业课程教学模式不但无法培育出新时代需要的保险学人才，更是对国家优质生源和教育资源的一种浪费。在高校保险学专业课程教学中渗透马克思主义世界观、坚定的无产阶级立场和“全心全意为人民服务”的思想，进而培育出“又红又专”的保险业人才，为传统保险学专业课程教学模式注入新鲜“血液”需要添加一抹凝聚精神力量的“红色”。课程思政建设则是保险学专业课程教学模式创新的铺路石。高校保险学专业的每一位教师都应秉持“立德树人”的教育理念，主动将课程思政的基本理论、价值追求等元素与每一门专业课程的内容进行深度融合，使学生在耳濡目染的过程中提升思想政治素养，做到知行合一。[2]

二、保险学专业课程思政建设的理论基础

（一）马克思主义关于人的全面发展理论

马克思认为，教育是造就全面发展的人的唯一途径，[3]这是高校保险学专业开展课程思政建设最有力的理论支撑。高校保险学专业课程教学要促进学生在德、智、体、美、劳上的全面发展，并且要以德为先，先为人，再为学，因为德育能够提升五育并举的效果。这就突出了高校保险学专业课程思政的重要性，它要求每一位专业课教师通过将各类思政元素以“润物细无声”的方式融入每一堂课，为引导学生努力获取保险学专业知识与技能、完整孕育正确的三观提供强大助力，最终在提升个体综合素养的过程中实现个性的自由解放和发展的全面化。保险学专业课程思政的建设在核心目标的取向上与马克思主义关于人的全面发展的理论有着异曲同工之妙。

（二）赫尔巴特教育性教学理论

赫尔巴特在其代表作《普通教育学》中首创“教育性教学”理论，该理论倡导任何学科的教学都必须具有教育性，学科教学是思想道德教育的有效手段，对学生进行思想道德教育一定要以学科教学作为优质载体。保险学专业人才培养的传统模式与教育性教学大相径庭，专业课教师过于关注学生的学术成就，而对其道德品质鲜少过问。“教育性教学”能够杜绝传统“教育”与“教学”相互割裂、彼此独立的不良现象，促进“教育”与“教学”的融合贯通，有利于建构更为系统科学、合理高效的课程教学体系。[4]保险学专业课程思政建设有助于摒弃一直以来重智育、轻德育的人才培养模式，将学生的思想政治学习与保险学专业学习完美地结合起来，达到二者相互融通、并肩发展的效果。

（三）课程文化发展理论

挖掘丰富而深厚的课程文化是课程建设中的重要一环。斯宾塞认为课程即“教学内容的系统组织”，课程在开展教学实践活动和实现特定功能的过程中所产生的精神文明的集合被称作“课程文化”，课程文化包含课程完善中的制度构建、内在精神和规范等多种因素。[5]在课程建设中，物质投入无疑是课程得以不断发展和完善的前提，而精神和文化等观念性因素却决定着课程发展的质量。大力推动课程思政建设，是新时代我国高校专业课程文化得以快速发展的重要切入点。我国的国情对高校专业课程建设提出了“将彰显社会主义核心价值观放在首位”的明确要求，同时也是高校专业课程文化发展的

底线，更是每一位专业教师的光荣使命。由此看来，保险学专业课程思政的建设对保险学专业课程文化的发展大有裨益，有助于建设具有中国特色的保险学专业课程文化体系。

（四）中国特色社会主义理论

中国特色社会主义理论作为马克思主义中国化的最新成果，是高校保险学专业课程思政建设的内在灵魂，其中包括科学发展观、科学社会主义、辩证唯物主义和历史唯物主义的世界观和方法论等内容，展示了改革、发展、创新的精髓，呈现了实事求是、与时俱进、群众路线的精神面貌。中国特色社会主义理论为新中国成立以来有效应对国际金融危机冲击、加快经济发展方式转变、保持经济平稳较快发展发挥了重要作用。社会主义市场经济体制的建立是我国经济体制改革的根本目的，也是中国特色社会主义理论体系中的核心部分，还是对马克思主义经济学理论的有益补充，更是高校保险学专业课程思政建设不可或缺的学习素材。高校保险学专业课程思政建设应将深入理解、全面渗透中国特色社会主义理论作为首要任务，不断增强师生的道路自信、理论自信、制度自信和文化自信，持续激发师生的爱国情感，使得师生共同树立为建设富强民主文明和谐美丽的社会主义现代化国家而不懈奋斗的人生理想。正如习近平总书记认为“对中国特色社会主义理论了解得越深入，对我国经济社会发展规律的把握就会越全面，对推动科学发展的理论和实践的认识也就会越深刻、行动也就会越自觉，就越能创造出推动科学发展、促进社会和谐的业绩。”[6]

三、保险学专业课程思政建设面临的现实问题

虽然课程是对教学内容的科学组织，但高校专业课程思政建设仅针对单一的课程内容还远远不够，它应该是包含教学理念更新、思政元素发掘、课程内容拓展、教学方法变革、课程资源扩充等多重要素的完备育人体系。这就使得高校保险学专业课程思政建设体系涉及的主体包括保险学专业教师、思政课教师、保险学专业的学生和高校管理者。这种由内而外的主体排列符合事物发展的逻辑。只有保险学专业课程思政建设的相关主体都能意识到自己所肩负的重担，并乐意开展合作，相互研讨，努力形成全面开展保险学专业课程思政建设的活跃而高效的氛围，才能切实提高保险学专业人才培养的质量。然而高校保险学专业课程思政建设在实践的过程中，仍存在以下现实问题，亟待解决。

（一）保险学专业教师践行课程思政理念的综合能力有待提升

课程思政理念的更新是教学实践活动创新的先导，保险学专业教师的先行观念对教学过程与人才培养成果具有引导与调节作用。然而实际上，绝大部分高校保险学专业教师都是以理论型人才资源引进的，大多是博士毕业后直接留校任教，传统的保险学专业课程教学思想根深蒂固，传授保险理论知识对他们而言轻车熟路，但他们对挖掘保险学专业课程思政元素就感到十分困难，因为平时对思想政治教育的关注度不够，缺少相应的理念与实践经验，践行课程思政理念的综合能力仍有待提升。习近平总书记强调高校教师要有弘扬社会主义核心价值观、传播正能量的担当，这对保险学专业教师提升自身践行课程思政理念的综合能力提出了更高的要求。

（二）高校思政教师与保险学专业教师协同育人流于形式

由于思想政治教育有其特定的话语体系和具体的行为规范，保险学专业课程思政建设要求专业课教师掌握思想政治教育的基本特征、规律和话语表达方式，才能显得不那么“外行”，时刻保持对保险学专业课程中的思政元素的敏锐性。这对保险学专业教师提出了较高的思政教育素养的要求，需要思政教师的长期帮扶。但是受高校内部各个学院独立割裂的长期运作制度的限制，思想政治教育作为一项专业性意识形态任务，通常被划归到马克思主义学院相关部门完成，高校思想政治理论课教师认为思政教育是保险学专业教师不擅长的“活儿”，害怕彼此的沟通出现“鸡同鸭讲”的尴尬现象，与其开展协同育人的积极性不够高。

（三）学生汲取保险学专业德育力量的自觉性比较低

课程思政的目标指向是提高学生的思想政治素质。学生作为受教育者，是发展的主体，其主观能动性的发挥是决定教育效果的决定性因素。不管高校管理者、专业课教师、思政课教师在保险学专业课程思政建设付出了多少心血，这一系统工程是否能顺利完工终归是由保险学专业学生是否打心底里认同思想政治教育的内容和方式来决定的。然而在现实生活中，不少人认为保险学专业的学生毕业后只能去卖保险，并觉得卖保险根本不用学，甚至将保险学当作录取门槛很低的专业，导致保险学专业的学生对专业的认同度较低，并且普遍缺乏社会责任感，汲取保险学专业德育力量的自觉性也比较低。

（四）高校管理者对保险学专业课程思政建设的责任意识欠缺

理工类专业课程中的思政元素与文史哲类专业相比较为匮乏，高校管理者尤其是保险学专业院系的管理者对课程思政建设的重视程度不够高，对自身承担的保险学专业课程思政建设的责任不够明确，将思想政治教育有机融入管理体系的理念薄弱，未树立清晰而牢固的主体责任意识，自然也就难以实现带头提升自身思政素养、高效管理专业课程思政建设活动的职能，对保险学专业课程思政建设过程中的引领与监督、支持与评估等工作都显得力不从心。

四、保险学专业课程思政建设的有效路径

《纲要》强调“高水平人才培养体系的建设，离不开与思想政治教育工作体系的交融贯通，高校必须抓好课程思政建设，处理好专业教育和思政教育‘两张皮’的不良现象。”新时代背景下，我国社会主义经济需要保持旺盛的生命力，通过优化经济结构助力产业升级。只有熟悉我国经济发展的历史规律，将中国特色社会主义经济理论运用于实践创新之中，秉承马克思主义思想和为人民服务的宗旨，才能为我国经济事业添砖加瓦。保险学专业大学生是推动未来经济发展的储备军，保险学专业课程知识面广、技能精深，兼具理论性、实践性与应用性，保险学专业课程思政建设能够让学生体会到保险业在中国特色社会主义经济发展中起到全面保障作用的实用价值，培育出更多爱国爱民、实学实干、勇于创新的高素质保险人才，解决高校保险学专业课程思政建设在实践过程中存在的现实问题，创新保险学专业课程思政建设模式需要从以下四个方面入手。

（一）提升保险学专业教师践行课程思政理念的综合能力

《纲要》提出，必须牢牢抓住教师队伍“主力军”、课程开发“主战场”、课程教学“主渠道”，令所有教师、所有课程共同承担人才培育重任，种好责任田，使专业课程与思政课程同心同行，让显性教育和隐性教育相得益彰。《纲要》突出强调了专业课教师队伍作为课程思政建设的主要力量，在保险学专业课程思政建设的工作中，能否提升保险学专业教师践行课程思政理念的综合素养是决定成败的关键。

1. 教学理念与能力。教学理念决定教学行为，理念的树立是保险学专业教师全身心投入专业课程思政建设的前提与动力。保险学专业教师要认识到落后的教学观念对学生全面发展的阻碍作用，与时俱进，通过多种渠道深入了解新时代国家对保险行业人才培养的要求，切身体会保险学专业课程思政建设的价值，积极利用学校各类资源更新自身的教学理念，用全新的教学理念来武装自己，不断推陈出新。

高校保险学专业教师虽然擅长讲授保险理论，但对保险市场发展的最新趋势并不了解，普遍缺乏在保险机构的工作历练，导致其在上课时所采用的教学内容和教学方法都比较滞后，很少对现实生活中的保险案例资料进行收集和挖掘，理论学习脱离学生的生活实际，这对学生来说就是毫无兴趣而无效的学习。

赫尔巴特认为兴趣是道德教育得以实现的关键因素。热烈而源源不断的兴趣能让受教育者对接触新鲜事物保持热度，不断开阔思维，引发对道德的深入思考。而枯燥乏味的教学内容与教学方式令受教育者丧失兴趣是道德教育中最为典型和严重的问题。

保险学专业作为一门与国家经济发展、人民幸福生活息息相关的接地气的专业，其专业人才不仅要有扎实的理论知识与过硬的专业素养，还必须遵循服务国家、服务社会、服务人民的职业操守。这是保险学专业教师在践行课程思政理念、开展教学活动时的首要目标。这一目标的实现有赖于学生对保险学专业课程教学产生浓厚的兴趣，进而理解并认同职业道德。为了提升学生的专业学习兴趣，利用学习兴趣顺利实现思想道德教育，专业课教师要准确把握专业特征，不断提升教学能力，持续更新教学方法，积极采用案例教学、抛锚式教学、情景教学等方式将专业课程思政建设落到实处，尽快掌握现代信息技术，充分利用新型教学工具提升专业课程思政建设的效果。

2. 思想政治教育能力。邓小平同志曾指出：“学生把正确的政治方向坚定地摆在首位，不仅不会令他排斥科学文化的学习，相反，政治觉悟越高，为革命事业学习科学文化就越加自觉，越加刻苦。”[7]也就是说，思想政治觉悟是个体获得长远发展的最强动力，思想政治教育不仅不会挤占学生专业学习的时间，反而会让学生为民族的伟大复兴而争分夺秒地钻研专业知识与技能。为了让保险学专业学生获得持久发展的燃料，专业课教师要不断吸收新时代思想政治理论成果中的养分，积极参与专业课程思政建设，虚心向思政课教师请教，深入学习辩证唯物主义和历史唯物主义的世界观和方法论，帮助学生学会辩证地认识和比较国内外经济，把本地区本单位的工作放到局部与全局、眼前与长远、国内与国外、历史与现实的大形势之中去考虑，突出保险业在我国社会主义经济建设中的关键作用，让优秀传统文化与社会主义核心价值观双管齐下，令行业模范化为学生的精神引路人。努力将思政元素有机融入专业课程教学之中，坚持提升自己的思想政治教育能力。

3. 课程思政元素挖掘能力。专业课程思政建设是专业课程文化发展的必经之路。[8]保险学专业课程思政的建设能够促进保险学专业课程文化的发展，有利于建设具有中国特色的保险学专业课程文化体系。这也对保险学专业课教师的课程思政元素挖掘能力提出了更高的要求，需要教师对专业课程内容进行开发与重构，用课程思政的放大镜寻找已有学习素材中德育元素的蛛丝马迹，吸取保险学专业课程体系中的思想精神养分，精心准备有温度、有广度、有深度的保险学专业课程内容，适当补充、拓展专业课教材，以培育社会主义核心价值观为底色，弘扬经世济民、家国情怀等中华优秀传统文化。

保险学本科专业的核心课程主要有保险学、宏观经济学、微观经济学、货币银行学、金融市场学、会计学、统计学、财政学、管理学、保险公司经营管理、保险精算等。下面以“保险学”和“宏观经济学”这两门专业课程为例，呈现课程内容的思政元素融入点（见表1）。

表1　　保险学专业课程知识点与思政元素的融合

思政融合 / 专业课程	课程知识点	可融合的思政元素
保险学	保险发展史	改革先锋袁庚、中国改革友谊奖章获得者格林伯格的事迹讲述
	保险基本原理	《中共中央关于坚持和完善中国特色社会主义制度推进国家治理体系和治理能力现代化若干重大问题的决定》
	保险产品	“保险姓保”的内涵
宏观经济学	收入分配	精准扶贫政策和城市更新进程
	中国经济数据	中国经济增长率和经济规模的世界排名的变化
	消费理论	聚力扩大内需，融入经济双循环

例如，教师在讲解保险基本原理时，可以增加我国完善国家安全体系、提高防范抵御国家安全风险能力的相关文件内容，带领学生熟悉该文件中想要传达的精神，并结合金融行业风险及风险传递相关资讯，引导学生形成正确的风险观，增强风险管理意识。

再比如，教师在介绍保险产品时，可以帮助学生了解在实现中华民族伟大复兴的过程中，财产保险产品发挥的重要作用，如在天津港爆炸、长江洪水等灾害发生后，财产保险迅速响应、及时理赔，起到了稳定社会、恢复生产的作用。在国家精准扶贫的背景下，农业保险等业务发挥的积极作用。在贸易摩擦背景下，出口信用保险等业务发挥的关键作用。在2020年抗击新冠肺炎疫情的背景下，银保监会倡导让疾病险、医疗险等产品针对新型冠状病毒感染肺炎客户取消等待期、免赔额等限制，支持将意外险、疾病险等产品的保险责任范围扩展至新型冠状病毒感染肺炎，这为维护人民的生命财产安全提供了坚实保障。

进而让学生明白，对保险业来说，坚持“保险姓保”的发展方向，回归保险保障的本源，不断满足人民群众的保险保障需求，是一场触及灵魂的革命，涉及思想的再造、利益的调整、动力的转换，是一个凤凰涅槃的过程，引导学生理解“保险姓保”的内涵，在学生心中埋下为国为民创新保险产品的种子。

4. 教研能力。俗话说“教而不研则浅，研而不教则空。”利用教研推动保险学专业课程思政建设是新时代以课育人的重要途径，也是呈现高校保险学专业课程思政建设取得的重大成果的优质载体。然而在保险学专业的实际教学中，专业课教师所承担的科研压力繁重，对学生的专业学习都无暇顾及，更别提挖掘并利用课程中的德育元素开展思想政治教育了。为改善此类现象，高校应鼓励保险学专业课教师将课程思政建设的过程与取得的成就凝聚为科研成果，令专业课教师感受到投身于专业课程思政建设就相当于是在做科研项目，这样便能为专业课教师减轻一定的工作量，也能为他们腾出钻研思想政治理论的时间与精力，进一步形成“以研促教，以教促学”的保险学专业课程思政教研的新风尚。

5. 教学评价能力。保险学专业课程思政建设过程中的教学评价是为了检验以课育人的效果，为专业课程开发的改进和课堂教学的调整提供证据与方向，这要求专业课教师具备较高的教学评价能力。由于学生思想政治素养的提升是一个循序渐进、日久见人心的过程，保险学专业课教师在开展教学评价时要以表现性评价为主，纸笔测验式评价为辅，要重视学生品德发展的过程，不能仅凭期末考试的分数定高低。要为每个学生建立思想档案袋，将学生思想政治觉悟上取得的重大突破记录在案，形成纸质文档存储。在教学评价中应遵循发展性原则，关注学生纵向的自我进步，减少横向比较。在保险学专业课程教学中开展思想政治教育的诉求主要包括情感、态度、价值观。以情感评价为例，又可细分为探索保险学专业领域的兴趣、了解保险业发展史的积极性、创新保险产品的勇气等。教师需要根据各个阶段的课程建立完善的教学评价指标体系。

（二）提高高校思政教师与保险学专业教师协同育人实效

为避免高校思政教师与保险学专业教师开展协同育人的积极性较低导致

协同育人工作浮于表面，搞形式主义的协同教育，需要用软硬兼施的办法提高高校思政教师与保险学专业教师协同育人实效。

1. 伙伴结对。协同的目的是发挥超过各要素单独作用的整体效益，前提是各要素之间能够相互作用。针对高校保险学专业课程思政建设工作的复杂性，需要思政教师与保险学专业教师共同树立协同育人的理念，形成“力往一处使”的教育共同体。为避免思政教师与专业教师协同育人流于形式，高校可以通过伙伴结对的方式推动双方进行合作研讨、互动交流，鼓励双方主动沟通，互相提供帮助，不仅可以共同挖掘保险学专业课程中的思政元素，还可以一起思考如何在思想政治理论课上运用保险学专业课程中生动鲜活的案例，真正做到以课育人、立德树人。

2. 制度激励。思政课不仅要为专业课程思政提供理论指导，还要在具体的专业课程思政内容的深度开发、思想政治理论教育原理的运用、思想政治教育问题的阐释等方面提供支持，这是课程思政高效运行的重要保证。[9]这也要求不断提高思政教师与保险学专业教师协同育人的积极性，避免思政教师与专业教师在协同育人的过程中重形式、轻实效。高校可以通过建立奖励制度对贡献突出、屡创佳绩的思政教师与保险学专业教师的组合进行表彰，并将此类表彰纳入职称评审材料的考核之中，激励其他思政教师为保险学专业课程思政建设主动出谋划策。

（三）提高学生汲取保险学专业德育力量的自觉性

专业课程思政建设在本质上是使学生的思想水平、道德品质、政治觉悟、文化素养实现可持续发展，这项工作的实效性与学生的专业认同感、社会责任感以及自我反思意识息息相关。

1. 在实践中增强学生的专业认同感与社会责任感。赫尔巴特在“教育性教学”理论中提出，教学以激发学生兴趣的方式进行，通过知识、技能的传授，达到道德教育的目的。保险学专业课程思政建设首先需要做的也是提升学生的学习兴趣，只有学生乐意学，在专业课程教学中开展思想政治教育才能达到事半功倍的效果。兴趣源于实践活动，保险学专业课程本身就带有极强的实践性，在实践中增强学生的专业认同感与社会责任感是保险学专业课程思政建设的明智之选。

保险公司、社会保障机构、投资银行、证券公司、保险监管部门等对保险学专业的学生来说都是极佳的实践场所，高校管理者要为学生创设这类实践载体，为学生提供接触保险业的渠道，搭建保险专业学生与人民群众沟通交流的平台。在保险业的社会实践中，学生能够全面了解我国保险业的发展情况与运作模式，掌握人民群众的保险需求，体验到保险服务的价值，理解保险业将以互助共济为显著特征的“商理”、以最大诚信为显著特征的“法理”、以人本扶弱为显著特征的“情理”这三理融合的底层逻辑与内涵特征，进而增强自身的专业认同感与社会责任感，只有提高自身汲取保险学专业德育力量的自觉性，才能在真正进入保险业后设计出符合广大民众保险需求的保险产品，为保险业的持续稳定发展注入新的活力。

2. 在反思中帮助学生树立自我评价意识。学生思想政治觉悟性的高低不能仅由教师来评判，更重要的是学生的自我评价。因为思想政治素养的提升是一个需要长期坚持的过程，外在的评价不足以支撑个体道德的长远发展，个体内心对道德品质的执着追求才是永恒的力量。在保险学专业课程思政建设的过程中，专业课教师和思政课教师都要给学生在反思中进行自我评价的环节留出足够的时间与空间，帮助学生树立自我评价意识，养成“吾日三省吾身”的习惯，反思自己每天有没有在专业学习中获得思想政治觉悟的进步，不断提高自己汲取保险学专业德育力量的自觉性。

（四）增强高校管理者对保险学专业课程思政建设的责任意识

高校管理者是课程思政建设的指挥棒、监控器和能源库，既要起到引领与示范作用，也要起到监督与管理作用，更要起到支援与评价作用。

1. 带头与监督。要使高校管理者清楚自己对人才培养工作负直接责任，促使其密切关注地方和国家的经济发展动态，结合学校课程特色和人才培育目标，构建全覆盖、层次递进、类型多、相互扶持的课程思政体系。要使保险学专业院系的管理者对本专业课程思政的建设负主要责任做到心知肚明，既要带头提升自身的思政素养，建立严密的理论学习制度，合理安排对专业课教师进行思想政治教育主题培训的时间与空间，也要通过完善听课制度、监督制度等管理制度，确保保险学专业课程思政的建设工作有序而高效地展开。

2. 支持与评估。由于保险学专业课程带有极强的实践与应用属性，保险学专业课程思政建设需要在各种课程教学实践活动中徐徐展开，这是对“教育是造就全面发展的人的唯一途径”马克思主义观点的最好诠释。保险学专业的学生急需在各类社会实践中锤炼品德，获得真才实学。因此，需要为学生打造适宜的实践场所，最关键的是校外实践场所，这促使高校主动与保险学专业毕业生青睐的企业确立良好的校企合作关系，加快成立多种校外实习基地。

受到高校财政资金分配的限制，加上保险企业出于对市场竞争风险的顾虑，通常不愿为大学生提供重要岗位的实习机会，导致学生缺乏在课程实践的环节中理解并提升自身职业道德的经历，无法达到预期的实践效果。这就需要高校管理者意识到为保险学专业课程思政建设提供资金、人脉等各类资源的支持，同时加快构建针对保险学专业课程思政建设的综合评价体系，对保险学专业课程思政建设的成果进行科学评估，重点考察专业课教师是否树立课程思政理念、教学内容是否融入思政元素、教学方法是否得当、教学形式是否开放，向专业课教师进行及时反馈，并运用自身所学的思想政治理论帮助专业课教师调整教学等任务是责无旁贷的。

高校保险学专业肩负着为推动我国经济发展和社会进步培养保险业人才的大任，我国经济是具有中国特色社会主义市场的独特经济，帮助学生掌握保险理论与实践技能的保险学专业课程教学必须与思政教育相结合。在大学这个保险学专业学生树立三观的关键期，只有保险学专业课程思政建设的相关主体直面现实问题，通力合作，形成全面开展保险学专业课程思政建设的良好氛围，才能为国家培育出堪当民族复兴重任、具备实学实干、爱国爱民、勇于创新的新时代保险学人才。

参考文献

［1］郑军，陈静．经济新常态与现代保险卓越人才培养［J］．石家庄经济学院学报，2016，39（6）：62－66.

［2］王学俭，石岩．新时代课程思政的内涵、特点、难点及应对策略［J］．新疆师范大学学报（哲学社会科学版），2020，41（2）：50－58.

［3］中共中央马克思恩格斯列宁斯大林著作编译局．马克思恩格斯选集：第3卷［M］．北京：人民出版社，2012：710.

［4］潘小春．什么是“好”教学：教学伦理概念辨析——基于赫尔巴特“教育性教学”的视角［J］．教育理论与实践，2015，35（13）：50－54.

［5］江红来．课程文化定义的探讨［J］．辽宁教育研究，2006（9）：66－68.

［6］习近平．深入学习中国特色社会主义理论体系，努力掌握马克思主义立场观点方法［J］．求是，2010（7）：17－24.

［7］邓小平．邓小平文选：第2卷［M］．北京：人民出版社，

1994：104.

［8］胡洪彬．课程思政：从理论基础到制度构建［J］．重庆高教研究，2019，7（1）：112－120.

［9］陆道坤．课程思政推行中若干核心问题及解决思路——基于专业课程思政的探讨［J］．思想理论教育，2018（3）：64－69.

新文科背景下投资学一流专业建设与人才培养优化研究①

杨源源　易太兰

一、新文科发展赋予投资学专业建设新内涵

2020 年 11 月 3 日，教育部新文科建设工作组召开新文科建设工作会议，正式对外发布《新文科建设宣言》，提出要按照“守正创新”“价值引领”“分类推进”三大基本原则，积极推动文科教育创新发展，致力培养适应新时代要求的应用型复合型文科人才。就此而言，新文科建设需要以社会需求为导向，充分整合校内外资源，多方协同培育跨学科应用型人才。伴随互联网金融模式在中国蓬勃发展，金融与科技越发深度融合，金融市场对投资学人才的需求发生重要转变，传统培养模式下投资学人才所具备的素质和能力已难以满足金融科技时代投资行业发展的现实需要。有鉴于此，学术界和实务界有必要对现阶段投资学专业建设和人才培养模式进行系统审视和反思，厘清金融市场投资实务发展需求与高校投资学人才培养水平之间的差距，以新文科建设为契机推进投资学专业建设和人才培养变革。

根据新文科建设的内涵特征，更加重视融合创新是其相较于传统文科教育的显著区别。首先，文科内部实现有效融合可以赋予文科类学科建设新的内涵价值。文科本身包含诸多不同类型专业，这些专业占据了所有专业 2/3 以上的份额，文科内部的专业融合首先成为必然的发展趋势，譬如经济学与哲学、历史学的融合，金融学与法学、会计学的融合等，这些学科知识体系及其思维逻辑的融合无疑会大幅提升单一学科的建设内涵和成效。其次，文科与其余学科之间的有机融合极具价值性。在不断发展的过程中，文科和其他学科之间的交互越来越频繁，融合发展程度越来越高，这种“交叉学科”

---

① 本文获南京审计大学国家级一流专业（投资学）建设专项课题“金融科技背景下投资学专业人才培养模式改革与质量提升研究”（项目批准号：2021JG128）的资助。

融合方式俨然改变了原有高等教育模式。一方面，在不断融合的过程中，文科为其他学科提供了价值认知、思想素养等专业人才必须具备的综合条件；另一方面，其他学科为文科人才提供了技术支撑和工具手段。例如，在学科融合的过程中，计算机、自然科学等学科技术和理念的应用促使各种先进的技术和手段逐步融入文科教育中，为新文科教育建设工作提供了充足的养分。客观而言，金融领域的创新变革使得投资行业对投资学人才综合素质和专业技能的要求不断提高，投资学学科发展必须与新文科建设理念深度结合，加强与多门学科交叉融合。立足金融科技给投资行业带来的挑战和机遇，本文结合新文科建设的理念与内涵系统探究如何推进投资学专业建设与人才培养优化，据以探索地方财经类高校高质量打造投资学一流专业的可行模式。

二、投资行业迎来金融科技时代

（一）技术进步驱动金融行业持续发展

金融与科技长期以来相互作用，彼此促进。技术进步能够帮助金融行业实现更好发展，而金融创新驱动实体经济不断变革升级。即使在早期，科技作用于金融行业时便为经济高质量发展提供极大便利。譬如在资源配置方面，信息技术的高速发展促使信息传递摆脱了传统意义上时间与空间的桎梏，财富逐步能够在全球实现实时流通，资源配置变得更加合理和充满效率，社会资本可以以极快的速度聚集以满足工业生产的需要。从支付结算层面来看，借助信息技术和网络技术的便利性，银行结算系统的技术水平不断提升，这为境内机构间乃至跨国支付结算提供了较大便利。在信息传递层面上，金融行业借助信息化技术的便利性，不仅提高了自身信息搜集的能力，同时对搜集的信息能够及时处理，并对处理结果进行反馈和传递，推动了金融行业的整体发展。

在科学技术不断发展的同时，网络、PC 电脑等相关的软硬件实力也在不断提升，这种提升带来了金融行业的巨大改变。1987 年，美国成立 UUNET，它主要是利用网络技术为美国商业提供现代化的信息服务。1995 年，美国富国银行在其业务中加入了在线查询的功能，该功能主要是通过万维网来实现的，这是金融借助科技实现服务效率提升的一次新的尝试和突破。21 世纪以来，信息技术发展水平呈现出几何增长的模式，传统行业布局发生了巨大的改变，传统金融业务也受到了巨大的冲击，网上业务也成为其业务中最为重要的一部分，并且在业务中所占的份额越来越大（薛熠和张昕智，2022）。我国金融行业虽然较西方国家起步晚，但随着市场经济的逐步完善和发展，金融市场体系已经逐步建立，金融市场创新也在稳步推进。特别是2013年以来，我国金融行业与科技高度融合，互联网金融、数字金融、智能金融等新金融业态在中国取得蓬勃发展。

（二）金融科技推动投资行业深刻变革

随着互联网和通信技术的快速发展，信息科技正以前所未有的影响力改变着全人类。从国际层面来看，各国均在大力发展信息技术和科技创新以寻求实现新旧动能转换，致力在新一轮工业革命之际抢占相对制高点。从国内层面来看，新兴产业正如雨后春笋般涌现，传统产业在面临冲击的同时亦迎来发展机遇，各经济主体均大力拥抱信息化技术和数字化技术以应对人口红利的消失。在此背景下，为实体经济发展注入动力的金融市场也发生着深刻变革，物联网、云计算、机器学习、人工智能等相关技术不断向银行业、证券业、保险业渗透，新的金融产品和金融服务模式不断涌现。不少研究表明，金融行业已然步入金融科技时代，金融科技成为赋能实体经济发展的崭新力量（杨源源和廖嘉愔，2021；马嘉莹等，2022）。中国互联网金融协会会长李东荣在“2020金融街论坛年会”指出，金融科技正日益成为各国、各地区金融发展和产业布局的重点领域，金融科技是全球经济合作发展的重要驱动力。

投资行业无疑是金融行业中受金融科技影响最大以及对金融科技应用需求最高的金融领域。金融科技的渗透使得金融行业的业务模式发生改变，以证券业为例，传统业务模式表现为证券机构物理网点越多实力越强、市场竞争力越强，而现在这些物理网点逐渐被移动客户端所取代，投资者早已不在证券交易所进行交易，金融科技使得更多投资服务需求者享受着便捷、高效的服务。与此同时，伴随金融科技的嵌入，证券业零售业务显然步入“新零售”阶段，集中化的互联网平台扩大了服务群体，同时减少了投资服务提供者和需求者双方的成本，例如投资者可在线办理开户、风险测评、权限开通等业务，而证券机构便可借此减少营运人员配置。另外，借助数字化运营，证券公司或理财公司可展开基于大数据的精准营销及精细运营（李长伟等，2020）。陈帆（2019）指出，金融科技是加速行业变化的重要驱动力，金融科技正不断改变着投资行业，投资公司通过采用智能运算法则创造多元投资组合，以适应投资者的差异化的风险偏好，同时使得投资者投资过程产生的中间成本大幅减少。在金融科技时代，金融服务越发趋向数据化、标准化和智能化，智能投顾作为一种新型投资服务模式备受商业银行、证券公司、基金公司、资产管理公司等金融机构青睐。所谓智能投顾，即基于投资组合理论运用人工智能技术为投资者定制与其偏好匹配的投资组合（薛敬明，2018）。陈玉罡和刘彧（2018）认为，金融科技正对传统投资行业形成颠覆，过去仅能依赖高学历人群完成的投资服务工作逐渐被多元化金融科技服务模式所替代，例如Value Go估值机器人的诞生促使巴菲特价值投资理念和方法得到更好应用，投资者可据此遴选具有较高内在价值的优质上市公司。

（三）金融科技发展对投资学人才提出新的要求

金融科技时代的到来对国际经济环境产生巨大的改变，由此对高校人才培养和学科设立也产生重大的影响。传统金融产业由于受到巨大的冲击，亟待以最短的时间实现转型，由此对具有金融科技专业背景的人才产生迫切需求。对新型金融业态而言，传统模式下培养的金融专业人才难以满足新金融模式对于复合型、综合型、跨学科型人才的要求。在此背景下，具有跨专业背景的综合金融人才的缺口越来越大（杜金岷等，2022）。从实践来看，在新一轮的科技革命和产业革命不断深化背景下，金融科技正逐步成为传统金融机构与互联网企业重点投资的对象，金融科技人才在数字经济时代日渐炙手可热。另外，金融科技的发展也使得原有的金融监管模式逐渐不再适用，金融行业系统性风险增加，这对金融专业人才也提出了更高要求。多次研究表明，大数据正成为数字经济时代的“新能源”。投资行业是对数据最为敏感的金融业态，如何强化投资学专业知识与数据分析技术的融合显得尤为必要。而数据又分为结构化数据和非结构化数据，这意味着简单拓展传统统计学专业知识依然难以满足现实复杂需求，这也意味着云计算、神经网络、机器学习、生物识别等复杂科学知识的引入尤为必要。与此同时，智能投顾、量化交易等现代投资行业模式对人工智能、计算机编程、高等数学等领域知识亦有刚性需求。

鉴于大数据、人工智能、物联网等技术的逐步普及对投资学专业人才提出了更高的要求，这也对高校投资学专业的人才培养模式提出了新的要求。现阶段，在高校投资学专业课程教学中，投资学的教学依然是以理论教学为主，这种传统、单调的教学模式无法适应新时代社会发展的需要，难以满足人才实践能力的培养要求，也无法有效应对金融投资领域对复合型专业人才的需求。有鉴于此，在进行金融投资人才培养的过程中，高校应该积极提高投资学与其余学科的融合性，培养出不仅具有投资专业知识，同时拥有跨学科知识的复合型人才。

三、投资学专业发展演变与建设不足

（一）投资学专业的发展概况

从现实经济发展的演变规律来看，社会融资结构普遍呈现出由早期间接融资为主向中后期直接融资为主的范式转变特征。在此背景下，以AI、VC、PE、IPO等股权融资为代表的直接融资模式逐步受到学术界和实务界重视，实体产业的可持续发展与投资学科越发不可分离。从世界各国高等教育实践来看，投资学均被视为金融学科领域的重点学科，这一重视程度在西方金融市场高度发达的国家尤为明显。历经多年发展，投资学成为高等教育体系的重点学科，同时也是文科领域备受业界重视和学生青睐的热门专业。

鉴于西方发达国家完备的经济体系和先进的金融市场，其关于投资学应用的专业理论和实践经验已较为成熟，特别是在量化投资及微观市场投资领域。例如，美国纽约大学、宾夕法尼亚大学、芝加哥大学、哈佛大学等均为投资学研究的顶尖学府，不仅专业师资雄厚，科研成果也比较突出，且产教研融合程度较高。这些高校针对投资学领域问题展开诸多研究，在国际顶级期刊发表多篇权威论文，出版多本投资学类经典教材供全球高校使用，并为金融市场培养了大量投资学专业人才，在国际上形成巨大影响力。

而由于我国社会主义制度探索的历史背景，从1979年起银行业金融机构才开始陆续恢复和建立，非银金融机构自此才开始出现。伴随1990年、1991年上海证券交易所和深圳证券交易所成立以及1994年中国特色社会主义市场经济体制的正式确立，投资学的重要性日益凸显。在此背景下，从20世纪90年代开始投资学逐渐成为高等院校教授的内容之一，自2003年后投资学专业也陆续在各大高等院校开设。就此而言，我国投资学专业的发展在很大程度上与中国经济金融市场改革与发展的步伐一致。尽管经济的高速增长带动金融投资日益蓬勃发展，并由此推动目前多达100多所高校先后开设投资学专业，但发展年限相对过短以及金融市场尚不成熟等多重因素使得我国高校关于投资学的科研和教学成果在国际上影响力仍然有限，尚未实现学科引领。

（二）投资学专业建设的不足

1. 课程设置过于宽泛。现阶段，开设投资学专业的高等院校对课程培养体系的设置过于宽泛，这直接导致授课内容多而不精。如大多数高等院校习惯性设置金融学、投资学、证券投资学、公司金融、金融计量学等常规课程，而缺乏针对投资细分领域的课程设置。从证券投资实务来看，有价值投资学派和技术分析学派之分，而已有课程体系对其介绍少之甚少，这直接使得投资学课堂教学与金融投资实务脱节。另外，从企业全生命周期投融资服务来看，企业不同发展阶段的投融资体系存在巨大差异，主要体现为风险投资（VC）、私募股权投资（PE）、IPO 融资以及债权融资等。不少毕业的学生反馈，高校投资学专业课程设置体系对细分领域的投资介绍篇幅较少，这种过于宽泛、不够精细的课程设置体系使得学生对相关领域的投资理解不充分，难以对实务形成有益指导。

2. 教学方式传统和固化。目前创设投资学专业的高等院校较多，大多数学校对投资学专业的培养方案以及教学模式较为类似，同质性较高。通过对多所财经类院校的教师及学生进行调研，发现投资学教学过程主要表现为以下模式。首先，结合教材进行课堂理论知识的讲授，如投资学、公司金融等经典理论的传授，并对股票软件的常规使用方法、K 线图的判断和分析、各项指标的计算以及内涵分析等进行基础性介绍。但学生普遍反映即使课堂上接受了相关理论与实务分析方法，课后仍难以形成对实务的清晰认识以及实现对实务的有效指导。其次，在课后，老师会布置与投资学科相关的课后作业，譬如投资模型计算相关的作业，依据具体的模型公式进行内在价值或风险溢价的估算。此外，部分老师也会布置陈述类相关的作业，如针对最优资产组合问题、风险区分问题等某一具体问题提出自己的观点和见解。整体来看，目前不少高校对投资学科的教学模式依然相对传统，大部分老师仍然表现为简单的按部就班式，这种模式取得的效果与学生对投资学知识应用的现实需求和内心期待存在差距。

3. 缺乏与金融投资实践的有效融合。金融科技时代投资环境发生日新月异的变化，投资学专业人才培养缺乏与金融投资实践的有效融合，客观导致投资学相关的教学内容难以跟上环境变化的脚步，知识和教学模式相对落后。国内在进行投资学教学时主要以理论教授为基础，对理论外的实践研究投入相对较少，所展开的案例分析也极为有限，且这些案例基本为国外的投资案例并大多缺乏时效性，缺乏对中国资本市场以及金融投资实务案例的分析和探讨。教学内容没有根据学生的实际情况以及投资行业实务发展进行调整，缺少与金融投资实务相融合的实践教学，这导致学生对我国证券市场运行的认识和把握不准确。另外，不少高校尚未展开虚拟仿真教学，这种实践教学的缺乏直接导致教师的知识讲授过浅，难以捕捉量化交易、大数据挖掘、智慧金融等投资行业的变革以及金融投资行业对投资学人才综合素质要求的提升。客观而言，这种枯燥单调、缺乏与实践结合的教学模式不仅难以激发学生的学习积极性，而且不少在校生和毕业生普遍反映教学效果较差。

4. 跨学科交叉融合较为欠缺。投资学具有应用性极强的特征，除了现代投资理论外，对数理基础和计算机应用能力要求均较高，这决定跨学科融合对于投资学专业人才培养而言举足轻重。从高等院校投资学专业人才培养方案来看，各大高校对跨学科融合普遍重视，但其跨学科融合程度较浅且与实务发展存在脱节。譬如大多数高校投资学专业人才培养方案开设有高等数学、线性代数、计算机基础等课程，但这些极为重要的跨学科知识如何应用于金融投资实务，并未得到有效的教授。这种基础的跨学科融合使得学生难以消化以及难以转化为实务应用。也即，大多数高校的跨学科融合缺乏“顶天立地”，未与投资学科和行业发展需求深度接轨。在金融科技时代以及新文科发展背景下，高校投资学专业人才培养应更加重视专业性、技能性、实用性，使得培养出的学生能满足现实金融投资的复杂需要。就此而言，高校在开设跨学科通识理论课程基础上，还应设置一些与投资学实务紧密衔接的细分跨学科技能应用性课程，提升跨学科融合效果，减少学生内心的“虚无缥缈”之感。

四、投资学一流专业建设与人才培养的优化路径

立足新文科发展关于“培养适应新时代要求的应用型复合型文科人才”的要求以及金融科技所引发的金融行业深刻变革的行业背景，同时结合我国高等院校投资学专业建设的概况与不足，本文认为财经类院校投资学一流专业建设与人才培养优化应遵循以下路径。

（一）全方位打造优质师资队伍

优质的师资队伍是培养优秀人才的前提条件，高校推进投资学一流专业高质量建设必须重视师资队伍建设与优化。首先，各大高校应全面审视本校投资学专业师资结构，结合新文科建设的发展目标识别本校师资短缺所在，通过人才引进解决师资短缺问题。其次，学术委员会和专业负责人应根据学科特点设置几大投资领域细分方向，鼓励和引导专业教师聚焦细分领域展开科学研究并负责相应课程教学，尽可能提高教师研究方向与教学课程的匹配性。另外，所在学院应根据投资学科发展前沿，定期有针对性地对投资学专业教师进行法务、审计、数理统计、信息技术、智能科技等领域知识和技能的培训，提升其技术应用和实践能力。最后，应加大对金融科技人才的引进

力度，尤其是擅长数据挖掘、人工智能、机器学习、量化交易、计算机编程等领域研究的人才。

（二）推动专业课程设置精细化

当前各大高校的投资学课程设置多以通识类课程为主，如金融学、投资学、证券投资学等，缺乏精细化的投资类课程设置。通过与学生以及从业人员进行多方访谈调研，普遍反映现有宽泛化课程设置体系与行业发展存在脱节，衔接紧密性不高，应用性不强，学生毕业后仍需花费大量精力学习方能满足投资实践需要。不少研究也表明，这种过于宽泛的课程体系设置导致对投资学知识的介绍不够深入，学生对专业知识掌握较为浅显。上述问题的持续存在，显然不利于投资学一流专业高质量建设，优化投资类专业课程设置显得尤为迫切和必要。鉴于此，建议各大高校根据学科的行业特征多开设价值投资理论与实务、技术分析理论与实务、基金投资、风险投资学、私募股权投资、金融衍生品投资、量化投资等课程，通过投资类专业课程的精细化设置提高学生对投资专业知识把握的深入性，满足学生的获知需求与期待。

（三）探索开展多维度实践教学

对于任一学科，课堂理论无不来源于实践，且应用于实践。为此，日常课堂教学需要与实务充分结合，由此教学方能达到预期成效。对于投资学这门应用性极强的学科而言，学科建设在关注日常理论教学的同时，必须重视学生实践能力的提升。在此背景下，高校可以根据金融市场运行实务，开设对应的实训实操课程，让学生在金融投资实践中熟悉和理解投资实务，了解投资学专业后可能的就业方向和岗位，清晰认识做好投资实务需要掌握哪些专业知识和技能。具体而言，一方面，高校可参照南京审计大学金融学院投资学系展开证券投资与量化交易虚拟仿真实验教学，通过虚拟仿真投资模拟实现理论学习与投资实务的双重感知，借由场景化培养学生的综合能力和实践应用能力；另一方面，学校可定期适当邀请金融投资行业高级从业人员（挖掘校友资源）以线上或线下形式走进课堂，拉近课堂与实务的距离。除此之外，学校应尽可能拓展金融投资类校外实习基地，鼓励学生积极参加高质量校外实习，通过实践检验知识、学习技能、丰富专业素养。

（四）加强跨学科深度交叉融合

推动跨学科交叉融合既是新文科建设的内在要求，也是适应金融投资行业深刻变革的现实需要。金融科技的蓬勃发展加速了金融产品创新，并且改变了金融服务模式，使得金融服务实体经济的广度和深度大幅提升。从行业属性来看，金融科技具有鲜明的跨学科特征，既涉及现代金融投资理论，同时也具有复杂的技术属性。从金融投资实务来看，智能投顾、智能风控、精准营销、量化交易等新型投资应用场景已然广泛依赖于金融科技。在此背景下，推动投资学人才培养更好满足金融投资实务发展的需要，必须拓展投资学专业的学科授课领域，并应在传统浅显式跨学科交叉基础上结合专业发展开展深度融合，真正提高投资学人才的应用型复合型专业能力。鉴于此，本文认为应积极加强与计算机、数理统计、人工智能等学科的交叉融合，在投资学人才培养方案中增设金融科技概论、计算机科学与 Python 编程、数据挖掘与机器学习、人工智能原理及应用、区块链技术及应用等金融科技前沿课程。

（五）推进课程思政融入学科培养

新文科建设背景下，课程思政教育的缺位必然导致投资学学科建设难以真正实现“价值引领”。客观而言，金融投资市场充满诱惑，学业精而心术不正难免会导致投资学人才培养前功尽弃，如资本市场屡屡出现的内幕交易、证券欺诈、市场操纵等投资不当行为在危害金融市场的同时也自毁当事人前程。一方面，金融投资行业具有天然的高利润、高收益特性，这在一定程度上对金融投资从业人员提供了负面激励；另一方面，金融科技的全方位渗透发展使得金融创新速度明显快于金融监管完善的步伐，这也催生部分金融投资从业人员“钻漏洞”的侥幸心理。就此而言，金融投资市场特性以及其发展演变决定了当前将课程思政教育融入投资学专业培养的必要性和迫切性。本文认为，高校应积极开展投资学课程思政教育大赛，以赛促教，激励教师寻找思政教学和投资学专业课程的契合点。另外，国内外资本市场存在大量适用于课程思政的典型案例，建议高校可以投资学系或课程组为单位组织编写投资学课程思政案例汇编，投资学专业教师可据此在日常教学中融入课程思政。

参考文献

[1] 陈帆．金融科技：改变金融［J］．中国内部审计，2019（4）：90－91.

[2] 陈玉罡，刘彧．ValueGo 估值机器人：大数据时代给投资者赋能的金融科技［J］．金融科技时代，2018（3）：12－14.

[3] 杜金岷，晏景瑞，曾林．“双一流”建设背景下金融科技人才培养

路径研究——以学科链—人才链—产业链的视角［J］. 金融教育研究，2022，35（4）：74－80.

［4］李长伟，俞仕龙，陈煜涛，等. 金融科技推动证券零售业务高质量发展研究［C］. 创新与发展：中国证券业 2019 年论文集，2020：842－850.

［5］马嘉莹. 数字经济时代背景下金融科技赋能流通业效率提升——来自空间计量的实证分析［J］. 商业经济研究，2022（3）：48－51.

［6］薛敬明. 智能金融的关键技术研究［D］. 长沙：国防科技大学，2018.

［7］薛熠，张昕智. 数字经济时代金融科技推动金融业发展的机理研究［J］. 北京师范大学学报（社会科学版），2022（3）：104－112.

［8］杨源源，廖嘉愔. 金融科技时代高校金融专业人才培养优化研究［J］. 金融科技时代，2021，29（9）：34－39.

新文科背景下高校基层教学组织建设研究

刘　妍[①]　施柯沁[②]

基层教学组织作为高校开展教学和教研活动的基本单位，在完成教育教学任务、推进教学研究与改革、促进教师成长与专业化发展等方面具有重要作用，是联系教师与学生、学科与专业、专业与课程以及落实教学工作“最后一公里”的基本教学组织，其管理水平与建设成效直接关系到学校整体教学水平和人才培养质量。《教育部关于深化本科教育教学改革全面提高人才培养质量的意见》（教高〔2019〕6号）、《教育部高等教育司关于开展虚拟教研室试点建设工作的通知》（教高〔2021〕10号）和《江苏省教育厅关于加强高校基层教学组织建设促进教学能力提升的指导意见》（苏教高〔2022〕1号）等文件均指出大力推进高校基层教学组织建设的必要性与迫切性。

2018年5月，教育部高等教育司司长吴岩在教育部产学合作协同育人项目对接会上指出，高等教育创新发展势在必行，要全面推进新工科、新医科、新农科、新文科“四新”建设，为2035年建成高等教育强国、实现中国教育现代化提供有力支撑。2022年2月，吴岩司长在全国高教处长会上再次强调，“四新”建设正逐步改变中国高等教育的样貌，应当从教育思想、发展理念、质量标准、技术方法、培养范式等方面进行全方位改革。新文科相对于传统文科而言，以新时代为背景，突破传统文科的思维模式，促进多学科交叉与深度融合，旨在推动传统文科的更新升级。新文科背景下，如何从学科联动的视角出发，提升高校教师教书育人水平，培养高质量复合型人才，对高校基层教学组织的进一步完善和创新提出了更高要求。

---

① 作者简介：刘妍（1981—　），女，江苏姜堰人，博士，南京审计大学教授，主要研究方向为“三农”保险、高校教师教学发展。

② 作者简介：施柯沁（1993—　），女，江苏常州人，硕士研究生，讲师，主要研究方向为收入分配、绿色金融。

一、文献综述

（一）高校基层教学组织的发展回顾

彭妍（2017）发现，我国最早的基层教学组织可以追溯到清朝洋务运动时期。受西方先进思想的影响，清朝末期我国高校内部就已经出现“教师会议”，侧重对教学相关事务进行讨论。[1]

新中国成立后，受苏联模式影响，我国开始正式设置教研室为基层教学组织。陆国栋等（2014）认为，我国基层教学组织模式与政治经济发展进程相适应，经历了初步建立（约为20世纪50—60年代）、探索发展（约为20世纪60—80年代）和逐渐式微（20世纪80年代至今）三个阶段。[2]洪志忠（2016）以教研组为研究对象，按照教研组在不同时期的职能，将其发展历程分为初创期（1949—1954年）、定型期（1955—1965年）、恢复和转型期（1978—2000年）以及虚化期（2001年至今）四个阶段。[3]

（二）我国高校基层教学组织的发展现状及困境

近十年来，我国高校基层教学组织不断式微的发展态势引起众多学者关注。杨菊仙（2011）、李静（2017）提出，[4][5]相较于基层科研组织，基层教学组织没有得到足够的重视；受学科割裂影响，基层教学组织内部无法实现资源共享；同时，基层教学组织关注老师的教学活动，忽视学生是否有效开展学习。江珩（2017）进一步将基层教学组织的困境总结为设置无序、职能模糊与组织离散。[6]此外，通过对高校基层教学组织进行多样本实证调查研究，王秀梅等（2020）发现，目前我国基层教学组织长期保持稳定，人员流动和对外交流的频次较少；具备一定的学术话语权，但行政权力较低；不能定时开展教研活动，活动的次数也比较少。[7]

从2018年起，加快推进基层教学组织建设的呼声日益高涨。国家层面接连公布17份与基层教学组织建设相关的文件和通知，23个省区市配套出台了相应的实施方案。洪志忠（2020）认为，在政策与项目的双重驱动下，高校基层教学组织建设正不断健全，呈现出专业覆盖率较高、制度建设力度加强、活动形式和内容渐趋丰富等特征。[8]

（三）我国高校基层教学组织的创新途径与策略

针对我国高校基层教学组织的发展困境，学者们结合高校实践提出创新策略与质量提升路径。基于西北农林科技大学“教学约定制度”的实践，针对高水平研究型大学，杜彬恒等（2012）建议构建以教学与改革为中心的基层教学组织制度，同时创新基层教学组织工作机制、改革教学人员绩效评价制度。[9]基于华中农业大学基层教学组织的实践，陈晓琳等（2013）认为可以将“促进科教融合、把课程群作为有效载体、以人才培养为价值取向”等作为基层教学组织创新的突破口。[10]通过在华中农业大学展开问卷调查，刘小情（2016）建议优化组织内部设置、提高组织活动成效、健全权责分配机制。[11]陆国栋等（2018）详细介绍了浙江大学基层教学组织的建设路径，认为成立教学研究与发展中心、优化基层教学组织管理体制、构筑教师教学发展网络、营造开放共享的校园教学文化，对探索基层教学组织建设范式具有较高参考价值。[12]

现有文献剖析了高校基层教学组织发展中面临的困境，指出改革的必要性与具体方向，并结合高校实践提出完善建议，但新文科背景下，如何更加高效地推进基层教学组织建设，研究有待深入。本文旨在结合时代背景，在阐释新时代基层教学组织定位与功能的基础上，从建设原则、建设理念、建设内容与建设评价等方面提出高校基层教学组织高效建设的对策建议。

二、高校基层教学组织的内涵与发展沿革

（一）高校基层教学组织的内涵

伯顿·克拉克教授在其著作《高等教育系统——学术组织的跨国研究》中提出“高等教育中最佳的端点是基层”，基层教学组织职能的有效发挥在保证教学质量方面起着重要作用。从狭义来看，高校基层教学组织仅指普遍意义上的教研室；而从广义来看，系部、教学团队、校外实习基地、校内实验中心、教研室、教研组、课程组等都可被归类为基层教学组织的范畴。

（二）我国高校基层教学组织发展沿革

1. 初创期。新中国成立初期，受苏联模式和计划经济体制的影响，我国高校采取“学校—系”两级管理模式，系下设教研室，汇集讲授相近课程的教师，教研室即成为我国高校内部最基层的教学组织。于1950年出台的《高等学校暂行规程》规定，教学研究指导组主要负责本组课程教学计划和教学大纲的制定、修订教材、交流教学经验和方法等。截至1956年，我国大部分高校设置教学研究指导组（简称教研组），后改名为教学研究室，教研室制度正式建立。

2. 兴盛期。1961年，《高教六十条》出台，其中专门论述“教学研究室是按照一门或者几门课程设置的教学组织”，对教研室的设置和地位做出明确

规定。1978 年，《全国重点高等学校暂行工作条例》颁布实施，指出“教研室是按专业或课程设置的教学组织，同时也是进行教学研究的基本单位”。在当时的政策驱动下，教研室发挥了其在分配教学任务和管理教学活动中的作用，提升了教学质量，为国家输送了大批人才。改革开放后，在经济发展、科技进步和学科交叉联动的多重影响下，部分学校将教研室的职能从教学和科研两方面进行细分，融合式推进相关工作，初步形成教学与科研相结合的高校基层组织体系。

3. 低潮期。20 世纪 80 年代以来，伴随着经济的发展和国际形势的转变，原有适应计划经济体制的人才培养模式已不再满足时代的需求，为此，国家提出“科教兴国”战略，并实施高校扩招政策。在此背景下，《国家教育委员会直属高等学校科学技术研究机构管理暂行办法》于 1988 年出台，指出“高等学校可以有重点地设立相对稳定、确有特色而又精干的研究机构”。从 1998 年起，《中国高等教育法》实施，高校开始拥有内部组织机构设置和人员配置权利。受科研工作被强化的影响，我国高校转而学习欧美高等教育模式，设立科研所或科研中心作为基层学术组织，教研室因而被缩小、边缘化甚至撤销，少数尚存的教研室也被架空权责，名存实亡。受评奖评优和职称评聘体系影响，高校普遍“重科研、轻教学”，这在一定程度上抑制了教学活动的有效推进与创新，对于青年教师的培养和教学能力的提升产生了负面影响。值得关注的是，近年来，部分地区高校尝试评聘教学型教授，鼓励并支持教师分类发展，“重科研、轻教学”的现象有所改善。

4. 创新期。2012 年，《教育部关于全面提高高等教育质量的若干意见》颁布实施，规定“要提高教师业务和教学能力，完善教研室、教学团队、课程组等基层教学组织”。随后，中央和地方接连发布相关文件，从政策层面力促高校推进基层教学组织完善和创新，部分高校逐渐恢复教研室的基层教学组织职能，并积极探索基层教学组织和基层学术组织相融合的建设路径。2021 年 7 月，教育部高教司发布《关于开展虚拟教研室试点建设工作的通知》，要求在后疫情时代，借助“互联网 +”平台构建虚拟教研室，积极探索信息化时代基层教学组织的建设路径，实现教研室间、学科间和高校间的信息及资源共享。

三、新文科背景下高校基层教学组织的定位与功能

（一）相关政策评议

经历了十多年的低潮期后，教育主管部门和高校均意识到基层教学组织边缘化对教学质量及人才培养带来的负面影响，国家层面接连出台相关政策予以推动，高校则开始积极探索基层教学组织质量提升和创新发展路径，教研室的职能逐渐恢复。

教育部、财政部于2006年共同启动“教学团队”建设，鼓励高校基于课程组和教研室创建教学团队。2012年，教育部实施《关于全面提高高等教育质量的若干意见》，特别指出要完善基层教学组织，推行集体备课制度，深化研究教学难点重点问题。同年11月，五部一委联合发布《关于加强高等学校青年教师队伍建设的意见》，再次强调“高等学校要建立健全基层教学组织，坚持集体备课，完善青年教师参与教学团队、创新团队的制度。”上述文件的颁布表明基层教学组织的建立健全，在完善老中青教师传帮带机制、发挥教学名师积极示范作用、实现优秀教学资源的共享、帮助青年教师尽快立住脚跟站稳讲台、打造高质量的教学团队等方面具有积极作用。

2019年，一流本科专业及一流本科课程建设的“双万计划”正式落地实施，标志着我国高等教育建设与发展逐渐向世界先进发达国家靠拢。在“双万计划”的建设中都涉及高校基层教学组织相关内容，提到要将“教师全员纳入基层教学组织，强化教学研究”，强调基层教学组织全员全覆盖。在国家级一流本科专业建设点信息采集表中，有专门一项用以统计高校“加强师资队伍和基层教学组织建设的主要举措及成效”。

新文科建设背景下，学科交叉与联动对教师教书育人及自身专业化发展提出更高要求。在中央、地方政府和高校的联合驱动下，进一步明确高校基层组织的定位，发挥其在提升教师教学能力、打造教学团队等方面的功能，具有极强的现实意义。

（二）高校基层教学组织的定位与功能

1. 高校基层教学组织的定位。一方面，作为高校教学活动最基本的单元，基层教学组织以课程组或教研室为单位，制订教学计划、开展教学活动，是高校自上而下进行网格状管理的最终落脚点；另一方面，承担相似课程的教师归属于同一基层教学组织，可以进行教学经验的交流和教学资源的共享，不仅有利于老中青传帮带机制的运行，也能够有效提升教师教学能力。因此，

高校基层教学组织既是行政场所和学术场所的综合体，也是教师联络感情、培养集体荣誉感和归属感的地点。

2. 高校基层教学组织的功能。“四新”建设要求高校重构组织模式，深化理论研究，创新内容方式，构建实践体系。结合高校教学实践及新文科提出的新要求，我国基层教学组织的职责和功能可以概括如下。

（1）支持日常运行。现代高等教育四大职能中，人才培养一直居于首要地位。教书育人是高校的核心工作，承担教学任务理应是基层教学组织的首要职责。高校日常教学运行过程中，基层教学组织的功能包括：制订教学计划并结合国家发展战略和行业变革需求对课程体系结构进行动态优化；组织教师完善教学大纲，适时适度嵌入课程思政元素，确保教学工作有序开展；规范日常教学管理，检查教学进度，组织同行间听课，保证课堂教学质量；制定融入过程性测评与终结性测评的学生学习评价方式，以评促学；要求教师结合教学实践进行反思，并开展同行互评。

（2）开展教研活动。整合式推进日常教学与课程、教材以及课程思政示范中心等建设项目，围绕上述相关工作开展教研活动，一方面解决教师在学校课程实施过程和教育教学过程中遇到的真问题，实现教学经验共享；另一方面促进多维度高层次教学成果的形成。基层教学组织在开展教研活动方面的功能具体包括：引导教师学习先进的教育理论与方针，将优秀的教学经验和方法运用到实践中，切实提升自身教学水平；鼓励教师开展教学改革活动，建设并动态更新课件、习题集、案例集、思政元素等教学资源，积极尝试“线上 + 线下”混合式教学、翻转课堂等教学方法，丰富教学手段，保证课堂质量；坚持“以学生为中心”的教育理念，以研究型的“教”促成研究型的“学”，训练并提高学生的高阶能力与全面素养。

（3）培育教师队伍。教师是教学的主体，教学活动的每一个环节都离不开教师的参与，打造优秀教师团队是一所高校、一个专业和一门课程可持续发展的基础。在培育高质量教师队伍方面，基层教学组织的具体功能包括：将师德师风建设作为必须坚守的红线，持续开展师德教育和学术道德教育；完善教研室内部导师制度，充分发挥教学名师的示范作用，对青年教师的教学方法、教学理念和职业生涯规划等进行指导，做好团队梯队建设；定期组织教师开展教学研讨，引导教师积极参加讲座、培训和进修等活动，鼓励教师至本专业相关企事业单位进行挂职锻炼，将行业实践与书本理论知识相结合，提升教师的业务水平。

四、高校基层教学组织建设的关键问题与对策

（一）建设原则

1. 以人为本，优化教师教学能力。教师是高校基层教学组织的核心组成要素，基层教学组织设立的根本目的是为教师服务。国家出台的多项文件均要求实现教师教书育人能力取得显著提升，更是在“金课”的基础上提出努力打造中国“金师”的目标。吴岩司长在2022年全国高教处长会议上提出“教改改到痛处是教师”，并强调要持续强化组织建设。基层教学组织在建设过程中应注重满足教师多方面要求，在经验传承、信息共享、培训交流等方面搭建平台，促进教师专业化水平与全面素养的提升。

2. 立德树人，提高人才培养质量。在传统教学活动开展过程中，往往将教师置于主导地位，因此基层教学组织也通常以服务教师作为出发点。但“教学”二字，除了“教”还有“学”。只关注教师个人的学科背景或职业发展，忽视学生视野的拓展与综合素质的提升，将不利于高水平高层次人才的培养。基层教学组织应该树立“以生为本”的观念，结合不断发展变化的经济政治文化大背景，切实关注学生发展需求，针对社会与行业发展的实际需求，面向未来，调整教学理念和方法，使得基层教学组织不仅是“教”的组织，更是“学”的组织。

3. 因地制宜，体现高校发展特色。伴随着我国高等教育体系的不断完善和健全，我国高校也体现出差别化的发展方向与特征。外部环境的变化要求基层教学组织的职能随之调整，不同类型的高校应结合自身性质和发展实际建立不同模式的基层教学组织。研究型大学需要厘清基层教学组织和基层学术组织的边界，既要明确分工又要紧密联系，两者之上设教师发展中心或其他建制，逐步调整目前“重科研轻教学”的做法，进行统筹管理。而以教学为主的应用型大学或教学研究型大学则可以在保留教研室的基础上对其功能进行完善，引入科研学术职能，并鼓励教师将自己的研究成果融入课程教学中，以科研反哺教学。

（二）建设理念

1. 成果导向。基层教学组织致力于提升教师教书育人能力，最终目标是为了提高人才培养的质量。因此，“培养什么样的人”决定了基层教学组织的建设理念与模式。基于成果导向理念，基层教学组织的建设应当从过去关注学科逻辑和专业逻辑转向重视提升学生的专业能力和综合素质，为其提供学

习所需的条件，鼓励自主学习，引导学生利用学校的教学和实践资源开展创新活动，最大程度上达成人才培养目标。在新文科建设背景之下，还可以通过基层教学组织之间的合作与交流进行学科交叉与联动，以期实现跨学科跨专业背景的综合性教学，拓展学生的知识和视野，培养复合型人才。

2. 需求导向。基层教学组织应当关注教师的现实需求，从制度建设、运行机制、团队构建等方面推动教师能力提升和专业化发展。首先，应加大对基层教学组织的相关投入，保证其开展正常学术活动需要的场所、设备、经费等，鼓励教师外出培训交流，利用并拓展外部资源；其次，基层教学组织应在中央、地方、高校相关政策的指引下形成规章制度及团队文化，定期开展有效的教研活动，建设具有凝聚力的集体，使教师产生团队归属感，提升组织的凝聚力；最后，建立健全绩效考评机制，在教师聘任、评奖评优、职称晋升等方面设立考核机制及奖励机制，提升教师参与教学活动的动力与内驱力。

3. 研究导向。高校基层教学组织在建设过程中，应突出对教师研究意识的强化与研究能力的反哺。一是树立科教融合的理念，融科学研究方法于教育教学。鼓励教师以研究为导向开展教学活动，及时更新自身知识结构、能力结构、教育思想及教育理念，促进科研与教学在内容上相互渗透，将科研成果转化为课堂教学的内容。二是开展研究型教学，通过老师的言传身教培养学生愿意思考、乐于思考的习惯，增强学生在学习过程中思维的独立性和批判性，提高学生基于问题导向的创新能力、研究能力和实践能力，形成人才培养的新路径。

（三）建设内容

1. 基于课程模块组建基层教学组织并遴选负责人。各高校可根据自身实际情况设置基层教学组织。以课程组形式为例，将教学内容相近或彼此间有联系的课程归属到一起，同时考虑理论课程及相关实践实习课程，该基层教学组织由课程的任课教师构成，并选择其中教学经验丰富、能力突出的老师作为负责人，全面负责组织内的课程设置、教学研究及科研活动。建立基于负责人制度的基层教学组织能够实现科研与教学的融合，同时便于对科研和教学实施一体化管理。

2. 准确定位基层教学组织并赋予明确的职责范围。基层教学组织作为高校自上而下管理的基点，具有一定的行政色彩，行政事务和教学事务往往并行推进。我国高校行政化程度较高，对基层教学组织而言，其教学职能弱化时，行政职能往往凸显，甚至会出现行政权力超出学术权力的情况。行政工作占据教师大量时间，影响其教学投入。因此，要实现基层教学组织的完善和创新，应当对其职能和分工做出明确定位，行政权力应置于学校和学院（系）层面，学术权利则回归教师，尊重学术权威和学术自由，充分发挥基层教学组织的自主性。

3. 借力科技赋能构建延展式教学研讨的载体。新文科背景下，高校应致力于培养复合型、创造性、国际化人才。信息化时代，“互联网＋”的不断发展为高校间信息互通共享搭建了桥梁，组建跨学校、跨学科的教学研究中心成为可能。在2022年的全国高教处长会上，吴岩司长提出我国将建设首批439个虚拟教研室试点，打破学科和专业背景之间的隔阂，为学科融合交叉发展创造了有利的外部环境。高校可借助科技创新建立跨学科、跨院校、跨地区的基层教学组织，跨越时间和空间限制，促进学术交流和经验分享的同时，通过泛在学习与研讨，提升教师的个人素养和信息化教学能力。

（四）建设评价

1. 全面监控，构建内部质量保障体系。基层教学组织的建设情况不仅会影响教师的教学能力，更与学生的培养效果紧密相关。对影响教学质量的每个活动进行全面监控，有利于尽早发现实施过程中的问题并及时改进，因此构建基层教学组织的内部质量保障体系尤为重要。质量保障体系的构建是一项系统工作，影响教学活动的每一个环节。授课前，各教研室或课程组对教学计划进行制订、修改和完善，基于教学计划安排教学任务，组织教授同一门课程或相似课程的老师集体备课，撰写或修改教学大纲，安排教学进度，编写教材、习题集、案例集等；授课时，引导同行间相互听课学习，组织青年教师跟听课程或安排优秀教师开设公开课；授课后，基于定期举行的教研活动开展教师说课和试讲，并鼓励同行互评。每一环节中暴露出的问题或值得借鉴之处都应及时总结，并在基层教学组织内部进行经验交流与共享，这将有助于促进整个教学共同体建设质量的提升。此外，基层教学组织作为高校教学活动的基础和落脚点，其内部质量保障体系的建立健全也能由点及面地影响整所学校，提高学校整体的办学质量。

2. 分层分类，健全高等教育评价方法。对于高等教育的评价，目前主要有国家主导的高等教育评估和社会专业机构出台的大学排名两种，在创新基层教学组织建设的背景下，分层分类进行评价具有现实意义。首先，针对不同类型的高校应设置不同的评价指标。对于研究型大学，其基层组织分为基层教学组织和基层科研组织（科研中心）两类，两者相辅相成，共同发挥作用，那么针对研究型大学基层教学组织的评价应以衡量教学成果为主。而偏重教学的应用型大学或教学研究型大学，其基层教学组织往往承担着一定的科研职能，在评估时除关注教学质量外还应设置科研成果相关指标。其次，高校评价体系中教学相关内容所占比重应有所增加。当前的高等教育评估体系中，与科研成果或科研水平相关的指标较多，进一步加剧了高校内部科研与教学不均衡的发展格局，不利于基层教学组织的完善和教学质量的提升。建议在评价体系中适度增加衡量教学成果的指标，如教研课题和论文数量、教学比赛获奖、教学成果奖等。最后，评价主体的单一性会导致评价结果出现偏差，建议丰富高等教育评价主体。除政府和社会机构之外，建议纳入学生、家长和用人单位等主体，从教师的教学能力及人才培养质量方面提出全方位多角度的意见。

3. 以评促建，完善高校教师激励机制。针对一线教师开展评价，应当进一步规范其绩效考核方法和流程。目前多所高校已出台科研奖励相关办法，取得一定科研成果的教师除在评奖评优、职称晋升中取得优势外，还能获得物质上的津贴，而以教学为主或承担教学任务较重的老师在收入上则处于劣势地位。这一现状不利于调动一线教师从事教学工作的积极性，建议相关奖励和津贴逐步向教学人员倾斜，建立健全教师绩效考评体系，鼓励其参与基层教学组织建设，提高教学水平。另外，从对基层教学组织的评价出发，基于目标责任制的考核显得尤为重要。以浙江大学为例，学校每年会按照基层教学组织自身订立的工作任务和目标进行绩效考核，并进行排序，考核名次靠前的基层教学组织在下一年度工作经费、责任教授名额和绩效津贴方面将获得相关政策或经费倾斜。对基层教学组织的考核能够调动其完善和创新的积极性，实现其平稳运行和快速发展。

五、结论

我国“新文科”源于新国情，适应新国情。在人才培养方面强调创新、适应与卓越，课程设置及教学手段等方面适应时代发展特征，这对教师教学提出了更高的要求，人文学科基层教学组织建设面临着严峻的挑战。

作为高校教学体系中最基础的环节，我国基层教学组织历经新中国成立初期的初创期和改革开放前后的兴盛期，受设置失序、职能模糊、功能错位等因素影响，出现了近十年的低谷期，从一定程度上影响了我国人才培养的质量。在学科融合的大背景下，从国家、地方政府到高校自身，均出台多项文件关注基层教学组织的建设，保证高校教学质量。基于当下高校基层教学组织存在的缺陷和问题，本文认为应当坚持以人为本、立德树人、因地制宜的建设原则，从成果、需求、研究三大导向出发创新建设理念，基于建立课程模块并遴选负责人、明确定位和职责范围、借力科技赋能促进教师成长等角度思考建设范式，并从内部质量保障体系、高校分层分类评估体系、高校教师激励体系三个方面对建设成果进行评价，以期在新文科背景下推进基层教学组织高效建设。

参考文献

[1] 彭妍．一流本科视阈下的基层教学组织建设研究［D］．武汉：华中农业大学，2017.

[2] 陆国栋，孙健，孟琛，等．高校最基本的教师教学共同体：基层教学组织［J］．高等工程教育研究，2014（1）：58－65＋91.

[3] 洪志忠．高校基层教研室的演化与重建［J］．大学教育科学，2016（3）：86－92.

[4] 杨菊仙．高校基层教学组织创新的价值取向与途径策略［J］．江苏高教，2011（6）：79－81.

[5] 李静．改革开放以来高校基层教学组织发展研究［D］．厦门：厦门大学，2017.

[6] 江珩，彭妍，肖湘平．“双一流”背景下的高校基层教学组织建设研究［J］．中国大学教学，2017（4）：79－82.

[7] 王秀梅，韩靖然，马海杰．新时期高校基层教学组织的改革与发展［J］．中国大学教学，2020（10）：62－68.

[8] 洪志忠．高校基层教学组织的变革与发展［J］．教育发展研究，2020，40（19）：62－68.

[9] 杜彬恒，陈遇春．高水平研究型大学基层教学组织制度创新——基于西北农林科技大学“教学约定制度”实践［J］．高等农业教育，2012（3）：53－55.

[10] 陈晓琳，江珩．新时期高校基层教学组织创新实践［J］．中国大学教学，2013（8）：78－80.

[11] 刘小情．高校基层教学组织建设研究［D］．武汉：华中农业大

学，2016.

［12］陆国栋，张存如．基层教学组织建设的路径、策略与思考——基于浙江大学的实践与探索［J］．高等工程教育研究，2018（3）：130－136＋141.

新文科背景下《保险精算学》课程混合教学模式探讨

徐玉华

2019年4月，教育部、科技部、中央政法委等13个部门联合举办“六卓越一拔先”计划启动大会，“新文科”建设工作正式开始。随着科学技术的高速发展，特别是“互联网+”、大数据、区块链、人工智能等技术深刻地影响了人文社会科学。新技术的出现对人文社会科学的研究范式产生了重要影响，人文社会科学的人才培养方式也发生了巨大的变化。一些高科技直接推动各领域的创新，这些创新不仅包括理论的创新，还包括产品、服务模式的创新等。大量的创新，使得社会对复合型人才产生大量需求。众所周知，高校是培养人才的重要阵地，课程体系建设对人才的培养有着重要的作用，特别是课程体系在创新型人才培养过程中是必不可少的一环。显然，在高校对人才的培养过程中，课程体系建设是关键环节，抓住“六卓越一拔先”计划的发展机遇，已成为高校当前亟待解决的重大问题。在新文科背景下，保险精算学作为保险专业的核心课程，探讨该课程的混合式教学模式，显得尤为必要。

一、混合式教学的特点

线上与线下“混合教学”是以现代信息技术为依托，采用线上与线下教学相结合的教学方式，在课前通过线上资源使得学生对即将学习的课程内容有一些基本的了解，类似于课前预习，使学生进行线下学习前对理论知识有一个初步了解，从而可以加深教学深度的一种新的教学模式。与传统的仅线下的教学模式不同，“混合教学”强调在线与离线教学的深度融合，注重发挥在线教学与离线教学各自的突出优势。混合型教育一般的特点为：一是突出教学形式的多样性，从传统的离线教学发展到在线、线下混合。二是随着高科技的发展，混合教育是我国教育体制改革的一种必要的教育模式。三是混合教育是我国大学教学方式的理论创新和机制创新。通过“混合式教学”，教学内容的容量得到了充分的保证，学生的课堂积极性得到了充分的体现，教学质量也得到了充分的提高，使教师的教学手段越来越丰富。

随着新文科建设的推进，云计算、大数据、人工智能等现代信息技术手段在文科教学中的作用越来越受到关注。“混合教学”在网络虚拟空间中实现传统课堂的不断发展，是传统课堂与网络教学平台相融合的一种创新教学模式。因此，混合教学成为新文科建设的重要推动者。

二、保险精算学课程教学现状的分析

（一）教学方式有待改进

保险精算学课程要求教师在课堂中尽量采用实际案例进行教学，通过案例教学积极引导学生进行思考、讨论。在教学过程中，关心每个学习个体，充分发掘每个学习个体的潜力；在教学内容上，从知识、能力、品德等方面对教材进行全方位的挖掘，从而使教师转变课程观、质量观、评价观、教育观、教学观。着重研究教学与课程的融合问题、学生学习方式的转变问题等，要激发学生学习的积极性和兴趣。目前教师也从各个方面进行教学改革，大多数教师对教学手段、教学方法进行了有益的尝试，但成效还有待提升。另外，在现实中教师将学生课堂的讨论情况纳入评价体系这一做法还有待完善。在案例选择上可能与目前快速发展的保险事业不太匹配，学生在上课过程中较少主动表达自己的想法，即使有也只是极个别的学生，使得教学方法无法得到预期的学习效果。

（二）信息化程度有待提高

保险精算学实际上是一门综合性很强的核心专业课程，涉及保险学、高等数学、线性代数、概率统计等多门课程的内容，学生光靠课堂上的学习，无法达到课程的要求，这也是学生对这门课程缺乏兴趣的原因之一。学生要想学好这门课程，需要充分利用网络资源，通过自学完善知识。因此，教师除了提供课堂案例讲解外，要充分利用网络平台为学生提供丰富的案例资源。目前，保险精算学课程教学信息化水平有待提高，信息化教学设备有待完善，课堂多媒体的使用不太充分。网络教育资源的不足，在一定程度上阻碍了快速发展的现代信息技术在课程教学中的充分应用。尽管在互联网上可以找到许多保险精算学精品课程，但视频教学资源大多是讲解该课程的主要内容，不能突出因材施教，对学情没有区分度，因此，视频教学资源缺乏多样性和灵活性，使得视频教学资源的示范和辐射作用有限。

（三）课程实践性有待加强

保险精算学课程除了讲授教学大纲所要求的基本知识，还要训练技能，发展智力，培养学生家国情怀和积极向上的个性，体现智商、情商的统一。在实际的保险精算课程教学中，学生大都习惯于沿用传统计算器来进行简单运算，对于处理复杂运算的数据处理软件却极少使用。比如，学生往往对SPSS、EXCEL等软件的计算功能缺乏相应的了解与具体使用，即便是熟悉了解了这些软件，也缺乏掌握对于数据的处理方式。这些需要教师增加在课程实践方面的投入，引导学生根据生活中的实际情况设计符合大众需要的保险产品。目前保险精算专业的教学实践的时间偏少，这是该课程不接地气的主要原因之一。学生往往在学习中会觉得该课程难度大，且和实际情况结合得不够，难以进一步提高教学质量。

三、保险精算学混合式教学的可行性及途径

（一）保险精算学混合式教学的可行性

当今时代，人工智能、区块链等信息技术的发展促使人们生活发生了翻天覆地的变化，随着互联网设备、智能手机的广泛普及，学生之间使用微信、QQ等“移动即时通信”应用实现高时效、多样化信息交流的趋势日益增强。在线教学很好地符合了现在学生的学习习惯，除此之外，不可否认在线教学相比于传统教学更加便捷、多样化，可以帮助学生节省很多不必要的时间，比如大学校园往往很大，学生奔波于各教学楼间会花费大量的时间，而在线教学则突破了地点的束缚。混合教学必将成为高校的一种新的教学方式。

1. “以学生为中心”是混合式教学实施的有力前提

现代教育的一个重点目标是培养创新型人才，在教学环节中，实践环节尤其是实践创新在教学中拥有非常重要的地位。传统的保险精算学课程教学模式以教师讲课为中心，不注重“以学生为中心”，忽视学生获取知识的评价和反馈来提高学生综合素质和能力。为了让学生毕业后能更好地服务于保险行业，学校应该加强实践教学环节，为学生使用多种软件平台来有效处理大数据提供机会。在课堂上把学生培养成学习主体。教师在传授知识的过程中，要激发学生的学习热情和主动性，启发学生的学习过程。结合MOOC等在线教学资源、智能教学平台，构建保险精算理论教学与实践教学的融合教学模式，深入贯彻“以学生为中心”的教学理念。

2. 优化教学设计是实施保险精算学混合式教学的有力手段

“教学”一体化，能体现以学生为中心、以教师为导向的教学理念。保险精算学由于它极强的综合性与实践性，是一门具有难度的课程，对于初学这

门课程的学生，往往会出现把握不住重点的问题。学生将精力花在一些细节上面，大大降低了学习的效率与效果。优化保险精算学教学内容，重点讲解不易理解的理论知识，帮助学生梳理课程整体逻辑，避免学生抓不住重点，或者重点不突出，产生消极学习情绪。因此，合理地分配线上与线下学习的时间比例，是优化教学设计的前提，也是实施保险精算学混合式教学模式改革的有力手段，如何合理控制“混合程度”才能使教学变得更有效也是需要深入思考的问题。有学者指出，MOOC 重点突出“教书”，在“育人”方面显得不足，线上虽然可以做到师生、生生互动，但却无法达到师生面对面交流的效果，这也是线上教学无法完全取代传统课堂教学的主要原因。

3. 混合式教学是提高保险精算学课程教学质量的有力抓手

在传统课堂教学中，信息技术是辅助教师的教学工具，而在混合式教学中，信息技术的定位发生了根本的改变。在混合学习过程中，学生将拥有更多的主动权。在教学过程中，教师将教学 PPT、作业材料及要求、课程扩展资料、作业批改情况等上传到线上平台，供学生自由查看，自主学习。学生可以选择感兴趣的专题自由组队，比如，对某一实际的保险精算问题进行小组讨论，在讨论过程中，不仅可以激发学生学习兴趣，还有利于增强学生的统筹沟通能力，学生自主组队、自主分工，并自主选择小组代表在课堂上进行展示。课后教师根据学生各组员参与情况与完成情况，分别打分，上传至线上平台，并挑选优秀小组成果进行展示（比如优化保险公司的偿付能力），这样学生可以及时了解到自己的分数及存在的问题，从而提高学习效果。除此之外，学生课后可以利用网络平台的移动客户端，在手机等移动设备上进行在线学习，可以及时检查自己的学习情况，巩固复习。

（二）保险精算学混合式教学路径

针对以上教学中的问题，结合实际情况，从以下三个方面优化教学路径。

1. 线上资源的准备

混合式教学内容往往不包括在课本当中，线上课程一般都需要学生主动提前学习，也就是说，学生在课前通过网络学习教师事先提供的资料，包括视频资料、参考书目等，学生获取基本的知识后，教师在课堂上通过简单的随堂测验或与学生讨论来把握学生学习情况及学习问题，进行针对性的教学，充分保证课堂教学质量。因此，在线教学资源必须与教学内容一致，完成知识点的讲解。在线教学资源是开展混合式教学的前提，包括有关保险精算学的慕课、国家精品在线开放课程等，也可以是教师自制的授课动画，如微授课、缴纳保险的流程微视频等，但对于此类线上教学视频，学生往往觉得枯燥，缺乏兴趣，不愿花费课余时间进行观看学习，教师需要配合相应激励机制，如学习打卡增加平时分等，来避免这样的情况发生。除了教学视频，在线教学资源还可以是与下节课讲学内容相关的实时讲解视频、名人讲解等，在让学生对教学内容有个基础了解的基础上，增加学生学习兴趣，提高学习效果。

2. 线上线下教学的衔接

衔接不是线上线下的“交接”，而是教学融合。线上线下两种教学形式，不是“你方唱罢我登场”，而是“日月同明照千秋”。所以，线上线下衔接，看上去是教学形式的转换，实际上是学习方式的融合。在混合型教学模式中，由于知识传授已经以在线教学资源的形式移动到课前为学生自学提供，教师在课程内容的选择上要有一定的把握，根据实际问题创新保险精算学的教学内容，比如，保险人承担风险的平均损失及其分布规律的讨论设计，要循序渐进地引起学生的思考。线下教学时，面对带着不同疑问来上课的学生，教师只需对重点、难点进行讲解。相对于传统教学的以老师为中心，线上与线下相结合的形式实现了学生从被动学习到主动学习的转变。在混合式教学中，学生不得不主动学习，并且努力不断提高自己的自主学习能力，这不仅能够有效提高学生的自主学习能力，还能帮助学生养成自学的习惯。

3. 线上线下教学的整合与优化

在传统教学中，学生往往到了期末才能知道自己的成绩，这不利于学生发现自身在学习中存在的问题，也无法得到改善。在混合式教学模式下，无论在线还是离线，都需要及时对学生的表现进行整合反馈，从而给学生一个整体的学习过程，起到帮助学生提高学习能力和激励学习的作用。

混合式教学评价既要关注过程也要关注结果，平时成绩的评定，不光要看学生完成作业的质量，还要看学生平时学习的认真程度与完成作业的用心程度，比如，很多保险精算学的题目是一题多解，通过学生的答案可以获知学生思考的深度。当然，如果一个学生一开始学习能力欠佳，但在教学过程中一直在进步，可以给予平时成绩加分。总之，混合式的教学应更注重针对性的教学。

目前，各类线上教学平台功能已很完善，不仅可以收集学生学习任务完成情况、学习效果，还可以在教学时进行各种互动，考核。在线下教学时，教师可以通过线上教学平台共享课件，提出问题，学生可以通过线上平台发送实时弹幕回答，这样可以大大改善学生在课堂不愿主动互动的现象。教师完成一个知识点的教学后，也可通过线上教学平台及时地进行简单的考核，了解学生学习情况，从而进行针对性的讲解，大大减少了教师课上考核成本。现有的线上教学平台功能有所差别，不同的平台有不同的优势，教师应根据自身教学风格或学生情况选择合适的一个或多个线上教学平台进行混合式教学。

在混合式教学中，由于线上学习缺乏老师的监管，部分学生会在学习中投机取巧，如教学视频后台播放、考核抄袭等，因此，教师凭借网上学习数据统计结果作为学生平时分的评定依据时，可以通过给学习任务和考核设置严格的制约条件，来避免学生投机取巧的行为，如进行突击式考核、设置较短的考核时间等，使得学生只能自己完成，没有多余的时间给别人提供答案或等待别人答案。

四、混合式教学模式的设计

首先是教学任务设计。教学任务设计主要包括“课前、课中、课后”等环节。在课前阶段，教师积极引导学生进行课前自学，比如由于保险精算学的数学符号较多，要求学生在线完成学习任务，记住一些精算符号、精算公式等，并根据学习要求整理学习资料为课堂交流做好充分准备。在课堂教学环节，教师要设计合理的教学任务，及时进行随堂考核，了解学生学习情况，这不仅可以加强学生学习效果，还可以给学生起到一个提神的作用。在课后阶段，学生还可以通过在线测试的形式强化，通过在线讨论，相互反思。

其次是课堂活动设计。课堂活动是教学任务的实施过程，教师要根据教学目标、教学内容，根据学情设计课堂活动，课堂活动的设计有多种手法，主要包括讨论、成果显示、评价等环节。让小组成员自主组队分工，锻炼学生统筹沟通能力。小组成员之间可以分享自己的观点，比如，针对实际生活中的需要，设计保险产品，保险产品的设计离不开精算，最优的保险产品离不开集体的智慧。为防止小组分享时其余小组开小差，给小组排序，每组要准备 2 ~3 个问题由下一小组回答，在汇报时，其他小组提出疑问或补充发言，并对提出的问题进行回答，教师最后对小组成果进行点评，与学生充分交流，并给学生提出建议，帮助学生进步。网络教学平台带来了丰富的信息资源，使教学活动更加灵活，但师生之间无法面对面交流，缺乏必要的火花碰撞和情感交流。显然师生间的沟通与情感交流能够影响学生对该课程的学习态度及学习效果，现在的学生与以往学生相比有着越发注重自身感受的趋势，老师与学生增加情感上的交流，会增加学生对该课程的认可程度，从而有效改善学生听课态度，提高听课效率。

最后是对教学效果考核形式的设计。进行混合模式教学时，要不断对教学模式进行创新，这就要求我们需对教学效果进行评价。在线考核方面，对于出勤率、课堂发言情况、考核成绩等，应细化评价指标，充分运用在线学习平台科学的评价体系，使得成绩评定客观全面。除此之外，个人展示时可采用教师与学生同时打分的形式来计算学生得分，比如，学生优化趸缴保费时，鼓励学生以小论文的形式上交作业，教师打分为主，学生打分为辅，这有利于使评价结果更加客观，增加学生在课堂上的存在感，鼓舞学生的学习动机，增强学生的自信心。

五、结语

混合型教学模式有效发挥了翻转课堂的优势，充分利用在线离线资源，拓展了课堂的广度和深度。按照新文科建设理念，重新整合保险精算学教学内容，结合混合式教学的基本方法，构建保险精算学课程线上线下混合式教学模式。充分利用现代信息技术，使保险教学方式不断创新。根据指标体系评价结果，并结合每学期末学生问卷调查，不断优化保险精算学的教学资源和教学方法。

参考文献

[1] 刘庆广．新文科背景下混合式教学模式探索与实践——以《旅游规划与设计》课程为例［J］．绿色科技，2021，3（10）．

[2] 王金旭，朱正伟，李茂国．混合式教学模式：内涵、意义与实施要求［J］．高等建筑教育，2018，8（28）．

[3] 侯学刚．“大数据”背景下保险精算课程的教学实践以及探究［J］．中国信息化，2017，8（10）．

[4] 马庆霞．关于我校课改的点滴体会［J］．魅力中国，2016，6（30）．

[5] 梁慧仪，刘香萍．教育信息化背景下混合式教学模式对大学生英语学习成绩和动机的影响［J］．广西教育学院学报，2020，3（12）．

[6] 郭佳音．混合式教学在医学院校实验教学中的应用探讨［J］．广东

化工，2020，4（4）.

［7］李岚，段丽梅. 疫情期间高职院校“停课不停学”在线教学方式的探讨——以零售技术为例［J］. 昆明冶金高等专科学校学报，2020，4（28）.

［8］周海华. 计算机辅助工业设计发展状况与趋势［J］. 造纸装备及材料，2021，6（28）.

［9］张军. 课堂等待在小学语文教学中的应用分析［J］. 中学课程辅导（教学研究），2020，11（1）.

［10］陶小模. 网络教育探析［J］. 南昌教育学院学报，2003，9（25）.

新文科背景下金融类课程互动式教学模式与优化方法研究

刘　骅　杨　玥

数字化经济发展趋势下，为推动传统文科学科的创新升级及领域拓展，以交叉融合为基础的新文科建设理念应运而生。新文科建设积极追求学科破壁与学科融合，具有跨学科性、融合性、综合性的特征。而高等学校金融类课程在对施教对象所传递的属性标志信号上既具有与其他学科专业理论课程相似的一般性，又具有区别于其他专业理论课程的特殊性。课程的一般性表现为与大多数经济类理论课程所共有的基础性强、连贯性相对较弱，逻辑性强、直观性相对较差等特点。特殊性则表现为与其他理论课程相比，金融类课程所涉及的内容常常与人们置身其中的现实经济生活密切相关，对某些重大金融问题的理解或回答也因人而异，呈现出较强的个体差异性。金融类课程的一般性和特殊性预示着，若教师与学生之间缺乏有效的课内外互动，则双方存在信息壁垒，沟通受阻，从而导致教学目标及效果难以达到预期要求。因此，要求金融类课程在教学过程中，及时调整教学内容、教学方法及教学手段，特别是抓住新文科建设机遇，牢记“继承创新、交叉融合、协同共享”的新文科建设理念，在金融专业的互动式教学模式上有所创新与优化，实现传统金融教学模式的转型升级。

一、互动式教学模式

互动式教学模式是指在当前开放式教育环境下，把教学活动看作是教师与教师、教师与学生、学生与学生之间多方位、多层次的交互活动过程，通过深化和优化教学互动方式，充分利用各种与学习相关的教学要素，探索调节其内在关系与相互作用，促进学生主动积极地学习与发展，形成多角度、多层次、多方式、多主体的和谐互动，以产生教学共振、提高教学效果的一种新型教学模式。该模式在落实运用的过程中涉及课前、课中和课后三个阶段。在课前设计时，以教师为主导、以学生为主体、以训练为主线、以思维为核心，同时以现代教学思想和教学理论为指导，充分体现了互动式教学理念；在课程运作时，加强学生分组管理，以便互动教学设计合理有序地运用在日常课程教学中，及时捕捉学生创造性观点，引导学生进行思维扩散；在课后管理时，坚持归纳总结，研究学生的日常课程互动，及时修改和完善互动教学计划，最大限度地提升学生的课堂参与度，从而达到互动教学效用最大化的目标。互动式教学创新，有利于激发学生的主体意识和创新精神，有利于培养学生的自主学习和合作学习的能力，有利于促进学生再学习能力和创新能力的形成和提高。

结合互动式教学的内涵与金融类课程的特殊性，要求在高等学校金融专业理论课的教学过程中有目的地进行互动式教学模式的创新，其创新模式主要包括以下四种类型：

一是多元互动。此互动模式不仅强调教师与学生之间的互动性，还强调互动主体的多元化。因此，在相关金融理论课程的讲解过程中，教师与学生均可作为互动问题的提出者，即针对某一具体金融理论知识，教师可以向学生进行提问，学生进行问题解答；也可由学生发起，即学生向教师提问，教师进行回答；或者学生之间进行双向的互动问答。由此从多层面、多角度丰富互动式教学参与主体之间的互动与交流，并拓宽互动参与渠道，使传统教学模式由从上至下单方的灌输形式转变为双向交流与沟通的互动形式。

二是启发互动。此互动模式强调教师在教学过程中，应注重对学生发散性思维的培养，避免填鸭式教学导致的思维局限。因此，在教学方案实施过程中，教师应始终遵循一切从学生出发的原则，通过创设启发性问题情景，引导学生逐步掌握金融课程的相关知识要点，同时启发学生进行深度分析与研究，寻求问题的其他可能性，提升学生的课堂参与意识。此模式有利于提升学生发散性思考意识，锻炼学生深度思考与归纳总结能力，激发学生主动学习意识与求知欲望，有效规避简单的知识层面互动，注重创新能力培养层面的互动。

三是学研互动。此互动模式强调以研究热点切入教学过程，避免单一的书本教学带来的滞后性。因此，教师在日常教学过程中以现实热点问题为原点进行教学推动，引导学生主动关注金融领域内的科研热点、重点、难点问题，激发学生主动学习兴趣，从而达到将具体知识与实际运用相结合的效果。教师可以通过知识点课题化、展示自身科研成果、带领学生参加课题等方式将学生从纯理论知识学习引导至金融学科研领域的前沿阵地。

丰富的课题参与方式，有利于提高学生的研究参与度，从而进一步激发学习兴趣，达到学研相互促进的效果。在具体运用过程中，“学研互动”强调科研热点与课堂教学的匹配度，找到符合教学要求与课程重点的科研热点，有利于学生知行合一，深刻理解并掌握所学知识，从而塑造和提升学生的科研精神与实践能力。

四是情智互动。此互动模式强调智商与情商的相互匹配，教学过程既是传授知识的有效途径，也是学生情商培养的重要组成部分。因此，教师在教学过程中，不仅要关注学生的知识吸收程度，与学生共同创造有利于创新思维的学习氛围，还应充分考虑学生自身特点，设计恰当的问题情景，使学生在沉浸式学习氛围中实现情商的培养。该模式有利于学生积极主动融入课堂并理解、掌握知识，在锻炼思维能力的同时，实现智商与情商的同步提升，从而达到“掌握知识、全面互动”的目的。

图 1 展示了四种教学创新模式下，教师与学生互动关系与各种模式的核心内涵。下面将基于互动式教学的四种创新模式，结合金融类专业四门较具代表性的核心课程给予操作层面的诠释。

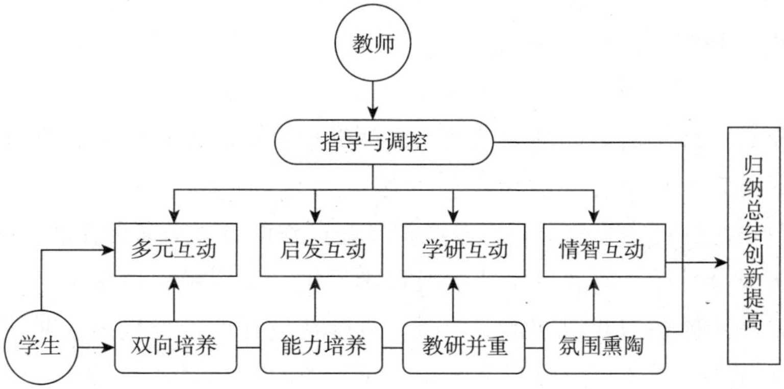

图 1　金融学课程互动式教学模式创新结构

(一)《货币银行学》——多元互动

该课程的开设目的以理解与运用为主。一方面，希望通过较为系统的理论教学，让学生了解货币、信用、银行、金融市场、金融宏观调控的基本概念与基本理论，认识金融运行与经济运行之间的相互关系；另一方面，希望学生能够运用所学知识分析和判断国内、国际经济和金融问题。实际生活中，大多数学生对金融领域内的存贷款利率、股票、住房按揭贷款、助学贷款等贴合日常的知识有了解兴趣与意愿，但缺乏系统的金融知识教育及了解渠道，导致其知其然而不知其所以然。

多元互动教学模式的设计思想是“在开放环境下，以教师为主导、学生为主体，实现教师和学生、学生和学生、学生和环境的互动”。在该课程的学习过程中，教师以当前金融领域内最新的时事新闻、事件为教学背景，吸引学生主动参与。一方面，学生利用多种媒体教学资源，通过小组学习、小组互动等方式进行组内学习；另一方面，学生可以借助教师帮助（实现讲述者、倾听者、组织者、建议者的多重身份），将知识融合在国内国际金融发展的大背景下，进行问题分析与讨论，从而实现教师与学生、学生与学生之间的互动教学。例如，在讲解汇率的基本概念、影响汇率变动的因素、汇率与利率的关系等一系列基本理论问题时，应避免机械式地复述基本理论，而应该以我国人民币汇率的升值、贬值等经济生活中的热点问题进行理论切入，引导学生思考汇率升值与贬值对我国经济发展造成的影响，并就如何应对汇率波动对我国经济带来的影响进行组内讨论。教师与学生之间的双向沟通以及学生与学生之间的组内沟通，有利于加深学生对汇率的基本概念和基本理论的理解，同时也有利于学生对于当前经济生活中的热点问题有更加清醒的认识与分析。

（二）《证券投资学》——启发互动

该课程以现代投资理论为基础，以证券投资的收益与风险、投资组合的选择、证券定价理论和证券市场理论等知识为理论核心，以证券投资工具、证券投资市场、证券投资分析以及维护投资运作的证券监管制度为主要内容。此课程的设计目标，即通过系统的投资学理论知识讲解，使学生形成完整的证券投资理论体系与知识结构。因此，教师在设计课程教授内容时应融入启发式教学理念，具体可包含以下三个方面：（1）明确教学目的。熟悉教材、了解教材结构，筛选学生应掌握知识要点及课程重难点；（2）了解学生知识水平。通过调查问卷、课后交流等方式了解收集学生原有知识基础，并对收集的知识储备信息进行详细分析，针对不同知识水平的学生进行差异式教学，充分尊重个体差异；（3）不同情境不同问题。在课程讲解过程中，根据具体情境选择最佳的启发性问题。例如，在讲授“证券投资的基本面分析”时，在课前可设计一些诸如经济周期理论、口红效应、摩天大楼效应、蝴蝶效应等关键字，由经济周期理论引出影响证券价格波动的诸多因素，然后通过对关键词的学习与理解，使学生领会“当不确定性成为一种常态时最好的方法就是回归基本面”的分析内涵。启发式互动教学能够激发学生课后关注国际、国内金融市场的时事新闻的积极性，锻炼学生思维扩散能力，从而提高其进行证券投资分析的整体能力。

（三）《期货与期权》——学研互动

该课程主要通过全面介绍期货期权合约、套期保值、套利、基差交易理论与实际交易流程等基础理论知识，并运用相关定价理论和交易策略对具体期货期权的交易内容进行分析，使学生在深刻理解金融衍生工具内涵的同时，了解其实际操作流程，并对数理金融模型的分析方法有初步的认识与了解。“学研互动”要求研究与教学相互结合，因此教师在实施创新式互动教学的过程中，必须自身具备相关领域的前期研究项目。教师需根据具体教学内容需求，选择合适的科研项目，使其与课程紧密结合，一方面做到科学合理、详略得当；另一方面做到收放自如、举重若轻。例如，在讲授我国商品期货的相关章节时，教师可结合自身与期货交易所合作的在研横向课题，在讲授基础理论知识的同时，将郑州农产品期货交易所的期货合约、交易流程、定价方式等实际操作内容与学生进行信息共享，并可适度安排有兴趣的学生参与相关项目研究。“学研互动”式创新教学模式，不仅有利于将教学与科研紧密结合，做到吸引学生兴趣，活跃课堂氛围，提升课堂效率，还有利于拓宽学生眼界，增强相关项目参与度，从而达到学研相互促进的目的。

（四）《保险营销学》——情智互动

该课程是一门理论性和应用性极强的金融类专业课程。一方面，作为一门金融理论课程，主要通过教授保险营销原理、环境、策略、渠道和管理等基础理论知识使学生系统掌握保险营销的特有规律及内在要求，从而为保险营销的现实应用打下坚实基础；另一方面，作为应用型金融类课程，该课程要求学生具有较强的参与能力和表现能力，这就使得传统教学模式不能满足现有教学要求。“情智互动”式创新教学模式，注重情商与智商的双向培养，从而达到提升现实应用程度的教学要求，有效提高教学效果。例如，在该课程的讲授过程中，可通过成立班级保险营销学社，模拟真实应用场景，提升学生的参与度。具体来说，教师可从“推”“拉”两方面着手。“推”即规定单位时间内的保单数量、保单金额、投保人数等硬性任务，模拟真实营销环境，通过“推”，将课堂的基础理论知识运用于实践。“拉”即通过丰富内容的生动性吸引学生进一步了解保险营销奥秘，通过问题设置引导学生进行探索与研究，从而形成良好的互动学习氛围。“情智互动”式创新教学模式，旨在潜移默化间培养学生实践中应具备的智商和情商，从而提升教学质量。

二、互动式教学模式方法优化

（一）优化方法与 AHP 模型构建

结合金融类课程互动式教学的创新模式，归纳出优化互动模式的 6 种教学方法：（1）提问法，强调在教学互动过程中使课程相关问题的选择性和创造性得以优化的一种方法；（2）案例法，即借助现实经济生活中的金融案例展开教学，优化学生辨别和判断能力的教学方法；（3）竞辩法，通过课程问题的平衡性，引导学生采取竞争辩论的方式来设计并优化课程的互动教学方法；（4）讨论法，针对当前金融领域内某一热点问题展开讨论，既可通过教师与学生讨论的方式，也可选择学生与学生讨论、教师及时点评的方式，从而达到使问题清晰明了的一种优化方法；（5）模拟法，即针对课程内容设计教学情境，使师生在具体情境中展开沟通、协调与合作，最终达成学习任务并优化教学效果的方式；（6）游戏法，要求师生双方寓教于乐，将课程内容融入一定的游戏环境，使学生在手动、口动、眼动、耳动、脑动中优化教学的一种方式。

为了分析现阶段在金融类课程中最容易被学生认可和接受的互动教学优化方法，本文运用层次分析（AHP）法进行模型构建。该方法于 19 世纪 70 年代初，由美国运筹学家、匹兹堡大学萨迪教授提出，该方法通过分解复杂问题，使其成为单个组成因素，并将这些因素按支配关系分组形成递阶层次结构，最终以目标层、准则层、子准则层和方案层等形式呈现，通过两两比较的方法确定层次中诸因素的相对重要性。这种方法的特点是在对复杂决策问题的本质、影响因素及其内在关系等进行深入分析的基础上，利用较少的定量信息使决策的思维过程数量化，从而为多目标、多准则或无结构特性的复杂决策问题提供简便决策的方法。

在辨别金融类课程互动式教学模式优化方法的效果时，6 种优化互动教学方法的实施效果评价指标体系从结构上应该反映互动教学准则层的三种相应状况，即知晓度、有效度与满意度。本文构建了该评价指标体系，按各因素的关系建立了如图 2 所示的递阶层次结构。

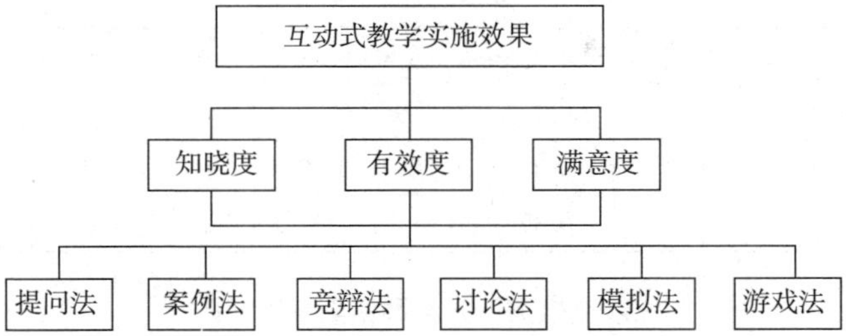

图 2　金融学课程互动式教学实施效果指标体系层次结构模型

（二）模型结果分析

针对金融类课程互动教学优化方法实施效果评价指标的递阶层次结构模型，按各因素的重要性关系构造判断矩阵。在实施效果评估的具体操作过程中，构造各因素的判断矩阵是关键步骤，需要确保数值的准确性。本文在运用南京审计大学金融学院 2019 级 4 个专业（金融、保险、投资和信用管理）12 个班学生填写的判断矩阵基础上，利用安博文等（2021）提出的客观 AHP 判断矩阵构造方法，克服个人的主观偏好影响，以提高决策的精确度。准则层两两判断矩阵，如表 1 所示。

表 1　准则层因素判断矩阵

目标	知晓度 U1	有效度 U2	满意度 U3
知晓度 U1	1	1/3	1/5
有效度 U2	3	1	1/2
满意度 U3	5	2	1

在判断指标重要性时，为避免出现违反常识的非一致性判断，需要对准则层因素判断矩阵进行一致性检验。本文采用 Expert Choice 软件来计算各层次及最终实施效果的权重，同时得出了各判断矩阵一致性检验结果为排除判断矩阵中存在不合逻辑的矛盾性判断，同时将表 1 按列归一化后计算出准则层各因素所占权重如表 2 所示。结果显示，满意度的权重最高，达到 0. 5813；其次是有效度权重，为 0. 3092；参与度权重最低，为 0. 1096。准则层判断矩阵的一致性比率 C. R. （O－U）＝0. 0036，小于 0. 1，表明该结论可靠，通过一致性检验。同时，本文通过计算得出 6 种优化教学方法在知晓度、有效度和满意度三个准则判断层下实施效果的权重及排序，如表 3 至表 5 所示。

表 2　　准则层权重及一致性检验结果

目标	知晓度 U1	有效度 U2	满意度 U3	权重 w	Aw	λ	CI	RI	CR
知晓度 U1	0.11	0.1	0.12	0.1096	0.3289	3.0037	0.0018	0.5200	0.0036
有效度 U2	0.33	0.3	0.29	0.3092	0.9285				
满意度 U3	0.56	0.6	0.59	0.5813	1.7475				

表 3　　知晓度准则下方案层因素判断矩阵

知晓度 U1	提问法 A1	案例法 A2	竞辩法 A3	讨论法 A4	模拟法 A5	游戏法 A6
提问法 A1	1	2	1/7	1/5	1/5	1/5
案例法 A2	1/2	1	1/7	1/5	1/6	1/3
竞辩法 A3	7	7	1	3	3	3
讨论法 A4	5	5	1/3	1	1/2	1/3
模拟法 A5	5	6	1/3	2	1	2
游戏法 A6	5	3	1/3	3	1/2	1

表 4　　有效度准则下方案层因素判断矩阵

有效度 U2	提问法 A1	案例法 A2	竞辩法 A3	讨论法 A4	模拟法 A5	游戏法 A6
提问法 A1	1	2	1/6	1/5	4	5
案例法 A2	1/2	1	1/5	1/2	5	3
竞辩法 A3	6	5	1	3	7	7
讨论法 A4	5	2	1/3	1	6	7
模拟法 A5	1/4	1/5	1/7	1/6	1	2
游戏法 A6	1/5	1/3	1/7	1/7	1/2	1

表 5　　满意度准则下方案层因素判断矩阵

满意度 U3	提问法 A1	案例法 A2	竞辩法 A3	讨论法 A4	模拟法 A5	游戏法 A6
提问法 A1	1	2	1/5	1/3	3	5
案例法 A2	1/2	1	1/4	1/3	5	3
竞辩法 A3	5	4	1	2	5	7
讨论法 A4	3	3	1/2	1	3	7
模拟法 A5	1/3	1/5	1/5	1/3	1	3
游戏法 A6	1/5	1/3	1/7	1/7	1/3	1

从知晓度层面来看，竞辩法的得分最高，案例法的得分最低；从有效度和满意度层面来看，竞辩法得分最高，游戏法得分最低。同样为避免出现违

反常识的非一致性结论，对方案层进行一致性检验，得到方案层矩阵的一致性比率（见表6）C. R. （U1 - A） = 0.0664，C. R. （U2 - A） = 0.0886，C. R. （U3 - A） =0.0792，均小于0.1，通过了一致性检验，本文结论可靠。最终利用各层之间权重关系计算出6种优化方案在有效度、参与度和满意度三个准则下互动式教学效果的权重和层次总排序，如表7所示。

表6　　各准则层下方案层一致性检验结果

	λ	CI	RI	CR
知晓度 U1	6.4181	0.0836	1.26	0.0664
有效度 U2	6.5584	0.1117	1.26	0.0886
满意度 U3	6.4989	0.0998	1.26	0.0792

表7　　最终权重计算结果

	知晓度 U1	有效度 U2	满意度 U3	层次总排序
提问法 A1	0.046	0.127	0.137	0.124
案例法 A2	0.038	0.111	0.123	0.110
竞辩法 A3	0.390	0.436	0.393	0.406
讨论法 A4	0.136	0.247	0.248	0.235
模拟法 A5	0.216	0.044	0.065	0.076
游戏法 A6	0.174	0.035	0.034	0.049

从表7可见，在关于金融类课程互动式教学优化方法实施效果的评价结果中，研究样本内金融专业学生普遍认为竞辩法的优化效果最好，无论从知晓度、有效度还是满意度来看，均位于优化方法前列，层次总排序也达到了0.406，表明该方法在有效调动师生积极性、结合实际经济金融环境提高教学效果的影响力上相对最为明显。其次是讨论法、提问法和案例法，其评价结果分别为0.235、0.124、0.110，显示了该类方法在营造良好师生互动氛围、强化双向互动教学方面的优势。此外，模拟法和游戏法的综合评价结果值均小于0.1，分别为0.076和0.049，究其原因可能来自两个层面：一方面是研究样本——南京审计大学金融学院师生在现阶段进行数据评分时，该类互动教学模式尚未运用与实施，学生对该类方法仍存在认知偏差，缺乏实际体验感，从而未能充分发挥与拓展该方法的实际能效，达不到预定教学效果，从而导致结果偏差；另一方面，该类互动式教学方式在针对金融学院各专业学生开设的相关课程中使用时，尚未达到管理学或经济学相应课程的水平，从

而造成学生对该类方法的互动教学实施效果评价较低。因此，在金融专业课程的讲解过程中，可借鉴管理学和经济学课程的相关互动教学成功经验，并将其应用融合于金融类课程的实际互动教学过程中，从而提升学生对此类互动教学方式的认知度与接受度，提高课堂效率。

三、结论

优化互动式教学方法是顺应时代潮流、符合新文科建设理念的教学改革与进步。贯彻教学活动全流程的互动式教学方法，不仅要注重基础理论知识的讲解，还应强调发挥学生的主观能动性，培养学生发现问题、分析问题、解决问题的能力，进而提高学生的综合素质，增强经管类学生的社会竞争力，推动高校育人与企业需求高效转化，实现复合应用型人才的行业输送。

本文顺应新文科建设趋势，基于“新时代、新文科、新经管”的理念，从互动式教学创新的角度凝练了多元互动、启发互动、学研互动和情智互动四种教学互动创新模式，并选取金融专业具有代表性的四类具体课程，即《货币银行学》《证券投资学》《期货与期权》和《保险营销学》，通过将四种创新教学的互动模式嵌入课程教学中，进行了操作层面的诠释，赋予了该创新互动教学模式的实践指导意义。另外，通过构建 AHP 层次分析模型，对提问法、案例法、竞辩法、讨论法、模拟法和游戏法 6 种优化互动教学方法在知晓度、有效度和满意度三个维度进行测算。通过对研究样本调研计算结果的分析，发现金融类课程中学生最为认可的互动式教学优化方式是竞辩法，效果相对不理想的是游戏法。同时，针对模型评估结果进行原因分析。一方面，期望找出金融类互动式教学优化提升的有效方式及途径，并将其继续深化；另一方面，通过探析部分互动教学方式效果不明显的深层次原因，希望通过调整优化方案，使得其在今后的教学实践中进一步改进。

参考文献

［1］安博文，侯震梅．客观 AHP 判断矩阵的构造方法研究［J］．数量经济技术经济研究，2021，38（12）：164－182.

［2］张华，刘恩猛．基于特殊性的高校金融理论课程教学效果优化方法探析［J］．继续教育研究，2009（1）：133－135.

［3］杨瑞平．互动教学法探讨［J］．山西财经大学学报（高等教育版），2003（1）：35－37.

［4］唐世刚，钟万林．互动式教学模式构建研究［J］．教育理论与实践，2013，33（18）：42－43.

［5］陈建明．试论高校金融类课程教学方法之创新［J］．徐州教育学院学报，2007（12）：81－82.

新文科背景下深度学习、翻转教学探索实践

——以“金融学”课程为例

孙　清

一、引言

2019年教育部联合科技部等13个部委启动“六卓越一拔尖”2.0版计划，全面推进新工科、新医科、新农科、新文科建设。教育部高等教育司司长吴岩指出新文科是在习近平新时代中国特色社会主义思想指导下对传统文科的更新升级，其核心是“淘汰水课、打造金课”把新理念、新技术、新方法融入传统文科推进“课堂革命”。

金融学作为高校财经类专业的一门学科基础课，教学内容几乎涉及银行、证券和保险各个领域，在“人文社会科学”各专业教学中占有很重要的地位。金融科技（FinTech）发展加快了金融混业经营的趋势，金融产品的收益与风险的计量是复杂金融工程问题。金融学课程需要交叉融合金融原理分析、多方面的工程技术和其他因素的抽象模型才可能解决，课程涉及金融行业标准和规范相关各方利益，具有较高的综合性和创造性。当前金融学课程教学存在诸多挑战：其一，以传统知识讲授为中心的教学设计有限的课堂时间成为教师突破传统文科模式的阻碍；其二，以信息技术为基础的新型阅读媒介（如手机、平板电脑）的快速发展改善了人们获取信息（知识）的便利程度，然而这样的技术环境也导致学习时间和学习内容碎片化，注意力的转瞬性转移使学生在学习过程中难以长时间深度思考某个专业问题。

本文旨在将深度学习理论与翻转课堂教学设计相结合，梳理金融学课程知识点，隐性匹配融入“思政元素”，以“两性一度”为导向将金融理论与金融科技交叉融合，重构课程内容体系，研究探索信息技术的助力下“以学论教”的新型教学模式，使学生能够将数学、自然科学与工程技术及金融专业知识综合用于解决复杂金融问题。

二、课程教学设计核心理念与实现方法

新文科背景下课程教学目标在于适应国家和社会对人才的需求，判定课程教学质量的一个基本标准就是看其能否促进学生有效学习、是否满足学生发展的需要。翻转课堂教学形式使信息技术与学习理论深度融合，改变知识接收与知识内化的时空顺序，旨在让学生由课外浅表学习（通常是阅读文献或观看视频讲座）转入深度学习（问题分析、讨论或辩论）完成知识的内化，提升学生批判思维能力、问题解决能力和创新创造能力。针对学习机制和课堂教学的研究探索，能够提供设计精良、结构清晰、循序渐进的方法，使我们的课堂教学做得更好。

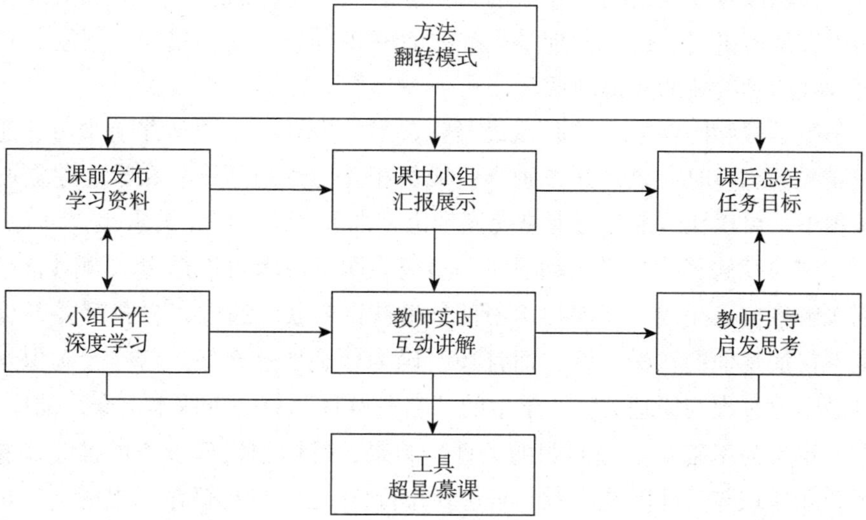

图1　翻转教学基本流程

（一）课前知识深度理解

1. 使用框架图关联知识体系。《聪明教学七原理：基于学习科学的教学策略》一书中作者苏珊·A. 安布罗斯解释了某一知识领域专家和初学者在处理知识上的不同。专家脑海中的已知概念、事实与技能之间有着更加密集的关联网络，当他们遇到专业领域新信息或新思想时，可以立即把它放入一个发展成熟的知识网络中，让他们可以看到新知识与众多已知信息之间的联系。

学生课前自学时掌握的所有知识就好像在浩瀚无际的海洋中的一个个小孤岛，这些分散的知识并没有关联起来。因此，如果课前完全机械的方式进

行学习，当他们独立思考时，就会感到茫然。

神经科学研究发现人的大脑中布满了1000亿个神经元细胞，当人们思考时就是这些细胞在起作用。知识体系是由大脑中神经网络组成的，所以知识要增长，神经网络就要发生变化。随着神经元之间以新的方式建立联系，不断增加和巩固的联系形成了知识网络。

教师不能直接激发学生大脑中的突触，学生必须自己建立知识联系，这样的联系才会有意义、有成效。教师的任务是创造一种环境促进联系产生。在布置课前自学任务时，教师要给学生提供一份系统化的《金融学》课程内容框架，可以让学生观看“慕课”平台的课程学习视频或者按要求完成在线阅读任务后通过网络测验完成知识框架的补充。学生通过深度学习激活他们已有的知识以及他们已初步建立的知识相联系，这样做会让教师知道课堂教学的内容从何讲起。通过发现学生在已有知识理解存在的错误，帮助其建立起更加准确和有效的知识联系。

小组学习和同伴学习的联系最紧密，当学生开始金融学课前预习、建立知识联系的练习时，允许并鼓励小组成员相互讨论与帮助。在学生建立联系的过程中，可以让课前预习课堂充满生机，也可以让学习充满乐趣。

2. “自我解释”促进主动思考。研究表明学习者可以通过大声对自己或对别人解释自己完成一项课程学习任务来获得收获。通过“自我解释”促使学生不仅清楚他们在做什么，而且还明确为什么要这么做，这样会确保学生将自己学习过程与原理关联。学生的“自我解释”就是以课本上介绍的原理、概念、定义为基础对金融问题的条件、结果、目标和运算步骤做推断，并且可将金融原理与具体问题联系起来达到知行合一。“自我解释”提醒学生正确审视自己的理解，无论他们是否理解了问题都会大方地说出来，在遇到难题时也不会羞于承认。学生更容易意识到自己有没有弄懂，发现自己在理解上存在的问题并会主动修正。通过“自我解释”，学生可以创造一种所谓的推理规则来提高自己的理解能力，更清楚地说明了某些特定环境和情形下应该采取的特定交易方式，从而帮助学生可以将学到的金融原理应用到不同的金融实务环境。

例如，学生课前在“慕课”平台学习期权交易时，可以让他们先在网上看期权交易示例，让学生试图进入期权一系列计算步骤之前会先出现一个下拉式菜单，菜单上是一些可能与目前计算相关的原理，学生必须掌握交易原理、进行选择后才能进行下一步骤。值得注意的是，这其实是一种很弱的自我解释方式。实际上这意味着只要学生停下来选择一条相关的原理，就不需要他们自己阐释清楚，但尽管是这种简单的“自我解释”形式，后期测试的结果表明这对学生的解题能力提升有很强的积极作用。

“自我解释”本身是一项复杂的认识活动，以帮助学习者填补知识空白、做出合理推断，是一种有效的深度学习方式。一开始教师可以给学生一些选项，让他们了解在课程学习过程中可能运用到的金融学原理。当他们越来越熟练选择时，再让他们自由应用原理进行深度的“自我解释”。

（二）课中知识内化

1. 课堂“提取与预测”强化学生记忆。翻转课堂连接课上与课前学习，使教师有更多的时间组织面对面的教学活动。自卡皮克（Karpicke，2008）博士在国际著名学术期刊《SCIENCE》上发表《提取对学习至关重要》（*The critical importance of retrieval for learning*）以来，“提取”促进学习的价值开始被高度重视。“提取效应”就是从记忆中提取知识，学生就必须先进行记忆提取的练习，对课前学习内容“提取”的练习次数越多，他们在未来应用中记住这内容的概率就越大。卡皮克的实验表明，提取学习比重复学习更能增强学习内容的长时保持，比基于概念图的细化学习更能维持和促进有意义学习，同时还能显著增强学习者学习过程中的投入度。

对学生课前完成情况检验“提取练习”是课堂最简单最快速的翻转方式，提问可以是口头提问也可以是书面形式。教师不要直接向学生阐述预习的内容或者提醒学生上一节课的内容、可以跟哪些内容联系起来，而是应该向他们提问，让他们说出这些内容。例如，今天我们要讲到“凯恩斯的流动性偏好”理论，不过在这之前请大家先回顾一下，到目前为止我们已经讲到了哪两个重要利率决定理论？翻转提问让学生不得不面对自己的知识深度，这会让学生发现自己在哪些知识掌握上存在不足或空白，从而激励他们更认真地深入学习。

“测试活动”的形式多种多样，可以是每天课堂上的小测验或者口头考察，还可以是在线的简答。“测试活动”有利于学生加强知识点记忆的翻转活动，一定要集中于知识的概念化上。教师在课堂上进行深入讲解之前已经让学生事先阅读了相关的内容，那么课程开始的时候就可以给出一些相关的例子，让学生把从课本上读到的一些思想应用到这些例子中，比如学生学了荷兰“郁金香”泡沫案例，课程开始时教师就可以向他们描述某个历史的情景，然后请他们根据行为金融理论分析，在这历史情景中会发生什么样的事情，你也可以让学生根据自己在前面课程中或以前修过的课目中学到的金融风险知识及自身已掌握的风险管理常识，来对学习内容进行深度测试。

测试能促进思考，因为教师能让学生思考他们为什么做出这样的结论，真实的情况是怎么样的，以及为什么他们的结论是正确的或错误的。教师对学生作出预测内容一定要尽快给予反馈，这样才能最大程度地促进学生的学习。

超星、雨课堂等教学平台都有用于课堂进行实时反馈并支持师生互动的教学系统，系统在收到所有信息反馈后会将统计结果以柱状图的形式呈现在大屏幕上。如果教师希望了解学生从这堂课学到的主要概念掌握情况，下课前的提问也是一种有效的翻转策略。

2. 课堂“专念练习”引导学生创新思维。多数大学课堂的教学模式表现为教师用一个学期向学生讲解复杂的学科知识，并在课堂上融入一些讨论或小组练习之类以激发学生主动学习。教师可能认为针对某个金融理论进行课堂讨论，可以很好地帮助学生写一篇相关的论文，但其实这根本是两码事，坐在那里听一场讨论，思考别人提出的想法，并时不时说说自己的想法，可能会有一定的成效，但它与带着想法坐下来把自己想法剖析为几个部分，并在部分中安排一些论据所产生的效果截然不同。认知心理学家丹尼尔·威林厄姆说：“任何一项限制活动，如果不进行广泛的练习，是不可能熟练掌握的。”因此，无论教师想教给学生金融专业知识与还是交易技能，并对他们掌握情况进行评价，都应该让他们在课堂上有练习的时间。

翻转课堂是给学生在课堂上有足够的“专念练习”机会。首先，“专念练习”不断创造新范畴，对新信息持有开放态度和对多种不同观点存在内在的感知。“专念练习”的学生可以观察到用常规的方式看不到的新信息。其次，机械学习的学生每一次都会用同样的方式完成一项任务，不会注意到情况的变化或问题中的难点，而这些变化和难点恰好可以帮助他们进一步提升自己的技能。最后，“专念练习”的学生会认识到无论什么观点，都有限制，即使是最终的结论也总是暂时性的，他知道可能出现新的更好的解决问题的方式，也可能以开放的态度来看待他所不具备的观点的价值。专业学习结合了开放、行动和态度三大要素，开放是接纳新信息，创造新范畴的态度；行动是指能够监测与质疑，自己已经对一个常规问题或难题的解决方式；态度是指改变行为的可能性。同时，“专念练习”也为隐性融入课程思想元素提供有效通道。

3. 多个章节知识模块交错讨论加深学生的理解。“记忆是思考的灰烬”，也就是说花了些时间去思考的东西更容易被记住。把交错式学习融入教学之中是可以促进长期记忆的。在线学习环境为学生提供了交错学习体验的理想平台，教师可采用错开在线学习任务截止时间，以确保各种学习任务如讨论、测验作业和论文等各类任务分散学习，而不是集中式学习的策略。在网络课程中教师发布一个周期性的时间表，让各类的任务分布在不同的时间完成。可以将教学任务设置为允许学生超前学习，但不能落后于进度，当然也有一些学生会把内容集中学习完，很早就提交所有的任务，但这样的学生是极少的。把学习任务的截止日期错开，这一方法对于大多数学生会起到预期作用，尤其是每个星期或每个单元的内容定期出现在不同的考核中作用会更明显。当教师在课程设计中优先考虑分散和交错式学习时，就能为学生设定一套复杂的任务截止日期，对于网络环境中学习的学生来说，他们就需要更加灵活地安排学习时间，这样为他们制造了一些难度。

4. 树立成长型思维。学生通常会有两种思维模式：一种是固定思维，一种是成长思维。固定思维的学生认为他们的智力是固定的，他们一出生就有了固定的智商，然后之后一生都会受限于智商。成长型思维模式的学生认为智力是可塑的，只要努力就可以提高，也许他们承认自己只能在一定能力范围内努力提高，但他们还是看到了，致力在其一生中能够成长和提高。教师在课程讲授过程中要引导学生持有成长型思维模式，设法打破固定思维模式。教师可以用鼓励成长的语言提供反馈经验，例如“这些都是你的努力，但你努力一定会在下一次考试中得到回报。”通过作业和考核顺序的设计来提供一些课程初期成功的机会，考虑在课程中提供一些学生通过努力或改进可以得到的提升，可以通过分配考核比重或设置附加分来实现。这样就向学生传达一个信息，大家都可以通过努力成功学好“金融学”这一门课。

（三）课后激励与迁移应用

1. 激发积极情绪。学习动机的研究文献资料常常将激励因素分为外部激励与内部激励。外在的激励因素包括学习者主要想通过成功学习得到一些回报，比如奖励、荣誉或赞扬，甚至是成绩；而内在激励因素则是学习者自身内部所产生的驱动力，比如对学习内容的喜欢，对它在生活中的实用价值的肯定或对更广泛的终极价值的肯定。

根据学习动机相关理论，内在激励因素的学习才是最有效、最深入的学习。也就是说，学习者对学习本身或学习任务很在乎，而不是在乎学习结果所得到的回报。点燃学生的内在动机、促进高主观价值是开展深度学习的一种有效教学方法。把情绪看成一种动力，在这种动力适当的情况下，既可以激励内在动机驱动的学习者，也可以激励外在动机驱动的学习者。通过利用积极情绪，比如掌握金融原理和金融交易的渴望，可以帮助点燃学生内在动机的小火焰，也可以为外在动机驱动的学生提供及时的刺激，毕竟即使有深厚内在动机的学生，也会时不时需要一些刺激来帮助他们克服学习新知识过程中遇到的难题。

2. 知识课外迁移与应用。知识课外迁移与应用是指将课堂学习的理论应用于实际研究、公共服务以及社区调查等活动。“金融学”课程可以挖掘许多与课程内容有某种联系的课外活动，如学生用课程中学会的金融知识和技能完成“小贷项目管理”。学生需要阅读大量的“利率理论”“信用风险分析”方面文献与案例，然后与课外商业银行的专业人士见面，这些专家会向学生传达小额信贷类型选择与流程控制的专业知识，当然学生还需要授课老师的指导并评价他们的表现。学生围绕这些活动构建团队，让学生在这一活动中掌握该学科的核心知识及技能运用。

三、新文科背景下金融学课程建设措施

一是教学观念重构。坚持以习近平新时代中国特色社会主义思想为指导，把社会主义核心价值观教育融入金融学课程的教学全过程中，培养学生树立正确的金融职业伦理和价值观念，能够运用金融学理论知识和业务技能，为实现民族伟大复兴贡献金融智慧。

二是教学内容重构。要实现新文科建设目标首先要把握金融学教学质量标准，修订调整金融专业人才培养方案，以“两性一度”为导向培养既有广博知识面又有知识深度的 T 型金融创新型人才。另外，要关注金融行业领域的人文和技术问题，梳理课程知识点，推动课程章节交叉融合，利用新科技成果、新技术手段，以学生为中心、问题导向重构课程内容体系。

三是教学模式再造。如何学会学习、如何保持终身学习的动力是课程教学改革应该解决的问题。新文科建设要求遵循教育教学规律和学科发展规律，在传统课程教学模式改革的基础上，创造适应学生持续成长需求的新型教学模式。深度学习注重批判理解、强调信息整合能有效解决学习“碎片化”问题。课堂“翻转”由学生在课前利用课程资源（模拟仿真课件、教师讲解视频、交互性教学视频和案例库）预习授课内容；教师在课堂上引导知识内化、

促进知识建构、着重迁移运用以实现问题解决；课后通过交互性论坛创建学习社区，为学习者的在线自主、探究和协作学习创设个性化的学习环境。

四是教学组织拓展。新文科建设主要体现在“新”的人文精神、多学科交叉融合、信息技术应用等方面，即把新理念、新技术、新方法融入传统文科，以提高学生的科学素养。要做好基层教学组织的整体规划和顶层设计，在教学组织上要打破原有的院系、专业壁垒，变刚性为柔性设立跨学科（跨学校）虚拟教研室，按照交叉融合的目标共同研究教学计划和课程大纲，将传统专业刚性教学计划变革为更加灵活的菜单式、可定制的自主学习计划。

参考文献

[1] 新华网. 教育部启动实施“六卓越一拔尖”计划2.0 [EB/OL]. http://www.xinhuanet.com/politics/201904/2929/c—1210122557.htm.

[2] 张俊宗. 新文科：四个维度的解读 [J]. 西北师大学报（社会科学版），2019 (5).

[3] 樊丽明. “新文科”：时代需求与建设重点 [J]. 中国大学教学，2020 (5).

[4] 王云，李志霞，白清玉. 混合式教学中促进深度学习的同伴反馈研究 [J]. 现代教育技术，2021 (5).

[5] 傅予. 新文科背景下信息资源管理交叉学科“课程立方体”设计研究——以中国人民大学为例 [J]. 图书情报工作，2022 (6).

[6] 邵丹萍. 新文科背景下《组织行为学》混合式教学模式探索 [J]. 湖北经济学院学报（人文社会科学版），2022 (6).

[7] 王越. 新文科背景下大学英语混合式教学效果的路径提升探究 [J]. 湖北经济学院学报（人文社会科学版），2022 (5).

[8] 向丽. 新文科背景下产业经济学课程教学改革路径探索 [J]. 对外经贸，2022 (5).

[9] 许锋华，余乐. 深度学习的教育学研究：缘起、内涵与展望 [J]. 广西师范大学学报（哲学社会科学版），2022 (6).

[10] 郭华. 如何理解“深度学习” [J]. 四川师范大学学报（哲学社会科学版），2021 (1).

[11] 李松林，贺慧，张燕. 深度学习究竟是什么样的学习 [J]. 教育科学研究，2018 (10).

［12］郭建鹏．翻转课堂教学模式：变式与统一［J］．中国高教研究，2019（6）．

［13］王星，徐影．“互联网＋”背景下翻转课堂教学空间的构建模式与运行逻辑［J］．黑龙江高教研究，2022（2）．

［14］唐玉溪．深度学习的实践逻辑——基于认知神经科学的视角［J］．当代教育科学，2022（6）．

［15］袁金丽，郭志涛．深度学习为核心的高校智慧教育实践路径研究［J］．河北师范大学学报，2022（7）．

基于 OBE 理念的《商业银行信贷业务实训》实践教学改革探索

张成翠

一、引 言

金融学专业是经管类学科的一个基础专业，信贷业务是商业银行最重要的业务之一。“商业银行信贷管理学”作为金融专业本科的专业主干课程，主要研究商业银行信贷业务中涉及的资金运作过程，以及商业银行与企业、居民之间借贷关系的理论知识，这一学科在金融学专业的课程体系中占有非常重要的地位。同时，这一课程作为实践性非常强的应用性学科，具有非常突出的实务性，这要求学生在掌握相关理论知识的基础上，灵活运用所学知识解决实际问题。金融本科教育强调“厚基础、宽口径、重实践”，重视实践教学，鼓励学生动手参与，通过实践训练，强化理论吸收，用理论指导实践，提升学生的综合能力。在社会日新月异发展的背景下，如何设计实训课程以适应社会的要求，逐渐被重视起来。因此，要在教学计划、教学内容、考核方式上进行一系列的改革，根据国家标准的人才培养目标培养应用型人才。

成果导向教育也称为 OBE 教育理念，目的是引导学生将所学到的知识技能应用于实际生活中，使实践教学成为高等学校教育的重要环节。通过这一环节，学生将所学的理论知识与实践知识相结合，促进学生创新能力的培养，有助于提高学生综合素质。在 OBE 教育理念中，教学内容、教学开展形式与教学评价标准与现行的教育模式不同，要求以学生作为教学活动的主体，学生学到了什么是重点，在教学中发挥学生的自主积极性与创新性，将多元化的学习与综合性的学习思想贯穿于实践教学全过程。同时，OBE 教育理念对教师在教学投入方面提出更高要求，教师以学生预期学习成果为目标，根据预期成果动态评估学生发展水平，进行反向教学设计，充分调动教师参与教学改革的积极性。教师采用客观的评价方式对学生实践效果进行考核，将评价标准作为改进教学设计的根据。

因此，为构建商业银行信贷实训教学体系，提高实践教学质量，有必要将 OBE 教育理念应用于商业银行信贷实训教学中，将理论知识在实践中加以应用，针对有志于将来从事相关业务方向的学生进行必要的知识准备和能力提升训练。在具备金融知识、法律知识以及贷款管理知识前提下发挥学生主体作用，将知识运用到仿真系统的信贷业务中，解决实际业务问题，使学生真正成为适应市场需求的应用型和创新型人才。

二、传统商业银行信贷实训教学存在的问题

（一）实训教育管理模式落后

由于受到商业银行严格的内部管理和内部保密、办学条件等多重主客观因素的制约，当前实训教学在教育管理与教学方法开展等方面仍存在理论知识多而实践性知识少的现象，不能完全适应应用型人才的培养要求。另外，OBE 理念下的教学方式应以学生需求作为重点，各方面的展开要围绕学生进行设计，培养学生实际解决问题的能力。但传统实训教学以教师为主体，只注重教师的传授，忽略学生主体性的培养，没有形成学生独立解决问题的能力。这种以教师为中心的教学模式存在多种弊端，其中包括不能引起学生的兴趣，训练效果不理想；学生只是为完成规定的任务而训练，主动参与较少；实训管理制度不到位，缺乏完整的教学质量监督指导过程；后续的评价体系缺失，对实训教学的效果产生不良影响。另外，在课程教学过程中，缺乏明确清晰的培养目标，对于学生掌握哪些技能、提升哪种能力等方面缺乏系统的规划，造成学生和教师对实训教学的重要性认识不到位，形成一种实训教学并不重要的观念，因而在教师授课以及学生接受知识时不加以重视，影响课程开展的效果。此外，尽管各大高校开设实训课程，但实训课程之间缺乏连贯性与关联性，这造成学生只掌握每门课程的基本理论、达到相应的目标，对整个课程体系缺乏整体认识，这与社会所要求的高素质、综合化人才的培养目标存在偏差。

（二）实训设施缺乏

实践教学强调的是将所学理论应用于实践中，实践教学改革的最终目的是学校为社会培养优秀人才，为企业源源不断地输出人才。对应地，企业为学生提供实战场所。因此，拥有完善的实训设施有助于学生提前了解企业的工作内容以及工作流程，对于提高学生的实践水平至关重要。然而现阶段，侧重操作性和实践性的商业银行信贷业务的应用型课程无法进行实训教学，

难以为实践教学提供有力支撑，造成教学内容单一、教学手段不灵活、教学效果不理想等问题。受现实条件的制约，校外实训基地的建设发展缓慢，难以提供有效的支持。同时，学生在实践环节对真实工作的理解不足。若多以课本作为参考，那么就会缺乏教学的实用性，学生与教师间互动性减弱后，实训效果变差，对学生创新能力的培养产生不利影响。就专业自身属性来说，金融专业的应用型人才的应用能力具有内隐性，较难确定学生开展实践活动时的具体学习内容，大多数专业教师在确定实训时往往带领学生到校外。校内实训设施的缺乏，使得实训教学设计下的实践内容相对不具体，项目单一，难以体现综合性，更无法满足培养应用型能力所具备的高要求。

（三）评价效果不好

传统商业银行信贷实训课程中，以考勤和课后实习报告作为评价的主要依据，教师只关注最终的结果，没有将重点放在学生的日常表现上。在评分标准上，实训教师不是从客观出发，而是从主观出发，依据自身重点关注的方面进行评价，忽视了学生在整个实训过程中主体性的体现。主要表现为：其一，传统的评价重视学生参与课堂的出勤率，轻视能力表现。实训教师从学生的出勤情况以及期中作业与期末的报告撰写情况等方面反映学生对待课程的认真程度，忽视的是学生在整个学习过程中的能力体现，尤其是自主创新能力、独立思考并解决问题的能力、将理论与实践相结合的能力等，这些指标对于衡量学生是否在实训课程上收获知识以及提升能力是很重要的，这是用于评价实训课程的教学质量、评价学生的一个标准。其二，现在的评价方式重视结果的呈现，轻视学习过程。实训课程学习过程中，很重要的一点就是学生是否能够积极参与课程的提问、思考、讨论、咨询和探讨，是否发现学习中的问题并积极寻求解决的办法，如自主查阅或搜集相关文献资料，将所学知识举一反三，在应用知识时注入自己创新性的见解，这些表现都将呈现在学生实训的全过程。但现行的评价方案中，很少把这些作为重点进行考量，教师以及学生都将重心放在最终的实践报告上，因此，凭借最终的实践报告进行考核的方式对学生学习效果和课程教学效果的评价作用是有限的。不仅如此，实训教师还会将实训教学作为理论教学的一部分，按照一定的占比将成绩作为期末成绩的组成部分，这严重缺乏对学生各项能力评价的客观性，也没有体现对实训过程的重视。

三、基于OBE理念的商业银行信贷实训教学体系的改革路径

（一）明确实践教学目标

以OBE教学理念为依托，围绕“学生实践成果”目标，根据商业银行信贷实训教学课程的专业特点以及社会对于专业人才要求，相应制定以学生为主的教学目标。针对毕业生应具有的基础实践能力、综合应用能力与创新创造能力三方面的能力，为实践教学目标的制定提供思路。具体而言，将专业课程教学方案划分为两大类，包括课内实践教学以及课外实践教学，两类实践教学分别培养学生的基础实践能力与创新创造能力。在明确社会以及企业对学生能力要求后，从学校实际出发，在保持创新的同时，建立起满足学生自身需求的发展规划，发挥好实践教学在整个学生培养目标中的重要作用，有机结合理论与实践，从而满足社会发展需要，如要求学生在实践课程中，完成简单的信贷业务，掌握软件的使用办法，具备一定的独立解决问题的能力，培养严谨的思路习惯以及求真务实的精神。

（二）完善教学管理机制，创新设计实践教学环节

结合金融专业学生的人才培养目标，制订合理的人才培养方案，健全以学生为中心的教学管理机制，充分发挥实践教学对理论教学的补充作用，真正使两者相结合，通过多元的评价体系，从不同角度加以评价，提升学生创新思维。首先，学校通过成立实训管理中心，从整体角度加强对实践教学工作的统筹计划管理。其次，各个具体的工作小组及时根据具体的实践目标，落实细节，反馈总结，力求实践教学规范合理。最后，就学生而言，制订实训效果评价相关方案，以各阶段能力效果为依据，综合评定学生的实践成绩。传统实践成绩通常不是作为独立的成绩单独核定，而是期末考试成绩的一部分，学生的实践能力衡量不到位。在以OBE作为基本理念时，根据实践教学计划制订层次明确、清晰的实践教学内容，构建多元化的考核体系。这一多元化的考核体系不仅评价学生在实践过程中的积极性，而且能评价学生的创新能力以及综合应用能力。最终成绩由三部分构成，一是学生自我评价，学生对自己在实践中的表现进行打分；二是教师的评价，教师对各阶段成果监控，综合考量学生的能力；三是参与的所有学生间互相评价，此评价成绩在三部分中占比最高，能调动所有学生参与进来，体现学生的参与积极性。以此标准得到的学生最终成绩有一定的公平性与一定的合理性，充分体现OBE理念下的学生主体地位。

（三）推动实践教师队伍建设

高素质的教师队伍在取得良好的实践教学成果，以及培养学生的创新思维能力和动手能力方面发挥着极为重要的作用。因此，为了教学更好地开展，加强实训教师的实践专业能力是金融学专业建设的重点。一方面，有计划地组织实践教师到商业银行进行培训，通过实操学习，引导教师将所学理论知识与实践相结合，针对性地将理论应用于实践过程中，以便于教师在实际教学过程中有的放矢地引导学生深刻理解具体操作过程；另一方面，学校邀请具有丰富工作经验的银行工作人员和毕业的优秀校友到学校，面向实践教师开展讲座，解答本校教师的疑惑，并聘请为指导教师，作为实践教师的有力补充。实践教师在丰富自身实践经验基础上，将理论知识引入实践教学环节，做到学以致用。面对新时代教育的变革与重塑，实践教师作为教学环节的执行者，必须以先行者的姿态投身于实践教学中。而变成学生学习上的引路人的关键在于，教师自身重构以学习科学素养、创新实践课程为核心的知识体系。学习科学素养不仅是学习科学知识的拓展，更是从自身建设与实践应用两个层次对实践教师深入理解和综合应用教材知识提出更高要求。在自身建设上，教师要进一步夯实理论基础，加强对知识的系统理解。组织建立实践教师交流小组，定期交流意见，以便于教师相互学习借鉴，高效地开展实践教学。在实践教师自我提升的过程中，结合真实实践教学与学生学习的有效评价与反馈，提升教师整体队伍建设的综合素养水平，而这不仅包含教师自身努力，还包含学校与社会各界给予的支持。在 OBE 理念下，强化教师自身建设后，教师要明确实践课程目标，通过成果导向的教学活动设计，引导学生做好实践选题，开展自主学习，高效率参与小组团队的工作，并灵活运用所学理论，使学生知识、能力和素质得到均衡成长，达到教学预期目标。

（四）创建银行信贷业务的情景模拟教学，加强实践设施建设

商业银行作为金融机构，严格的内部管理与保密的需要使得学生无法进入体系内实习。而了解商业银行的管理机制与运行方式，是金融专业学生实训教学的重要内容。因此，顺应金融业的信贷发展，通过情景模拟和实际动手操作系统相结合，仿真真实的银行内部运行情况，对于培养高素质的应用型人才，培养创新型人才具有重要的意义。在实践基地建设方面，首先要加大建设投入，改善硬件条件，在增加学生基地使用面积的同时，购入先进的电脑设备以及仿真系统，营造良好的模拟实践教学环境，满足学生实训过程需求；其次，要鼓励实践教师利用好资源，进行科学研究；再次，要建立好

相关规章制度，引导学生遵守相关实验要求以及保护各种电子设备，配备实践手册，鼓励学生开展创新性实验；最后，加大与其他院校、企业间的合作，加大信息共享和实践交流力度，提高教学水平。

具体开展银行信贷业务实训时，满足真实银行信贷业务流程的要求，精细化管理设计架构，内容上，既兼顾到对外服务客户，又注重内部风险控制，使学生真实参与到业务开展的全过程，知识体系更完整。一方面，如同实际商业银行信贷业务管理一样，把客户维护和管理放在首要位置，培养学生树立“客户是上帝”的服务理念，将客户管理贯穿信贷各项业务全过程。如充分了解客户的组成、各类客户的操作权限以及合作机构等。不仅如此，要全方面征集与完备客户信息，对接模拟银行的非信贷业务，做到信息的互通共享。另一方面，将征信过程列入教学全过程中，引导学生建立和完善征信信息，分别在个人征信系统和企业征信系统上完成相应的操作过程。

四、基于 OBE 理念下实践教学改革方法

（一）总体思路

如图 1 所示。

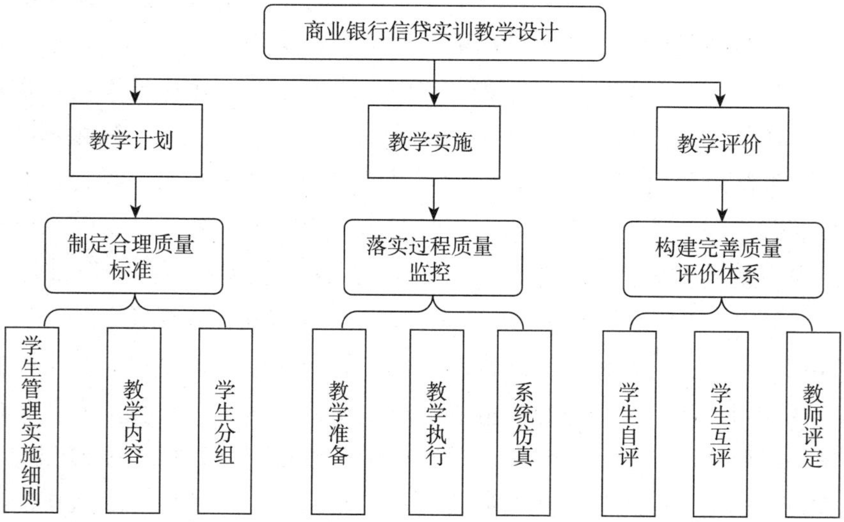

图 1　商业银行信贷实训教学设计总体思路

（二）具体流程

为进一步说明教学改革开展的具体做法，下面将对开展流程做详细介绍：

1. 在教学计划阶段：布置好实训基地，做好实训设备与系统调试，按照虚拟仿真教学与开放实训教学的要求，对实验内容与目标制定合理的质量标准，并建立学生实训管理细则，包括对学生分组、学习资源与系统使用管理。考虑到学生知识水平以及年级的差异，依照学生认知规律以及实训教学目标，保证实验内容的深度和广度的适配度，将实训课程知识点讲解划分为三个梯度，对学生进行相应的分组，不同的小组有不同的授课重点。制定计划时，还要编制合理的教学目标与内容。基于OBE的教学理念是由预期成果决定教学内容，教学是为了提高学生的实践能力与创新能力，做到理论与实践相结合，达到毕业要求。商业银行信贷实训教学作为一门实践课程，要通过系统仿真的操作流程、训练指导书、教学大纲等尽可能全面地使学生理解商业银行信贷业务的开展与管理过程，同时要充分利用现有的实践教学资源。课程教学目标内容有：综合运用所学知识，完成简单的业务处理设计；掌握系统的使用方法与注意事项；综合利用所学到的一般方法，具备一定的风险控制与盈利控制知识储备，培养独立解决问题的能力，以及科学精神和严谨的工作作风；树立团队和集体精神，体现责任感，注重合作精神。

2. 在教学实施阶段：一方面，指导教师应充分准备实训相关教学文件、素材，满足大纲要求；另一方面，指导教师听取学生在使用系统、开展实训过程后的反馈，实训教师据此及时调整教学计划。在此过程中，按照实训的进程对教师教学进程进行管理监督，规范教学中各个环节，避免实训教师在教学内容以及教学设施系统使用上的随意性，这也大大提高了设备资源利用率。在信贷管理教学中，遵循商业银行基本的流程，在系统设计上主要包括客户管理系统、征信系统、对公评级系统、额度系统、押品管理系统和信贷流程系统，学生通过这几个系统的操作运用，对商业银行业务开展过程整体把握，与OBE理念下的培养目标相一致。具体而言，一是要引导学生把客户维护和管理放在首要位置，全方位征集与完备客户信息，提高学生服务意识，树立“客户是上帝”的理念，这一过程也是培养耐心的好机会。二是实训教学把征信过程贯穿信贷业务全过程，学生在对信贷信息查询和校对错误数据后，通过信贷发放与信贷清偿，完善征信信息。三是教授学生对公评级模型的规则与原理，学生在理解评级客户类型的知识后，学会运用系统对公司客户、小企业客户、个人客户等运用不同的评级方式，为信贷业务提供决策。四是建立集额度创建、发放、查询管理为一体的管理体系，对信贷发放进行风险管理，有效防御事前、事中、事后所造成的风险，减少市场风险的发生率，此举有助于提高授信资产质量，帮助学生理解额度管理对于商业银行所具有的重要作用，强化学生对银行业务开展的理解。五是加强学生的防范意识，时刻关注贷款方提供的押品所具有的市场价值，建立专业的管理机制，持续评估和动态监测，及时发现押品价值不足状况，在兼顾效率与风险同时确保银行开展业务造成的风险损失最低，且信贷收益是计算在考虑风险条件下的实际收益。六是对信贷流程中涉及的合同管理、台账管理、贷后管理以及各类其他事项一一说明，经过这些模块的知识学习，学生对整个流程有整体把握。

3. 在教学评价阶段：制定符合 OBE 理念的考核方法，考核评价标准较为客观且详细，要包括多个方面。对于学生在实训中的表现，一方面是日常出勤状况，在参与中的态度与积极性；另一方面是考核学习过程中完成任务的质量，主要是小组集中讨论和任务分工合作情况，以及期末时实训成果汇报，这其中要有学生主体性与创造性的凸显，学生更好地参与整个实训过程，多方面的考核结果更为客观。为体现以学生为中心，最终成绩是由学生自评、学生互评以及教师评定的方式而形成的综合成绩。按照相应的评价标准，针对不同的评价类别，每位学生和实训老师在评价鉴定表上对实训纪律、学习效果以及实训表现方面进行打分。这改变了以往以教师为主导地位的评价方式，并改进了以往实践中只对最终实践结果做出评价的片面评价标准，重视学生解决与分析问题的能力，实训结果更科学反映学生真实水平。学生互评环节也可以使各小组间开展监督，避免抄袭。教师评定时依据每位学生和所在小组的表现分配不同的权重，在实训结束后做出客观公正的评价。学生自评具有较大的主观性，因此在最终成绩中所占比重最小，学生互评充分体现学生间的主动性，在全部成绩中占比最高，教师评定成绩所占比重处于中间数值。三部分构成最终成绩，符合以学生为本的观念，学生的主体作用发挥得更充分。

（三）教学改革效果评价

实践课程评价成绩公布后，授课教师应采用问卷调查的形式对学生进行课程教学效果调查，内容包括参与学生对授课资源、授课方式、教学效果、评价标准和实践教师专业素养满意度评价，以及授课教学目标达成情况。通过问卷调查结果，根据学生特点，实践教师进行后续教学以及制订教学计划时更多考虑到学生间的差异，因材施教地开展教学，在分组中也更多考虑学生自身特点。

综上所述，基于 OBE 理念的商业银行信贷实训教学重点在学生能力的培养上，实践中既有合作也有竞争，虚拟仿真系统的使用体现了目标导向、过程考核以及客观评价多环节的项目化管理，学生在教师指导下主动性学习，提高了学生间的交流沟通水平以及团结协作能力。学生通过对自己的实践过程、纪律方面的评价，小组内监督，教师结合学生综合表现情况所形成的学生综合评价，构建了虚拟仿真实践的开放教学模式。学生在后续参与创新创业竞赛以及各类专业竞赛中将具有更强的竞争力。教学改革效果提醒学校各方在后续工作中针对出现的问题有的放矢地进行改进、补齐短板，并升级系统资源，对系统以及软件与教学设施进行深层次融合，促进实践课程以更加丰富的形式参与到课程体系中。

五、结论

基于 OBE 理念的商业银行信贷业务实训课程的开展，实际上是强调教学模式的构建坚持行业需求，以岗位技能为导向，改变传统教师教学为主、学生被动接受学习的局面。通过对实践课程的重视，设计好教学计划，逐步提高学生的创新能力与自我思考能力，以 OBE 教育理念为指导的商业银行信贷业务实训课程的改革，可有效提高教学质量，能够全面训练学生应对和解决实际问题的能力，有利于培养更多的应用型人才，对于实践课程教学持续深入改进具有重要的指导意义。

参考文献

［1］李涟凤，缑新科，林洁．基于 OBE 理念的电子技术实践教学模式的改革探索［J］．教育现代化，2019，6（86）：135－137.

［2］曹阳，解柠羽．OBE 理念下经济学专业应用型人才培养的实践教学改革探索［J］．大连民族大学学报，2020，22（6）：564－569.

［3］刘亚平．商业银行信贷管理实训教学内容设计［J］．现代商贸工业，2015，36（14）：152－153.

［4］吴良．商业银行信贷管理学课程实验教学改革与创新［J］．实验室研究与探索，2013，32（6）：406－410.

［5］许桂华．基于 OBE 教学模式的金融学课程教学改革探讨［J］．高教学刊，2017（24）：82－84.

［6］桑磊，任新，汤茜．基于 OBE 理念的给排水科学与工程专业实践教

学改革探索［J］. 山东化工，2020，49（7）：185－186.

［7］韩冰. OBE 理念下物流管理专业课程实践教学体系改革探索［J］. 物流技术，2020，39（1）：153－155.

［8］吴冠聪. 基于 OBE 理念的应用型专业实践教学改革探索——以惠州学院为例［J］. 惠州学院学报，2020，40（1）：119－122.

［9］欧钟慧，贾桂康，李英策. 基于“校企合作、工学结合”理念的应用型本科院校酒店管理专业实践教学改革探索［J］. 教育教学论坛，2015（18）：97－100.

［10］李琼. 金融学科的发展趋势与金融学教学改革的基本思路［J］. 湖南财经高等专科学校学报，2005（4）：84－86.

新文科背景下《金融审计》课程混合式教学路径探索[①]

杨小玲　王家华

一、引言

2020年11月，教育部发布《新文科建设宣言》，强调新文科在提升综合国力、坚定文化自信、培养时代新人、建设高等教育强国、文科教育融合发展方面的重要作用，鼓励支持高校开设跨学科、跨专业的新兴交叉课程、实践教学课程，培养学生跨领域的知识融通能力和实践能力。新文科更加强调融合性、突破性、创新性（崔延强，2021），这就要求在数字经济和信息技术高速发展的背景下，拓展学科领域，加大跨学科课程的设置。在新文科建设的实践中，为了打破原有学科的专业化限制，各大高校创新开设多学科课程，建设了一批由交叉学科融合而成的跨学科课程（张俊宗，2019），以适应社会经济发展战略的需要。

自2020年疫情以来，经常出现全校停课或者部分学生无法按时返校的现象，线上线下混合式教学模式成为能有效保障教学正常进行的方式，即教室内师生正常开课，而其他学生可以通过线上远程接入课堂，无论是在家里、宿舍或者任何有互联网接入的场所。与过去十几年中广泛应用并被普遍接受的混合学习（blended learning）、线上教学（e－Learning）相比，混合式教学可以被视为一种不断演进的教学模式，强调将各种数字化教学方法应用于日常课堂教学，为学生打造数字化的互动课堂氛围，同时极大确保远程接入的学生获得如同身在课堂学习的一致性体验。自2020年以来，新冠肺炎疫情打乱了正常的教学和学习活动，迫使各大高校寻求新的解决方案来保证学生的"停课不停学"。

《金融审计》课程为南京审计大学金融学院专业选修课，是典型的跨学科

① 本文受国家级一流专业（金融学）建设专项课题资助。

交叉课程（杨小玲，2014），使用教材为南京审计大学王家华教授编著的《金融审计》，该教材已获省级重点教材资助。本文期望以《金融审计》课程为例，探讨线上线下混合式教学模式的改革路径。

二、跨学科交叉课程的重要性

（一）适应国家经济发展战略的需要

我国目前处于经济发展转型时期，各方面都在向纵深、高质量发展。习近平总书记在清华大学考察时强调，重大原始创新成果往往萌芽于深厚的基础研究，产生于学科交叉领域，形成思想碰撞，高校在这两方面具有天然优势。此前，国务院学位委员会、教育部印发通知，新设置“交叉学科”门类，交叉学科成为我国第十四个学科门类。在此之下的交叉课程开设就显得更为重要。以《金融审计》为例，它融合金融学、审计学、法学、会计学、计算机等多方面的知识，对于学生发现问题、分析问题、解决问题有重大的帮助，也适应经济发展战略需要。

（二）契合高等教育改革的趋势

高等教育一直在进行着教与学的改革，使学生和教师能在学与教的过程中，发生思想碰撞，激发新的创造。混合式教学模式的“本质在于重新思考和重新设计教与学的关系”（王金旭，朱正伟等，2018），借助于新兴教学手段、教学技术和教学方法，特别是在疫情不确定性的情况下，混合式教学模式越来越成为主流学习模式。跨学科交叉课程借助混合式教学模式，使得课程更容易被师生所接受，而不再是单一的教师主导模式。如《金融审计》中的区块链技术，一方面可使学生通过网络学习区块链的知识，例如，李永乐主讲的区块链通俗易懂；另一方面，通过教师的指导，使学生能运用区块链技术来进行反欺诈流程构建。这样就可以将知识充分运用到社会现象中，有利于指导实践，也提高学生分析问题的能力。

（三）适应新时期技术发展的需要

大数据、人工智能、区块链、云计算等新技术、新平台带动媒体结构性调整，人们获取信息的方式和习惯也随之改变，新媒体平台已经成为当前社会主要的新闻信息传播方式之一。与此同时，媒体行业对人才的需求也发生了巨大的变化，“专业＋”式复合型、“互联网＋”式跨媒体型的人才成为媒体职业岗位的特色需求。跨学科交叉课程是多个学科相互渗透、融合形成的新课程，具有不同于现有一级学科范畴的概念、理论和方法体系，已成为学科、知识发展的新领域[①]。交叉学科作为基于不同学科综合交叉的产物，在研究对象、研究方法、研究群体、知识体系等方面具有明显区别于传统学科的特征，重点表现为综合性、创新性、成长性三个方面。因此，设置交叉学科有助于破除学科之间的壁垒，促进高水平科技成果的形成，提升学生教育培育质量。不同学科的融合，也有利于学术思想的碰撞，容易产生新的学术观点、学术火花。以《金融审计》课程为例，巧用大数据精准画像技术，在多渠道、多部门整合各类银行、小微企业、房产、基金投资、政府债务等数据的基础上，综合运用 SPSS、TABLEAU 等多个分析工具编织审计监督电子网，为缓解“融资难、融资贵”，守住不发生系统性金融风险底线提供了审计保障。

（四）适应新形势下社会对人才的需求

在新形势下，根据国家经济发展战略的需求，复合型人才更受到社会的青睐和关注，新形势下对复合型人才极端需求。以《金融审计》为例，与传统金融、审计人才相比，金融审计人才的复合型能力要求更高，不仅要具备金融、审计、会计、计算机应用等基础知识，拥有金融问题分析和数据挖掘能力，还需要拥有金融审计思维，懂得金融具体业务领域。2020 年中央经济工作会议提出要：“健全金融机构治理”。金融机构的治理，离不开金融审计人才的支撑。而现阶段，金融审计人才匮乏，不能有效支撑发展的需求。所以未来我国金融审计人才的培养既要适应经济全球化的大趋势，更要立足中国经济、金融改革与发展实际，确立多样化人才培养目标，不断创新人才培养模式，既要培养厚基础、宽口径、复合型、国际化高级人才，又要培养专业技能熟练、实践能力强的应用型专门人才，以满足社会经济发展对金融审计人才的多样化、多层次需求。

三、《金融审计》跨学校课程开设现状

（一）人才培养方案决定《金融审计》选课学生数量

南京审计大学是全国唯一一所以“审计”命名的高校，在校内不同学院都开设有专业性很强的审计类课程。《金融审计》课程由金融学院负责开设，根据不同版人才培养方案的差异，《金融审计》课程在金融学院不同专业的开设不一（见表 1）。由表 1 可以看到，2018 版人才培养方案将《金融审计》课

① 国务院学位委员会关于印发《交叉学科设置与管理办法（试行）的通知》，http://www.gov.cn/xinwen/2021-12/06/content_5656041.htm。

程定位于任意专业选修课，学生只需要修满选修课的学分即可，故在2017—2020年选修金融审计的同学较少，特别是2018—2020年，不超过90人。相对于金融学院每届500多的学生而言，在全校大力提倡“审计+”的政策导向下，这个数据并不乐观。

表1　　人才培养方案对《金融审计》课程开设要求对比

专业	2021版人才培养方案	2018版人才培养方案
金融学	第6学期 专业选修课“必选”	第7学期 任意专业选修课
金融学（CFA）	第7学期 任意专业选修课	无
金融学（金融科技方向）	第7学期 任意专业选修课	当时还未开设该方向
保险学	第6学期 开设任意专业选修课为《保险审计》	无 同时也没有《保险审计》
信用管理	第6学期 任意专业选修课	第7学期 任意专业选修课
投资学	第7学期 任意专业选修课	无
金融工程	第7学期 任意专业选修课	无

资料来源：根据2021版和2018版人才培养方案统计归纳。

从南京审计大学“十四五”规划来看，大学大力提倡发展“审计+”等交叉学科，新修订的人才培养方案也把《金融审计》作为金融学专业的必选选修课，学生人数急剧增加到300多人（见表2）。可以预见的是，随着人才培养方案的修订，今后几年《金融审计》选修人数会大幅增加。

表2　　不同年份《金融审计》课程选课人数　　单位：个

专业	选课人数				
	2021年	2020年	2019年	2018年	2017年
金融学	300	85	70		93
投资学	38			19	33
信用管理			17	65	
金融工程					14
总计	338	85	87	84	140

（二）《金融审计》课程积极推进混合式教学改革建设

在数字经济发展以及疫情不确定性情况下，《金融审计》课程积极推进混合式教学改革，线下教学加线上课程同步推进（杨小玲、王家华，2021）。线上教学主要分为两部分：一是 MOOC 平台上的视频资源。《金融审计》课程在中国大学 MOOC 平台于 2017 年 8 月上线，上线至今，校内外选课总人数已超过 2000 人。结合选修人数来对比，可以发现，《金融审计》课程受到非选修同学和业内人士的关注。线上课程总计 10 个授课视频，时长 200 分钟，折合为 10 课时。《金融审计》线上课程内容丰富、形式多样、互动性强，有明确的学业评价策略和学习激励措施，成为线下课堂教学的有益补充。二是学校自主开发的线上教学，能充分满足疫情防控期间学生线上学习。

《金融审计》作为专业选修课，线下教学为 32 课时，采用案例教学方式，分模块进行探讨。同时部分学生由于所处区域为高风险，不能按时返校，这就要求授课教师在线下教学时，需要同时兼顾线上同学。总体而言，线上线下混合式教学能有效满足疫情期间学生的授课任务，但是线上资源存在不能及时更新、线上教学涉及案例时不能有效探讨的现象。

（三）《金融审计》课程教学师资能够保障，但欠缺系统知识的更新完善

《金融审计》课程的教学师资力量要求是混合式的主要教学资源，要求授课教师知识结构合理，最好有实务经验。以南京审计大学为例，本校每年有安排教师到审计署挂职的优良传统，故教授《金融审计》课程的老师都有挂职经验，能有效地将理论和实践结合起来。但知识是一直在更新发展，审计实践、会计分录、法律条文等也一直在变化，而老师在审计实践这块的经验则欠缺有效的更新，最新案例有时不能完全运用上，和实践有脱节的情况，如最近几年出现的绿色金融审计、碳金融审计等，在课堂上由于欠缺具体数据，分析起来不够深入。同时，《金融审计》课程前期由于学生人数不多，投入的《金融审计》课程教学资源较少，也在某种程度上影响该课程的授课。同时欠缺挂职的持续性，挂职往往是一次性的行为，较少有老师能有二次或多次参与审计项目的经验，故也存在同学们所议论的“这个老师老是讲 N 年前的案例”行为。

（四）《金融审计》课程最新技术方法的应用有所欠缺

我国高等教育的目的是培养学生全面发展、使学生具有创新精神和实干精神，并且可以成为社会主义建设者和接班人。金融科技时代的到来，使得金融理论、金融生态、金融场景都发生明显的变化，这需要不断地更新充实

授课知识内容。《金融审计》专业的设立有助于进一步推动新文科建设，特别是与金融学、审计学、法学、金融科技、计算机等的融合，有助于完善审计科学与金融专业体系。在《金融审计》课程教学中，会导入大量的教学案例，让学生来进行分析探讨。但在实践教学中，不管是线下教学还是线上教学，虽然有大量案例的导入，但主要还是以传统的教学为主，虽然也有以学生为主导来分析案例，由老师来点评，但其他学生的参与互动性不多，效果没有想象中的好。与此同时，新的教学方法导入较少。

（五）《金融审计》课程传统教学和实验模拟有待进一步结合

《金融审计》课程的综合性、应用性特征要求有实验室，审计仿真实验不仅有系统上的操作，还应有线下面对面的教学方式。审计项目选择、方案制订、模拟谈判、访谈技术、案例分析、审计沟通等均可以小组为单位线下进行（王晓丹，许莉等，2022）。金融学院有“商业银行审计”软件，但在具体实践中，并不是选修了《金融审计》课程的同学都能参加到“商业银行审计”实训中去。对于软件而言，没有充分发挥应有的作用，理论和实务的结合有待进一步加强。南京审计大学政府审计学院有相关的“审计”实验室，但由于分属于不同的学院，金融学院的学生并不一定有机会去相关的“审计”实验室去实习，存在着数据孤岛。这就需要从学校层面打造统一的智能实验室。

四、新文科背景下《金融审计》课程混合式教学改革路径探索

世界各地的教育机构都在探索如何在后疫情时代保证学习连续性的最佳方法，毫无疑问，混合式教学已经取得了显著成功，注定会成为未来教育的“新常态”。

（一）进一步完善线上线下教学体系，保障基础教学

由于混合式教学能够落实以学生为中心的教育思想，充分发挥学生的主体作用，教师通过科学设计混合式教学模式，推动课前准备、课堂教学、课后延伸的有机结合，可以充分发挥学生主体作用，同时也能够使学生之间的交流、互动更为广泛，团结互助、相互启发、共同进步能够得到有效落实。在人才培养方案对《金融审计》课程利好的前提下，该课程每年有望有相对固定的学生人数。这就需要课程组进一步完善线上线下教学体系，保障基础教学。除了常规的微信、QQ答疑群，线上MOOC视频内容、相关案例的讲解需完善更新。同时线上MOOC内容答疑，也建议有固定的老师对其进行管理、维护。

（二）全方位培养师资力量

理念是行动的先导。无论是课程思政还是混合式教学，都属于教育教学模式创新。教育从来就没有定式，在混合式教学改革大方向的引领下，不同的课程、不同的教学组织者会绽放异样的特色之道。任何一门课程质量保证的核心是教师，应全方位培养《金融审计》师资团队力量，如组织课程组对新《审计法》的学习研讨。

教师要建立线上教学综合应用机制，特别是要通过新媒体培养学生自主学习与互动探究的意识和能力，教师可以利用新媒体开展有针对性的教学活动，特别是从应用的角度实施对分课堂、远程教育以及应用微信、QQ等新媒体组织实施，既可以进行分类指导，也可以引导学生根据自身的实际情况有针对性地提升。由于《金融审计》是门实践性很强的课程，所以对教师也应该经常进行培训，可结合其他学院的培训机会融合发展。

在完善混合式教学的过程中，教师也需要将更多的思政元素融入混合式教学当中，如在“课堂导入”方面，教师应当对教学内容中蕴含的思政元素进行深入挖掘，针对教学内容中涉及的文化知识，教师可以将中华优秀传统文化融入其中，包括孝文化和天人合一等，并在对比分析的基础上培养学生的文化自信。

（三）充分利用好信息技术，构建智慧课堂

当前社会信息化、智能化、现代化的需求，将现代技术融入教育教学，积极推进“互联网+教育”的发展，是当前高等教育发展的趋势所在。智慧课堂的核心在于师生互动，以学生为中心。对于任何一门课程的授课老师，需掌握线上教学的软件、线上教学的注意事项等。特别是在不确定性的情况下，线上教学成为常态化形式。如何有效地调动学生线上听课的积极性，也急需密切关注。如使用python进行数据的挖掘、处理，从中发现异常部分，再进行金融审计案例的分析处理。当然，也不必盲目依赖于各种技术、软件，它们只是一种辅助工具而已，如同PPT一样。

（四）利用好虚拟实验室和校企联动的实践教学平台

实验室教学与实践是本科教育中必不可少的重要环节，是高校实施综合素质教育的关键内容。新文科建设背景下，需要充分利用好文科实验室和实践教学平台。文科实验室建设和运用的关键是要打破各实验室之间的壁垒，根据学科属性和特点打造智能化综合管理平台（王晓丹、许莉等，2022），使师生之间能充分利用好实验室。以《金融审计》课程为例，可从校级层面为

学生提供综合性、跨学科实践的实验室。打造一支由专职管理人员和专业技术人员组成的优秀服务团队，负责平台管理、日常维护、档案资料收集整理、虚拟实验教学项目资源与平台的接口对接工作。与此同时，各大高校近些年来在校企共建这块投入大量精力，但以挂牌子的居多，联系到实际课程的并不多。建议今后可加大校企共建企业对课程的支持力度，可利用假期安排学生到校企联动的实践教学平台去实习，提高学生对实务的理解和认可度。

参考文献

［1］崔延强．新文科究竟“新”在何处：基于对人文社会科学发展史的考察［J］．国内高等教育教学研究动态，2021（1）：36－43.

［2］蒋建明．跨学科课程教学在项目研究中的实践［J］．教学研究，2018（5）：38－40.

［3］王家华，许莉．金融审计［M］．北京：高等教育出版社，2020.

［4］王晓丹，许莉，刘可童．新文科背景下审计学仿真实验探讨［J］．商业会计，2022（10）：107－110.

［5］杨小玲．新形势下“金融审计”课程教学探究［J］．兰州教育学院学报，2014（9）：105－106.

［6］杨小玲，王家华．新冠肺炎疫情冲击下《金融审计》线上教学改革与创新研究［J］．金融理论与教学，2021（4）：95－98.

［7］郑晓瑛．交叉学科的重要性及其发展［J］．北京大学学报（哲学社会科学版），2007（3）：141－147.

［8］王金旭，朱正伟等．混合式教学模式：内涵、意义与实施要求［J］．高等建筑教育，2018（4）：7－12.

新文科视域下《国际金融学》课程教学改革实践和展望

冯　彩　王叙果　杨崇慧　陈　冰

一、引言

《国际金融学》是为我校金融学专业本科三年级学生开设的一门专业必修课程，3学分，51学时。该课程对于学生专业知识的学习、国际视野的培养、分析国际金融现实问题能力的提升等均具有重要的意义。国际金融学原有的以教学为中心的教学模式，导致课程在教学内容、教学模式和考核评价等方面存在诸多教学问题，严重制约了国际金融人才培养质量的提升。

2019年4月29日，教育部正式启动“六卓越一拔尖”计划2.0，标志着“新工科”“新农科”“新医科”和“新文科”建设时代的开始。2020年11月3日，教育部新文科建设工作组主办的新文科建设工作会议发布《新文科建设宣言》，对新文科建设作出了全面部署。为进一步提高课程以及人才培养的质量，基于新文科建设的基本原则、OBE教学理念以及深度学习理论，团队教师通过完善课程教学目标、重构课程教学体系和内容、丰富教学资源、优化教学模式和教学方法、创新考核评价等，积极推动国际金融学课程教学改革和创新（见图1）。

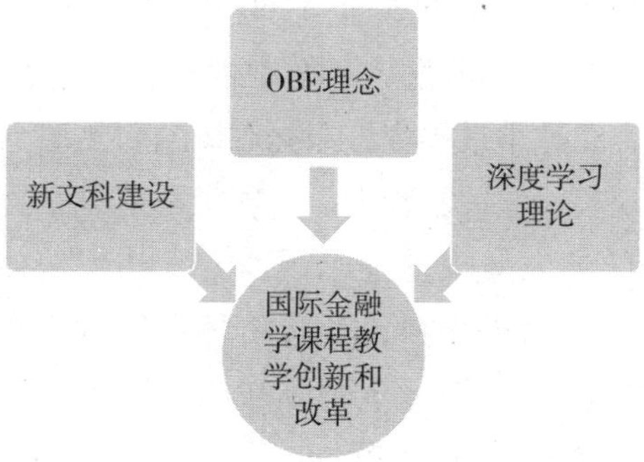

图1　国际金融学课程教学创新和改革的理念

经过近年的实践，课程确立了以习近平新时代中国特色社会主义经济思想为指导的包括微观篇、中观篇、宏观篇共3篇、8个教学章节的教学内容；在教学过程中，实施了以学生高度参与为特征的线上线下混合式教学模式，促进了学生深度学习的实现，并取得了系列省级和校级教学成果。2019年，课程获得江苏省省级在线开放建设立项，并于中国大学慕课网上线运行至今；2022年6月，作为示范课程，成为江苏高校教师教学能力建设“云书院”研修资源；2022年9月获得校级课程思政示范课立项等成果。

基于此，本文主要就国际金融学课程进行的教学改革和创新进行总结和反思，以期为其他课程提供可资借鉴的经验。本文的结构安排如下：第二部分是课程原有教学模式的特点，第三部分是课程教学改革和创新实践，第四部分是课程教学改革和创新的成效，第五部分是课程教学改革的反思和展望。

二、课程原有“教”与“学”模式的特点

（一）“教”的方面——以“教”为中心

长期以来，国际金融学课程实施的是以“教”为中心的教学模式。在此模式下，课程在教学目标、教学体系和内容、教学过程和方法、考核评价等方面呈现出如下的特征和问题。

1. 课程教学目标方面。课程教学目标较为单一，课程仅重视知识传授目标，甚至以传授知识作为课程唯一目标，轻视和忽略课程的能力培养目标，缺少明确的价值引领目标。而在知识传授目标中，仅注重低阶目标的实现，包括知识的记忆和领会，较少关注知识的应用、分析、综合和评价等高阶目标的实现。

2. 课程教学体系和教学内容方面。

（1）课程的教学内容“旧”“理论性强”，缺少中国化、时代性和前沿性。作为一门学科，国际金融学产生于20世纪60年代。该课程包含了大量的理论，比如国际收支理论、汇率决定理论、汇率制度选择理论、国际资本流动理论、国际金融危机理论等，在教学过程中，课程对概念和模型等理论知识讲授较多，但对国际金融领域的现实问题关注较少，与现实联系不够紧密。

此外，国际金融学的大量理论是基于西方发达经济体的国际金融实践提出的，课程涉及的案例也大多来自发达经济体和其他发展或新兴经济体，因此长期以来，课程对中国参与国际金融领域的实践活动和取得的突出成就关注较少，缺少对中国故事和中国经验的介绍。

另外，国际金融实践风云变幻，错综复杂，国际金融理论更是处于动态

发展和完善之中。但是，课程对于前沿理论的讲授还不充分，缺少前沿性和时代性。

（2）课程的教学体系“散”。国际收支理论和汇率决定理论既是课程教学的重点，也是教学难点，但每一个理论都被分散在了不同的教学章节中，使学生无法系统地掌握国际收支理论和汇率决定理论。

（3）课程的育人功能弱。国际金融课程注重专业知识的讲授，但在专业知识讲授过程中，忽略了对学生价值观的引领、职业素养的培养、家国情怀和中国立场的塑造等。

（4）课程的教学资源匮乏。教材是课程主要的教学资源，缺少适合本校特色的线上教学资源以及习题集、案例库等的支持。

3. 教学过程和教学方法方面。

（1）教学过程囿于课堂。课程完整的教学过程通常包括课前预习—课中学习—课后的巩固和拓展。受制于各种因素，课程原有的教学过程主要发生于课中，缺少必要的课前预习以及课后的复习、巩固和拓展环节，这导致教学活动仅仅发生于有限的课时，课时高度紧张，教师无法高质量完成既定的教学目标。

（2）教学方法单一，缺少必要的师生和生生互动。从教学方法看，讲授法是本课程教学采用的主要教学方法，学生在课堂的参与度较低，“教师讲、学生听”成为教学常态，缺少必要的师生互动和生生互动，教师无法精准地了解学生学习状况，进而无法为学生提供有效的学习支持。

4. 课程考核评价方面。

课程原有的考核评价存在以下问题：

（1）轻视过程性评价。从考核评价占比看，课程注重学生学习的结果性评价，轻视过程性评价。结果性评价占总成绩的 80%，过程性评价仅占 20%。过程性评价维度又较为单一，仅从学生出勤以及平时作业进行评价。

（2）轻视非结构性知识的评价。从考核内容看，课程强调学生对概念、模型等结构性知识的评价，忽视了对学生表达能力、学术研究能力、专业书面写作能力等非结构性知识的评价。

（3）评价主体单一。课程强调老师对学生的评价，忽视了学生互评以及学生自评；强调了标准化评价，忽视了对学生的个性化评价和发展性评价。

（4）评价标准具有主观性。从考核评价标准看，缺少较为具体、明确和量化的评价标准，使得课程评价具有一定的主观性。

（二）学的方面——“简单”学习

以“教”为中心的教学模式，导致学生在学习国际金融学课程时呈现出“简单学习”的特征（见图2），其突出表现为：

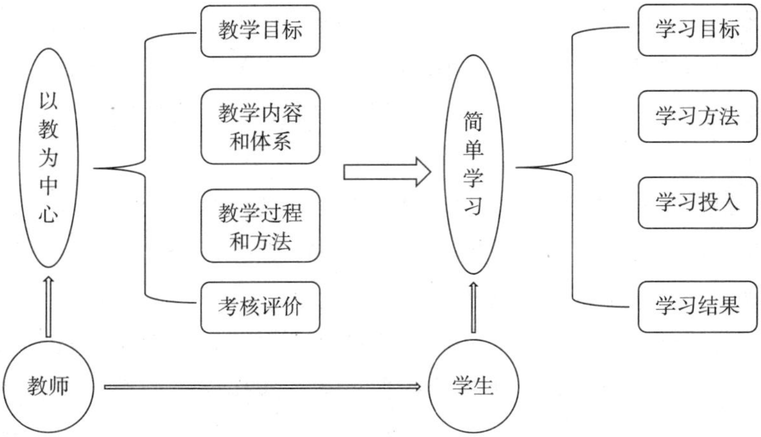

图2　以“教”为中心的教学模式所导致的“简单学习”

1. 学习目的和方法方面。通过课程的期末考试和获得学分成为部分学生学习本课程的目的。从学习方法来看，死记硬背模型和公式、考前熬夜成为学生学习的主要方法。

2. 学习投入方面。学生缺少自主学习以及合作学习的意识，学习投入较少，“被动学习”成为学生学习的常态。学生既不会进行课前预习，也不会在课后进行高效的复习、巩固和拓展。

3. 学习结果方面。尽管本门课程学生考试通过率还是比较高的，但是学生知识的留存率较低。绝大多数学生不会使用国际金融经典理论和模型分析现实问题，分析、评价、解决现实问题的能力没有得到明显提升。还有部分学生对国际金融领域重要事件还缺少正确的价值判断和正确的政治立场，缺乏对中国特色社会主义的道路自信、制度自信和理论自信。

这种学习模式和学习结果远远不能满足新文科人才培养的需要，更不能满足中国金融双向开放对国际化、高素质金融人才的需要。

三、课程教学改革的实践

（一）完善课程目标体系，实施以OBE为导向的教学

针对原有课程目标单一和低阶问题，在新文科对人才培养的要求、国家

金融开放战略对金融人才的现实需求、教育部（2018）的金融学类教学质量国家标准、学校对金融学专业人才培养的要求以及对学生学情分析等的基础上，本课程确立了“知识传授、能力培养和价值塑造”三位一体的教学目标，即以知识传授为基础，在知识传授的过程中实现学生能力的提升和价值的塑造。课程的“三位一体”目标体系具体如表1所示。

表1　《国际金融学》课程“三位一体”的教学目标体系

课程目标	对应内容
1. 知识传授	通过本课程的学习，需要达到以下知识目标： （1）能够掌握国际金融学的微观基础知识，比如国际收支、汇率和外汇交易； （2）能够理解和辨析国际收支相关理论和模型的主要观点、推导过程及其政策含义，比如国际收支理论、国际资本流动理论、汇率决定理论、汇率制度选择理论、M－F模型、内外部同时均衡理论、国际经济政策协调理论、货币国际化理论、货币危机理论等
2. 能力培养	通过本课程的学习，需达到如下的能力目标： （1）具备一定的数据查询和分析能力； （2）正确应用相关理论分析、评判、预测国际金融领域的重要问题和重要现象的能力； （3）形成“纵横交错”的思维方法和思维能力； （4）具备自主、持续更新国际金融知识的能力，以应对未来工作需求的变化
3. 价值塑造	通过本课程的学习，需要达到如下从微观到宏观的四维价值塑造目标： （1）个人价值观：助益学生树立正确的人生观、价值观、世界观； （2）职业素养：培养其遵纪守法、诚实守信等的职业素养； （3）理想和信念：坚定学生的政治理想和信念，增强其对党中央和国务院的“重大战略”的理解和政治认同，坚定新时代中国特色社会主义的道路自信、制度自信、理论自信和文化自信； （4）家国情怀：引导学生自觉树立经世济民的家国情怀、自觉服务中华民族伟大复兴的责任担当；促使学生对纷繁复杂的国际金融事件形成正确的价值判断，既有国际视野又有中国立场，能自觉服务国家经济利益和国家金融安全

总之，作为一门专业主干课程，《国际金融学》旨在培养既有国际视野又有中国立场，能够自觉服务国家金融开放战略、自觉维护国家经济利益和国家金融安全的“专红兼备”的金融人才。

围绕上述课程目标体系，团队教师以OBE为导向实施和推进教学改革，包括重构课程教学内容和体系、丰富教学资源、优化教学过程和方法以及创新考核评价体系。

（二）重构课程教学体系和教学内容，丰富教学资源

针对课程原有教学内容和教学体系存在的问题，团队教师有针对性地进行了重构，具体表现为：

1. 重构课程教学体系。针对课程知识体系散的问题，按照“微观基础知识篇—中观基本原理篇—宏观经济政策篇”的逻辑思路，课程团队对教学体系进行了重构，新的教学体系包括三篇和八个教学章节（见图3）。新体系的突出变化变现为：（1）将国际收支理论和汇率决定理论单独成章，成为课程的中观篇，更有利于学生构建有关国际收支理论和汇率决定理论的系统知识。（2）将部分章节的教学内容进行了重置。比如将原第八章国际资本流动和金融账户开放的相关内容前置至第一章国际收支平衡表金融账户部分进行讲授等。（3）将国际储备及其管理等的教学内容提前至第一章。包括中国在内的发展中经济体和新型经济体而言，持有了大量的国际储备尤其是外汇储备，如何对其进行管理以确保安全性、流动性和收益性至关重要。因此，在讲授国际收支平衡表时，不仅从流量的视角讲授国际储备资产账户的构成及其记账方法，更是从存量的视角讲授国际储备的构成及其管理。

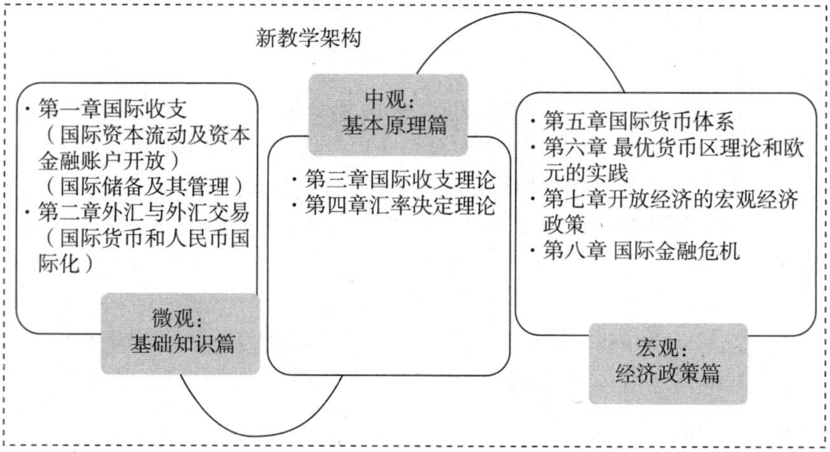

图3　重构后的《国际金融学》课程教学体系

2. 重构课程教学内容。基于新的教学体系，课程从如下四个方面进行了教学内容的重构：一是基于真实情境，开展理论教学，实现理论成果与实践动态相融合。将国际金融领域的经典案例、实践动态融入理论知识的讲授，不仅要让学生知道理论是什么、为什么，更要让学生将理论应用于分析经典

案例和实践动态，知道理论怎么用。二是立足中国本土，实现国际化和本土化相融合。在培养学生国际视野的同时，课程坚持立足中国实际，引导学生关注和研究国际金融领域中国实践和中国问题，比如中国渐进式的汇率制度改革和金融账户开放等。课程坚持每一章都有中国故事和中国元素。三是提升课程前沿性和挑战度，实现经典理论和理论前沿相融合。在讲授国际金融经典理论的同时，注重将理论研究前沿引入课堂教学，提高课程的前沿性和挑战度。比如，在讲授汇率制度选择理论时，在对传统的固定汇率制度和浮动汇率制度优劣之争进行讲授的基础上，引入了更为现代的汇率制度选择理论，包括汇率制度选择的原罪论、中间道路理论、害怕浮动汇率制度理论等。四是注重课程思政建设，实现育人和育才相统一、知识传授和价值塑造相融合。课程团队始终坚持“立德树人”的根本任务，深入挖掘课程所蕴含的思政元素并将其有机融入教学过程，在“润物无声”中实现“育人”和“育才”的统一，实现课程思政与思政课程同向同行和相得益彰。具体来说，本课程的思政育人主要目标及其思政育人元素如表 2 所示。

表 2　《国际金融学》主要思政育人元素和思政目标

主要的思政育人元素	思政目标	具体内容
人民币汇率波动、我国外汇管理法律法规的动态变化以及索罗斯进行外汇交易的案例等	职业素养	培养学生汇率风险中性的意识和理念、促使其形成遵纪守法和诚实守信的职业素养
货币危机、外债危机、人民币国际化等	思维方法	培养学生分析问题的辩证唯物主义和历史唯物主义的思考方法和思维方式
全面阐释党和国家金融开放制度和实践，讲好国际金融领域的中国贡献、中国模式、中国智慧，比如“一带一路”、人民币“入篮”SDR、中国渐进式汇率制度改革和金融账户开放等	政治认同 四个自信	坚定青年学生对党中央和国务院的政治认同；坚定对新时代中国特色社会主义的道路自信、制度自信、理论自信和文化自信
深度剖析国际货币体系的难点问题，比如美元霸权、国际货币体系改革等	家国情怀 责任担当	使学生深刻认识到中国大国崛起之路并不平坦，引导学生自觉树立经世济民的家国情怀、自觉服务中华民族伟大复兴的责任担当
密切跟踪并讲授国际金融领域的热点事件，比如国际金融制裁、美联储货币政策调整等	中国立场	促使学生对纷繁复杂的国际金融事件形成正确的价值判断，既有国际视野又有中国立场，能自觉维护国家经济利益和国家金融安全

3. 建设丰富的教学资源，支持课程教学内容和体系的重构。课程团队自主开发和建设了丰富的线上和线下教学资源，包括2019年9月在慕课网正式上线运行的《国际金融》线上课程、案例库、数据库、文献库等。

《国际金融》线上课程教学资源丰富，包括39个教学视频和400多道线上习题，拓展了学生学习的时空，满足了学生进行自主学习的需要；而案例库、数据库、文献库等，为课程教学体系和教学内容的重构提供了必要的资源支撑。

（三）持续优化教学过程和教学方法

针对原有教学过程和教学方法存在的问题，依托《国际金融》线上课程以及慕课堂智慧教学工具，自2019年起课程团队持续改进和优化教学过程和教学方法。从教学过程的优化看，突出表现为线上线下混合式教学的实施，课程团队形成了“慕课堂＋慕课＋同步SPOC＋线下课堂”的“三步走”混合式教学模式（见图4），以支持和促进深度学习的实现。从教学方法的优化看，在课堂教学活动中，除讲授法以外，教师还采用了多种促进学生参与式学习的教学方法。

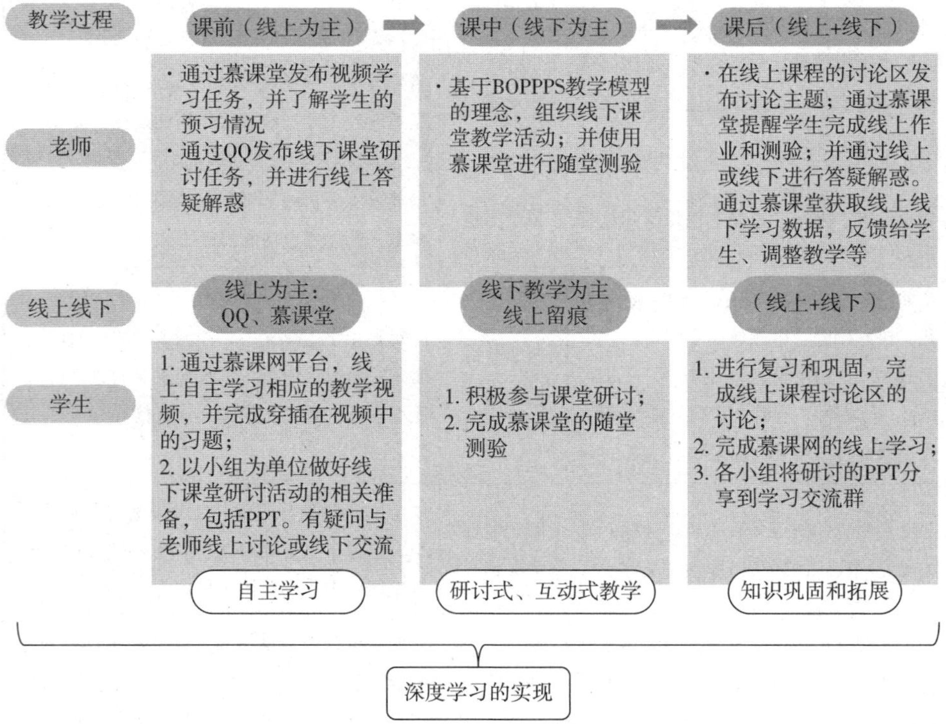

图4　“三步走”混合式教学模式

“三步走”混合式教学模式包括课前—课中—课后三个环节，并形成完整的课程教学闭环。具体来说包括以下几个方面：

1. 课前：教师备课和导学。课前，教师备课，并通过慕课堂以及 QQ 发布预习任务、研讨主题和相关学习材料等进行线上导学；学生登录慕课网完成自主学习，同时以小组为单位查找资料和数据，为课堂研讨活动做准备。教师则通过慕课堂查询学生视频学习进度，并根据学生对重点和难点反馈，调整教学设计。通过课前预习，一方面满足了学生自主学习的需要，并提升了学习广度；另一方面教师可以获得学生预习数据，更有针对性地开展课中教学活动。

2. 课中：基于现实问题的参与式学习。课中，教师通过 BOPPPS 教学模型组织教学活动和开展课堂教学。具体如图 5 所示。

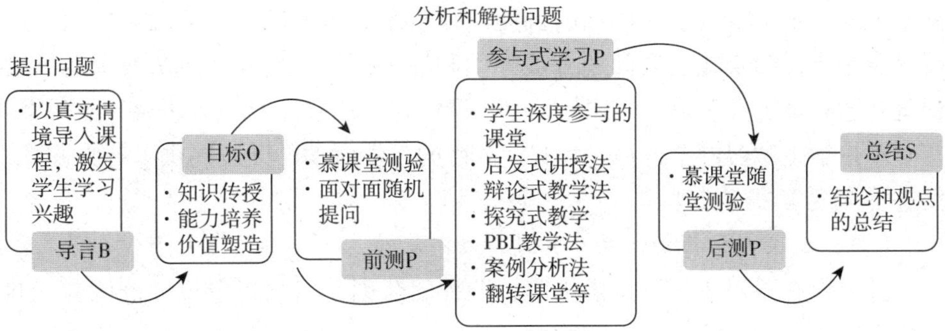

图 5　基于 BOPPPS 教学模型组织线下课堂

第一，导入（Bridge - in）。以真实国际金融案例或情境导入课程，提出问题，激发学生学习的兴趣。

第二，明确教学目标（Objectives）。将具体章节的“三位一体”教学目标明确传达给学生。

第三，课程前测（Pre - assessment）。教师通过慕课堂或者随堂提问，进一步了解学生对相关知识的掌握和熟悉程度。

第四，参与式学习（Participatory Learning）。在对相关理论模型进行系统梳理以及重难点知识教授的基础上，教师组织学生开展基于现实问题的参与式学习。在参与式学习开展的过程中，教师采用包括辩论式教学法、案例分析法、PBL 教学法、翻转课堂等可以调动学生积极参与课堂互动的教学方法，旨在通过师生互动、生生互动，实现学生沟通和表达能力、思辨能力以及分析和解决现实问题能力的提升，促进深度学习的实现。

第五，后测（Post - assessment）。使用慕课堂进行随堂测验，以了解学生对于重难点的掌握情况，针对测验结果，教师进行实时点评、讲解和分析。

第六，总结（Summary）。对课程的教学重点、难点、观点和结论进行总结和归纳，以进一步加深学生对学习内容的印象。

3. 课后：复习、巩固和拓展。课后，教师通过慕课堂和 QQ 发布课后任务，引导学生积极参与线上互动和讨论；学生完成线上互动和线下作业，并将完成的学习任务在 QQ 进行分享；教师针对学生课后的疑问进行答疑解惑，并基于学生的学习数据进行教学反思和改进。通过课后的复习、巩固和拓展，提升学生的知识应用和迁移能力。

总之，通过构建“慕课堂 + 慕课 + 同步 SPOC + 线下课堂”的“三步走”混合教学，实现了线上线下课堂的有机分工和高效融合：线上课程主要进行基本概念、定义及其基本模型的讲授；线下课堂则主要进行重难点知识的讲授以及围绕国际金融现实问题开展师生和生生研讨。此外，团队教师通过慕课堂智慧教学工具获得学生课前预习、课中随堂测验以及课后研讨等的数据，实时掌控学生学习的全过程，为有针对性的教学活动的开展提供了有力支撑，促进了深度学习的实现。

（四）创新考核评价体系，并进行动态反馈

针对原有课程考核评价的缺陷，课程团队创新了课程考核评价体系，并形成了如图 6 所示的课程成绩构成，其中，平时成绩占 40%，实施过程性评价；期中成绩占 10%，采用个性化评价，学生可以在课程读书报告、文献综述和学习心得三种方式中任意选择一种；期末成绩占总成绩的 50%，采用闭卷形式进行考试，实施结果性评价。

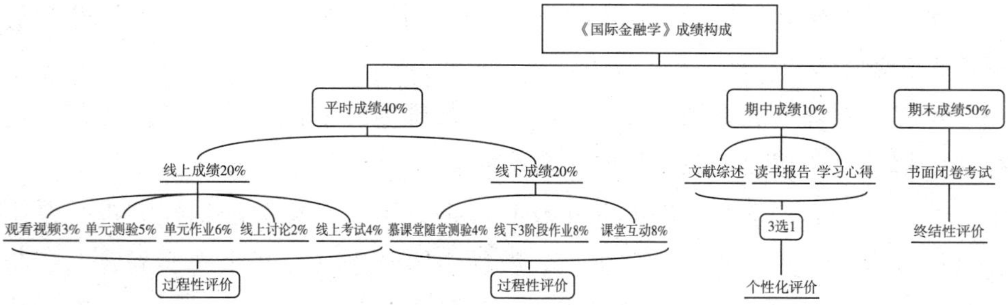

图 6　《国际金融学》课程成绩的构成

课程考核评价体系的创新具体如下：

1. 强化了过程性评价。课程对过程性评价的强化突出表现为：

（1）提高了过程性评价的比例，将其占总成绩的 20% 提升至占总成绩的 40%。

（2）强化了评价维度的多维化。与线上线下混合式教学过程相一致，课程的过程性评价既包括线上课程学习成绩，也包括线下课程学习成绩，二者各占总成绩的 20%。

（3）实现了评价内容的多样化。根据图 6 可知，线上课程成绩依据线上单元作业、线上单元测验、线上讨论、线上期末考试以及学生互评情况进行确定；线下课程成绩则依据线下作业、慕课堂成绩以及线下课堂互动情况进行确定。

（4）实现了评价主体的多元化。在平时成绩环节，不仅有老师对学生的评价，还有学生自评和生生互评。以“线下课堂互动”成绩为例，老师对学生评分占比为 40%，生生互评占比为 30%，学生自评占比为 30%。

（5）基于过程性评价，建立了“三维”动态反馈机制。在过程性评价中，构建了基于“线下作业成绩 + 线上课程学习数据 + 慕课堂红黑榜”的三维动态反馈机制（见图 7）。对于在上述三维任务中表现较好的同学，进行公开表扬；对于后进的同学，进行预警和帮扶，在过程性评价及其动态反馈中实现学生成长和发展。

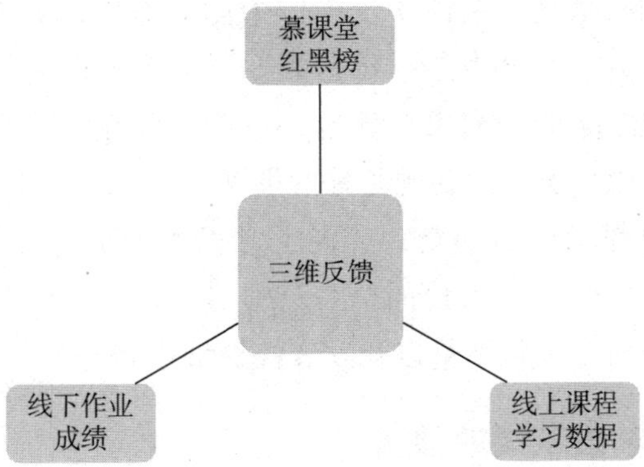

图 7　三维动态反馈机制

2. 强化了对学生非结构性知识的评价。在对学生结构性知识考核的基础上，不论是平时成绩、期中考核还是期末闭卷考试，通过设置课程思政相关试题、与国际金融现实问题紧密联系的非标准答案试题等方式和方法，均强化了对学生非结构性知识的考核。

3. 强化了评价过程的客观化。不论是线上课程成绩、线下课程成绩、期中成绩以及期末闭卷考试，不论是师对生评、生生互评、学生自评等，都有明确和客观的评分量表，体现了课程考核评价的客观化。以线上课程成绩的评分标准为例（见表3）。

表3　　线上课程成绩的评分标准

考核内容	占线上课程成绩的比例	评分标准
观看所有视频（39个），并完成穿插在视频中的习题	15%	观看所有视频并完成习题，即可得满分，否则相应扣分；该项原始数据由慕课堂提供，然后由任课教师进行计算得分
单元测验	25%	客观题，答对得分，答错扣分
单元作业	30%	简答题，教师事先在系统录入答案，学生互评。未参与互评的同学，所得分数为应得分数的50%；参与互评，但互评作业份数少于5份的，所得分数为应得分数的70%
在线期末考试	20%	客观题，答对得分，答错扣分
讨论	10%	在线上课程讨论区被赞的数量超过5个，即可得到满分

4. 强化了对学生的个性化评价和发展性评价。在设计课程的考核方法和考核内容时，课程团队高度关注学生横向个体化差异，尽可能全面考查学生知识学习、能力提升、情感发展、价值观变化等方面的学习成效。此外，课程团队还高度重视学生的纵向发展评价，在过程性评价中将学生学习成果及时进行动态反馈，以促进学生实现更好的发展。

总之，通过课程考核的创新，实现了过程性评价和终结性评价的结合，结构性知识和非结构性知识评价的结合，师对生评与生生互评、学生自评的结合，标准化评价与个性化评价以及发展性评价相结合。

四、课程教学改革成效显著

通过上述教学改革实践，取得了如下显著的成效：

（一）学生实现了多维成长

1. 学习投入明显上升。慕课堂数据显示，绝大多数同学能够在课前自主完成线上教学视频的学习，课后能够积极参与线上课程讨论，学习投入明显增多。

2. 学生的学习成绩明显提高。

（1）线上课程成绩均分和优秀率均有了明显提高。从线上课程成绩的平均分看，2019 年 9 月国际金融线上课程开设第一学期，金融学专业学生（2017 级）线上课程成绩的平均分仅为 70 分；而在 2021 年秋季学期，该平均分已经提高至 83 分。另外，从线上课程的优秀率看，2019 年秋季学习优秀率仅为 29%，2021 年该课程的优秀率已经提高至 47%（见图 8）。

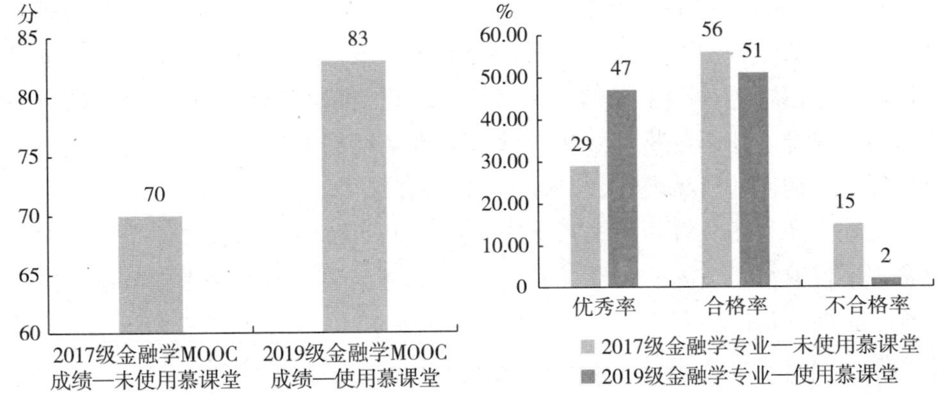

《国际金融》线上课程成绩平均分（金融学专业）　　《国际金融》线上课程成绩分布比较

图 8　2019 年秋季学期与 2021 年秋季学期《国际金融》线上课程成绩变化

（2）期末闭卷考试平均分和优秀率也有了明显上升。以实施混合式教学前后的期末闭卷考试成绩平均分进行比较可知，在实施混合式教学前，学生期末闭卷考试成绩平均分为 79.67 分；实施混合式教学后，学生期末闭卷考试成绩平均分为 85.76 分（见图 9）。

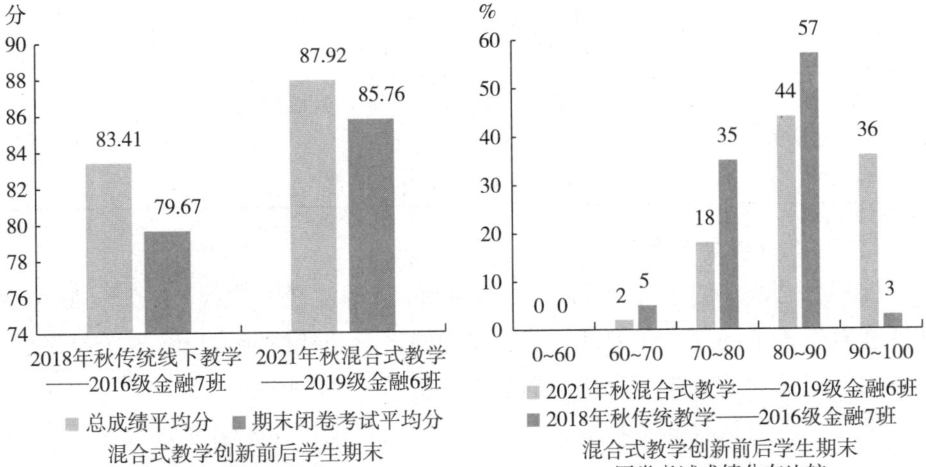

混合式教学创新前后学生期末闭卷考试成绩比较　　混合式教学创新前后学生期末闭卷考试成绩分布比较

图 9　实施混合式教学前后学生期末闭卷考试成绩变化

从期末闭卷考试80分以上学生分布来看，实施混合式教学前，学生占比约为60%；实施混合式教学后，学生占比约为80%。

由此可见，实施基于慕课堂的混合式教学明显不仅促进了线上课程成绩的提高，而且促进了线下期末闭卷考试成绩的明显提高。

3. 学生高阶思维和能力实现明显提升。通过对2021年秋季学期学习国际金融学课程的金融学专业学生进行问卷调查发现，98%的学生认为课程提高了他们对中国特色社会主义的道路自信、理论自信和制度自信；95%的学生认为课程提升了他们分析和解决国际金融现实问题的能力；90%的学生认为课程提高了他们的口头表达、沟通和书面写作能力。

此外，课程团队教师积极指导学生参与暑期社会实践、大创项目和学科竞赛，不仅取得了突出的成果（见表4），而且增强了学生对中国故事、中国实践的感性认识。

表4　　　　近5年来课程团队指导学生取得的成果

项目	成果的主要内容	成果数量
论文	1. 获得省级优秀本科毕业论文 2. 获得校级本科优秀毕业论文 3. 公开发表学术论文	1 3 12
大创项目	1. 省级大创项目 2. 校级大创项目	2 6
暑期社会实践	1. 中国金融教育发展基金会“普惠金融·青春践行”暑期社会实践有奖征文三等奖 2. 2021年校级大学生暑期社会实践活动优秀团队	2 1
其他竞赛	1. 2021年第二届“华数杯”全国大学生数学建模竞赛二等奖 2. 2019年大学生创新方法应用大赛校赛二等奖	2 1

（二）教师教学教研能力获得发展

课程教学改革的过程也是教学教研能力获得发展的过程。随着国际金融学课程教学改革的深入和推进，团队教师的教学和教研能力也获得明显发展。不论是线上课程还是线下课堂，学生均给予了较高的评分。

近年来，团队教师还获得了江苏省第二届高校教师教学创新大赛一等奖、江苏省高校微课教学比赛二等奖等省级和校级奖项。

（三）课程建设取得系列成果

2019 年《国际金融》线上课程获批省级在线开放课程，并在中国大学慕课网上线，迄今已运行至第 7 个学期，累计选课人数已达 6000 人。除本校学生外，还有来自国内外其他 100 多所高校的学生和社会学习者参与了课程的学习。另外，哈尔滨商学院等高校还将本课程作为 SPOC 课程使用。

团队教师高度重视课程思政建设，始终坚持课程对学生的价值引领和塑造功能，并取得了系列成果。2020 年，课程获得校级课程思政优秀教学案例奖、课程思政优秀教学设计一等奖；2022 年，本课程获得第四届校级课程思政示范课立项（见表 5）。

表 5　2019 年以来团队教师获得的教学教研成果奖

成果	年份	内容
1. 教改项目和论文	2021	参与教育部产学研协同育人项目 1 项（《基于模块化嵌入的外汇交易课程内容与体系创新》）
	2020	（1）主讲教师主持校级教改课题 1 项； （2）主讲教师教学论文获得“新商科应用型人才培养长三角论坛”优秀案例奖
2. 教学获奖	2022	江苏省第二届高校教师教学创新大赛中级组一等奖
	2021	获得校级教学创新大赛中级组一等奖
	2020	（1）获得校级课程思政“优秀教学设计”一等奖； （2）获得校级“好试卷”奖 2 项
	2019	（1）获得省级微课教学竞赛二等奖； （2）获得校级微课教学一、二、三等奖； （3）获得校级青年教师教学竞赛二等奖

五、课程教学改革的反思和展望

尽管国际金融学课程教学改革取得了突出成效，但课程团队在教材建设、教学研究等方面还存在较大上升空间，而课程教学模式还需要进一步优化。

未来，课程团队将始终立足新时代对人才培养的新需求，坚持“持续改进”的原则，并将从如下几个方面继续推进课程教学改革和创新。一是进一步丰富课程教学资源。2006 年，国际金融学课程团队于中国金融出版社出版《新编国际金融学概论》，但部分内容已陈旧，无法满足新文科人才培养的需要。教材是人才培养的主要剧本，教学改革改到实处是教材（吴岩，2022）。

因此，课程团队将会重编国际金融学教材，以课程思政引领教材的编写，讲好中国参与国际金融的故事和实践；将国际金融理论的新进展写进教材，体现教材前沿性。此外，课程团队将进一步丰富和更新线上课程教学资源，包括教学视频和习题等。二是进一步优化线上线下混合式教学模式。课程团队已经构建了基于“慕课堂 + 慕课网 + 同步 SPOC + 线下课堂”的“三步走”混合式教学模式，但如何进一步借助慕课堂获得的学生学习大数据，更好地开展混合式教学则是需要进一步思考的问题。三是进一步深入国际金融学课程教学改革的教学研究。四是进一步推进本课程思政育人效果评价体系的完善。

参考文献

[1] 樊丽明. 对“新文科”之“新”的几点理解［J］. 中国高教研究，2019（10）：10.

[2] 王重润. 新文科背景下新财经教育改革路径及案例研究［J］. 黑龙江高教研究，2020（12）：57 – 62.

[3] 朱龙，等. 指向深度学习的混合式教学策略与应用研究［J］. 数字教育，2022（1）：66 – 72.

[4] 周艳梅. 促进大学生深度学习的混合式教学设计与应用研究［D］. 长沙：湖南大学，2018.

[5] 杨国栋，等. 新文科视域下课程思政与知识传授融合的基本逻辑与实现路径［J］. 高校教育管理，2022（5）：97 – 105.

新文科背景下基于 OBE 教育理念的证券投资学教学改革探索

胡　熠　刘　骅　严伟祥

一、引言

习近平总书记指出“金融活，经济活；金融稳，经济稳”，证券市场对中国经济发展的重要性不言而喻。为了使证券市场保持活力与稳定，实现高质量发展，必须从人才培养这个源头抓起，培育符合新时代需求的证券投资人才。当前正处于百年未有之大变局，面对新局势、新挑战和新需求，证券投资学教学必须求新求变、与时俱进。在全球进入新一轮科技革命以及中国经济追求高质量发展的双重背景下，为了适应时代需求，教育部也在积极推进新文科改革，强调突破传统文科培养模式，引导人才培养从学科导向转向需求导向，从专业割裂转向交叉融合，从被动适应转向主动引领。

成果导向教育（Outcome Based Education，OBE）是以学生为中心、以产出为导向，基于内外部需求持续改进的教育理念。[1] 该理念与新文科改革强调需求引领、学科交叉的思想相契合，尤其是对于证券投资人才培养而言，外部环境日新月异，人才需求不断升级，更需要注重人才培养的持续改进。因此，在新文科背景下基于 OBE 教育理念探索证券投资学教学改革兼具理论价值和实践意义。

二、证券投资学课堂教学现状分析

传统证券投资学课堂教学以教师为中心、以教材为媒介、以课堂为舞台，形成教师单向灌输、学生被动接受的局面，呈现如下特征。

（一）重教学轻思政

投资是在和金钱打交道，金融市场充满诱惑，这就要求在证券投资学教学过程中不仅要培养学生扎实的专业知识，更需要帮助学生建立正确的投资观，培育学生的社会责任感以及职业操守与爱国情怀。[2]然而，目前的证券投资学课堂教学以专业知识的讲解为主，忽略了课程思政元素。一方面，部分教师教育思想未及时调整，认为专业课的任务是讲授专业知识，思政教育应由专门的思想政治理论课承担，造成专业教学与思政教学“两张皮”的现象；另一方面，部分教师虽然响应专业思政号召，却浮于表面，为了应付专业思政要求，生硬地在教学内容中嵌入思政点，既打乱了专业教学节奏又不能有效发挥思政作用。

（二）重理论轻实践

证券投资学是一门实践性极强的课程，但现实教学中却出现重理论轻实践的现象。首先，教材方面，大多数教材注重理论知识的介绍，实务性内容较少。一方面，证券投资学教材侧重于基本面分析、技术分析、估值理论、投资组合理论以及资产定价理论等内容的介绍，实际案例分析较少；另一方面，由于教材编写与出版具有滞后性，不能及时反映金融市场的发展与创新，使学生对证券市场与金融产品产生距离感。其次，教师方面，部分教师缺乏投资经验，不关注证券市场，只能照本宣科，以讲授理论知识为主，疏于对市场实践的讲解。因此，在传统证券投资学培养模式下，学生仅掌握了相关理论知识却不知如何运用，同时，由于实践的缺乏，学生难以深入理解理论。

（三）重教材轻需求

虽然面向本科生的证券投资学教材一直在更新换代，但由于教材编写、出版的滞后性，即使最新出版的教材也难以满足人才培养需求。[3]一方面，证券市场发展日新月异，产品不断创新、交易更加多样化，证券投资学教材中的内容可能会略显陈旧，如近期的科创板设立、北交所成立等，并没有涵盖在最新的教材中；另一方面，部分教师在讲授证券投资学时，围绕教材展开，以把教材上的知识点讲完为目标，较少联系证券投资的最新发展趋势。因此，过度重视教材、忽略证券投资市场的最新动态与发展趋势，造成授课内容与现实需求脱节。

（四）重讲授轻互动

传统证券投资学课堂教学容易陷入重讲授轻互动的局面，即教师在授课过程中以自我为中心进行授课，忽略与学生的互动，具体表现为以下几方面。授课内容上，习惯讲授自己熟悉的知识点，回避不熟悉的知识点，却忽略了学生是否感兴趣，是否有利于人才培养。授课方式上，习惯于选择方便自己的方式，却忽略了是否有利于学生接收知识。授课安排上，习惯于根据自己的节奏安排教学进度，却忽略了学生能否跟上节奏。如此，便导致师生互动少、学生参与度低、教学有效度不高。

三、新文科背景下证券投资学课程教学改革方向

为了培养符合时代需求、国家需要的投资人才，教育部积极推进新文科改革，鼓励需求导向、学科交叉、主动引领、持续改进。在此背景下，针对传统证券投资学课堂教学的上述现状，需要沿着以下方向进行教学改革。

（一）推进课程思政与专业教学的融合

习近平总书记在党的十九大报告中提出“要以培养担当民族复兴大任的时代新人为着眼点”。资本市场充满诱惑，唯有心正术精者，堪当建设中国资本市场之重任。因此，证券投资学教学中需要融入思政元素。实际上，自 1978 年十一届三中全会以来，新中国证券市场开始萌芽，到 2021 年北京证券交易所成立，中国证券市场在飞速发展，中国证券市场本身从不缺乏思政案例。因此，需要从中国证券市场中汲取思政元素，基因式地嵌入教学中，帮助学生树立正确的投资观、价值观，培养学生的社会责任感与民族自豪感。

（二）推进证券投资学与其他学科的交叉

新时代背景下，学科间的交叉融合是投资学专业人才培养路径的核心。[4]新文科改革理念下，证券投资学需要打破学科壁垒，与新文科外部的新工科交叉融合，与新文科内部其他学科交叉融合，以及与经管学科内部不同学科间进行有机融合。第一，新工科的大数据、云计算、人工智能与区块链等新技术可以有机地融入证券投资学教学培养中，助力证券投资学教学改革。第二，投资专业人才知识结构越发综合，证券投资学教学应综合新文科内部政治学、法学和心理学等学科，培养全面型学生，以适应时代需求。第三，资本市场投资需要综合运用经济学、会计学、管理学以及统计学等学科知识，因此需要注重证券投资学与经管类其他学科的内部交叉。唯有打破学科分界，实现由外到内、从大到小的学科交叉融合，才能培养出符合时代需求的复合型投资专业人才。

（三）推进实践教学与理论教学的结合

证券投资学是一门实践性极强的课程，为了培养学生的实践能力，需要有机地将实践教学与理论教学结合。首先，金融市场发展日新月异，理财产品不断推陈出新，在授课过程中需要及时补充介绍典型的理财产品、解读金

融市场动态，减少学生对金融市场的疏远感。其次，在授课过程中应当有意识地培养学生理论结合实践的思维模式。借助证券市场最新、最典型案例讲解相关理论知识，引导学生对案例展开分析，采用辩论赛、小组汇报等方式帮助学生运用理论知识解决实践问题。此外，通过邀请业界专家开展专题讲座或与金融机构合作共建实习基地等方式，为学生创造近距离接触实务的机会。

（四）推进高等院校与其他主体的协作

新文科背景下的证券投资学教学改革强调协同发展。高校、企业、科研机构具有不同的功能定位、资源优势，在证券投资学教学过程中，充分实现资源融合、协同发展，发挥“1+1+1>3”的效果。第一，培养方案的融合。高校在制订证券投资学教学培养方案时，可以邀请相关企业、科研机构人员进行探讨，将高校人才培养与企业、科研机构的人才需求融为一体，实现人才市场的供需均衡。第二，培养过程的融合。企业、科研机构应当充分发挥资源优势，通过提供实习基地、共建实验室等方式，丰富证券投资学教学过程中的实践环节，让学生跳出抽象的证券投资学理论知识，近距离体验证券投资实践，以便更清晰地树立学习目标。第三，培养目标的融合。新文科建设提高中国文化软实力这一根本目标的实现，不仅需要高校的教学培养，也需要企业、科研机构的实践培养。当高校证券投资学教学将必备的理论知识传授给学生、学生具备一定的金融素养之后，企业、科研机构可以接过接力棒，向在校学生提供实习机会，提高学生的实践能力。

四、基于 OBE 教育理念的证券投资学教学改革实施

为了更好地实践新文科背景下的证券投资学教学改革，教育理念必须转变。传统的教育理念以教师为中心，关注教师教了什么，强调过程的输入，难免陷入灌输式教育模式，与现实需求脱节。OBE 教育理念则以学生为中心，以需求为导向，关注学生学了什么，强调过程的输出，更加符合当下的人才培养需求。基于 OBE 教育理念的证券投资学教学改革依照“反向设计、正向实施”原则（见图 1），具体教学改革实施要点如下。

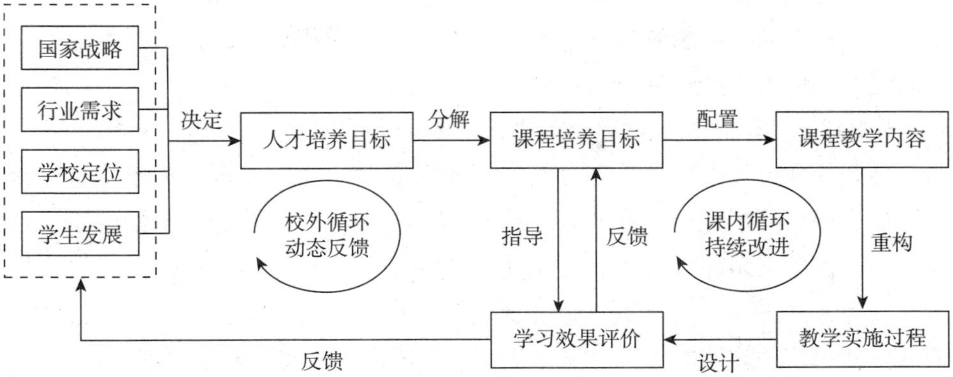

图 1　基于 OBE 教育理念的证券投资学教学改革设计流程

（一）基于内外部需求，确定课程培养目标

证券投资学课程教学目标是结合学校的发展定位与学生的个人发展，培养符合国家战略需要、满足行业需求的投资学人才。基于 OBE 教育理念，在课程培养目标设定上，从传统教育理念下关注“讲授哪些内容”演变为新理念下关注“培养哪些能力”，并进行分层重构，如表 1 所示。

表 1　证券投资学分层学习目标

层次	学习目标
识记层	能阐述证券投资学的基本原理与概念
应用层	能运用证券投资学原理指导个人理财并解释金融现象
创造层	能搭建证券投资分析体系并熟练运用常用分析工具探究投资问题
发展层	将证券投资学思维融入生活

如表 1 所示，证券投资学课程的学习目标是层层递进、彼此关联的。教师应当引导学生制定分层学习目标，鼓励学生在达成低层次目标后向高层次目标迈进，提升学生学习过程中的成就感，培养学生的自信心和自我驱动的学习能力。

（二）基于课程培养目标，配置课程教学内容

为了有效达成学习目标，需要针对性地配置课程教学内容。为此，应当将分层学习目标与教学内容建立明晰的映射关系，使教学内容更好地服务教学目标。以证券估值理论为例，针对第一层次的识记，需要介绍常用估值模型的原理与内涵；针对第二层次的应用，需要结合证券市场实际数据带领学生进行估值分析与模拟投资；针对第三层次的创造，应当带领学生使用估值

软件，引导学生发现各类估值模型的缺点，鼓励学生进行探索和改进；针对第四层次的发展，应当鼓励学生将价值投资理念运用于实践，通过持续学习获取复利效应，提升自身内在价值。

（三）基于课程教学内容，重构课程实施过程

传统教学过程以课堂教学为主，在OBE教育理念下，课堂教学应进一步向课前、课后两端延伸，在各环节合理配置教学内容。首先，基础的识记性知识不必占用太多课堂时间，可采用翻转课堂模式，让学生在课前通过观看微视频等方式进行学习；其次，在课堂上，以师生互动的方式，结合具体案例深入探讨相关理论的应用，培养学生运用理论解决实际问题的能力；最后，课后可借助QQ等教学管理群与学生保持互动，鼓励学生探索学习，培养学生的创造能力和自我发展能力。

（四）基于教学实施过程，设计课程评价体系

设计课程学习效果评价体系是为了了解学生学习情况，以便调整教学内容与实施过程，达到持续改进学习效果的目的。在设计评价指标时要注重全面性、客观性和指导性。OBE教育理念评价指标的全面性是指通过多方式评估（如小组作业、课程论文、实践报告、口试、笔试等）、多角度评估（如教师评学、学生互评）、多维度评估（如识记层、应用层、创造层和发展层的评估）以及持续评估（如随堂评估、模块评估、期中评估以及期末评估）来全面评估学生的学习效果。同时，评价指标需要相对客观，避免主观臆断，公平公正地反映学生的学习状况，以激励学生学习，形成良性的竞争学习环境。此外，评价指标应当具有指导意义，能较准确地反映学生在相关能力培养方面的优势与不足，并及时形成反馈，以指导学生巩固优势、弥补劣势。

五、结语

在全球进入新一轮科技革命以及中国经济追求高质量发展的双重背景下，证券投资学教学必须求新求变。传统证券投资学课堂教学存在重教学轻思政、重理论轻实践、重教材轻需求、重讲授轻互动等问题。在新文科改革背景下，证券投资学教学需要加强课程思政，促进学科交叉，注重理实交融，推进产学研协同发展。结合OBE教育理念，证券投资学教学改革的实施要从内外部需求入手，确定培养目标，进而配置教学内容、重构教学实施过程，并有效地评价学生学习效果，及时反馈，持续改进。在新文科背景下，基于OBE教育理念探索证券投资学教学改革既具有理论价值也具有实践意义。

参考文献

[1] 韩莉，傅巧灵，赵睿. 基于 OBE 理念的课程教学设计——以《国际金融》课程为例 [J]. 金融教育研究，2020，33（1）：67－74.

[2] 郑迎飞. 高校课程思政教学改革的思考——以《投资学》课程为例 [J]. 高教学刊，2019（4）：141－143.

[3] 黄春华. 应用型人才培养模式下“证券投资学”教学改革探究 [J]. 黑龙江教育（高教研究与评估），2020（10）：20－22.

[4] 何瑛，郭家荣，苏欣. 跨学科交叉融合与新文科人才培养路径：基于商科的视角 [J]. 商业会计，2021（19）：11－16.

探索新文科背景下金融工程课程改革的路径

邢　钰

2021年3月2日，中华人民共和国教育部发布《教育部办公厅关于推荐新文科研究与改革实践项目的通知》（教高厅函〔2021〕10号）。新文科是相对于传统文科而言的，新文科的提出是以中国特色社会主义进入新时代为背景，力求突破传统文科的思维模式，与其他多学科进行交叉、融合、创新，以需求为导向，促进传统文科的改造升级，以适应社会发展的新需求。金融工程专业归属于传统的文科类，但课程内容上又与数学和计算机等学科有着不同程度的交叉，是一门应用性较强的课程。金融工程专业主要培养的是精通衍生品知识和风险管理的金融人才，该课程是进入银行、证券、期货等金融机构从事相关工作的必学课程，这些岗位要求从业者不仅具有扎实的专业基础、较强的实践能力，还需要具备高尚的职业道德，因此在金融工程的授课中应注重思政知识和实践能力的融入。传统的金融工程课程教学中大多对理论学习投入了大量的时间，对金融知识的实践能力培养存在欠缺，对思政知识的教学实践还不够深入，因此，有必要在新文科的背景下对金融工程的课程改革进行探索。

在新文科背景下，为了适应金融科技的发展，应当以就业为导向，提高学生的金融数据分析能力。且随着时代的发展，一些重大时事刷新了对金融工程知识的传统认知，如石油期货价格崩盘事件。此外，思政知识的融入有助于金融工程学生加深对金融风险的理解，成为具有社会主义核心价值观的金融高水平人才。因此，需要在金融工程课程里添加时事和思政知识，并且持续地研究与更新，做到与时俱进。此外，通过组织相关学院联合开设与计算机相关的实验课程来提高学生的实践能力。本文主要从两个方面对金融工程课程体系建设进行研究和改革。一方面，研究将时事和思政知识融入金融工程案例教学中，优化课堂教学设计；另一方面，通过实验课程提高学生的实践能力以适应金融科技的发展。在实践探索中，还应该改革现有的考核方式，加大对以上两方面的考核力度来检验教学和学习效果。

一、新文科背景下对金融工程课程改革的必要性

金融工程的课程内容主要包括金融衍生工具如远期、期货、互换和期权的定价与风险对冲。金融衍生工具的使用可以创造性地解决金融难题，控制金融风险，但是如果缺乏对金融衍生品的正确认识，反而会放大风险，严重的可能还会引起金融危机，比如2008年的美国次贷危机就与信用违约互换产品有关。因此，在教授金融工程课程时，应该引导学生在学好专业知识的同时，还要正确看待金融危机与衍生品的关系。为国育人是大学培养人才的首要目标，应该将时事和思政知识融入金融工程案例教学中，讲好具有中国特色的金融故事，增加学生的文化自信，培养具有家国情怀的金融科技人才。此外，进入新时代，金融科技正在改变金融行业，传统的课程知识已经不能适应行业对人才的需求，应当增加金融工程课程配套的实践教学课程，培养学生的数据分析能力，以适应金融科技的发展趋势。

金融工程专业起源于国外，因而国内的很多教材都是由国外的教材翻译而来，教材内的案例多以国外的案例为主，缺乏我国市场的实际案例，对思政元素的挖掘还不够到位或是思政知识的融入过于刻意，这都容易导致学生的认知出现偏差，文化上不够自信，因此应当在课堂教学中添加中国元素，引入时事和思政知识，引导学生充分认识我国衍生品市场的发展现状，而不是盲目地崇洋媚外。此外，应结合金融工程的学科交叉特征，以“夯实金融基础、注重学科交叉、融合量化科技、强化实践训练”为目标，将理论与实践有机结合，增强社会责任感与担当意识。授课时可以向学生介绍各种计算机语言的发展历史与前景展望，鼓励学生走在学术和科技发展的前沿，了解金融科技时代需要掌握的与金融相关的计算机语言和未来金融行业的发展趋势，培养学生努力为我国建设金融强国而奋斗，将立德树人落到实处。

二、金融工程课程教学存在的问题

（一）对思政教育不够重视

以往的金融工程教学过程中都将大部分精力放在专业知识的讲解上，注重数理公式的推导，对思政教育的重视程度远远不够。思政知识都是略讲或者不讲，教材、教学大纲、作业和考试试卷中都鲜少出现思政元素，这说明了现阶段思政教学的缺失，思政教育还没有受到广泛的重视和认可。出现这种现象的原因主要有两个。一是教师对思政元素不熟悉，理解不透彻，很难

把握思政教学的正确方式，学生对思政知识存在刻板印象，需要从思想上改变师生对思政学习的认知水平，认同思政学习的重要性。二是金融工程课程的思政教学尚在起步摸索阶段，教学手段还不够成熟，金融工程课程思政案例库还不够充实，教师的授课经验不足，学生的学习热情也不够高。基于上述现状，在新文科的契机下，我们应抓住机会，积极探索将思政知识融入金融工程的课程教学中，一方面可以加快金融工程课程的升级改造，以快速融入新时代金融行业的发展；另一方面可以依托课程思政教学成果打造我校金融办学特色，提升我校的办学影响力。

（二）学生缺乏学习兴趣

由于传统的思政教学往往不由专业课程的老师担任，教学内容和教学形式可能较为单一，不够生动，与专业课程内容存在脱节和牵强的现象，所以思政教学给学生的印象比较刻板，学生对思政知识的学习存在认知偏差，觉得思政知识的内容单调乏味，提不起兴趣，时间一长就容易出现消极和抵触的情绪。此外，目前金融工程课程的考核与思政教学内容的融合性较差，失去了思政的考核环节，无法检验学生的学习效果，学生也缺乏学习的动力，在学习的过程中容易敷衍，这不利于课程思政的教学，应注重师生互动，形成良性循环。在金融工程课程改革中，教师应当注重课程专业知识与思政知识的巧妙融合，不生搬硬套，运用生动的案例进行讲解，增加教学的趣味性。案例应以我国市场上的金融案例为主，重点讲述我国的金融发展史和风险案例，在传授知识的同时，引导学生树立正确的社会主义核心价值观。金融工程课程本身的内容偏重计算，难度较大，较为枯燥，思政教学的融入是一个长期探索的过程，应给予学生接受的过程，循循善诱，提高学生对课程思政知识的认同感，调动学生主动学习的积极性，促进教学相长。

（三）实践教学经验不足

定价和风险管理是金融工程课程知识的两大核心内容，传统的课堂讲授注重定价公式和对冲策略的推导，对理论在实践中的应用很少提及，导致学生动手能力薄弱，在金融科技时代已经不能满足企业对金融工程专业毕业生的要求。因此，应通过在课程考核环节中增加对实践能力的考核环节，开设金融工程课程配套的实验选修课等方式来弥补学生在数据分析实践能力上的短板。相比于传统的理论知识教学，实践教学的学时较少，实践课程种类较少，内容较为传统，大多以金融综合类实验为主，很少有专门针对金融工程知识的实践课程。而在金融科技时代，对金融工程专业学生的实践水平提出了更高的要求，比如很多大型金融机构在招聘时都要求应聘者掌握一门或多门计算机语言，如 Python 和 Matlab，要求学生可以应用计算机开展研究型实验，发挥创新能力，将理论与实践融合在一起解决金融难题。目前的实践课程对金融市场的数据和实际案例的教学还有待加强，开设的金融工程配套的实验课程应增加数据分析方面的专项实验，讲授与金融相关的一些数值实验，如金融时间序列分析、计算资产组合的有效前沿、固定收益证券的价值、金融衍生品价格等。这可以帮助学生理解金融建模与实验的基本原理，帮助学生应用所学的理论知识解决具体的金融问题，掌握从事金融工程实务工作所必需的建模知识，加深对专业基础课的理解，加强学生的动手实践能力。实践课程所涉及的内容对于培养学生运用计算机工具分析金融中面临的问题具有很大的意义，在学生的毕业论文写作和就业升学方向的选择上具有直接的指导作用。但由于以往实践课程的设置缺乏科学性，课程衔接不流畅，课程内容未及时跟随市场变化修订完善，教师参与实践课程的培训热情不强，因而金融工程课程的实践教学存在经验不足的问题。

（四）师资力量薄弱

在新文科的背景下，无论是思政教学，还是实践教学，都对教师的教学能力提出了前所未有的更高要求。当前金融工程课程的师资主要是由具有金融和数学背景的教师构成，这说明师资背景较为单一，教师对专业知识的教授得心应手，但未必对思政和实践课程熟悉，应该补充具有计算机和思政背景的师资联合打造金融工程课程，学校应整合校内师资，加强不同专业教师之间的学习与交流。此外，教学团队成员主要来自本校，与校外企业的联系不足，与金融机构的交流不够频繁，实习基地数目有限，校友资源还未充分挖掘，所以目前的实践教学能力还较弱。这些原因都使得金融工程课程改革变得进展缓慢，若要快速提升金融工程课程改革，需要加大对师资团队的建设投入，通过引进人才、产学研等项目，联合打造高水平的金融工程课程师资团队。

三、金融工程课程思政元素的梳理

金融工程课程中可待挖掘的思政元素很多，但知识点分布较为零散，因此为了在实践教学中熟练讲授，需要教师在备课时提前对思政元素进行全面细致的梳理。思政元素一般不会直接体现在教材里，而是需要教师耐心地去查找，切忌生搬硬套，要设计思政知识的导入环节，力争做到巧妙融合，“润物细无声”。现针对我校金融工程课程使用的教材中的思政元素进行一个全面的梳理和归纳，可以为教师的教学设计提供一定的思路。

在第一章导论中，讲授运用辩证唯物主义的观点看待金融衍生品与金融危机的关系，帮助学生了解我国金融市场发展过程中衍生品起到的作用、衍生品的优点与缺点，教学目标是让学生能够较好地掌握我国衍生品市场的产品种类和发展现状。

在第二章远期和期货概述中，引导学生运用发展的观点看待我国期货市场与西方发达国家期货市场的差距，探讨习近平新时代中国特色社会主义制度下衍生品市场发展路径选择，展现我国金融的发展成就，增强学生的民族认同感和自豪感。

在第三章远期和期货定价中，介绍无套利方法计算远期和期货的价格，并分析套利交易的优缺点，引入经典案例“327 国债事件”，介绍期货市场与现货市场的制约关系，引导学生积极探讨我国期货市场的风险因素。

在第四章远期和期货的运用中，运用实事求是的方法分析在新中国成立与改革开放后投机者角色的发展变化，进一步引导学生正确认识金融衍生品市场的投机风险，理解运用套期保值方法控制风险的必要性，讨论企业是否有必要做套期保值，以及如何做套期保值来规避风险。

在第五章股指期货、外汇远期、利率远期和利率期货中，可结合我国现有的衍生品种类介绍我国衍生品市场的发展现状。要求学生课后查阅我国衍生品的特点，理解衍生品市场具有服务于实体经济的功能。

在第六、第七章互换概述及互换的定价中，结合习近平总书记关于金融服务实体经济的天职和宗旨、要求为实体经济发展创造良好金融环境等系列重要论述指导学生正确运用衍生品来管理风险。

在第八章互换的运用中，通过案例介绍互换套利的方法，讲解利用比较优势理论运用互换进行合作套利，规避风险，引导学生理解合作进行金融创新的意义。

在第九、第十章期权概述、期权回报与期权价格中，结合党的十九大关于防范化解金融风险和证券市场风险相关部分的系列讲话，帮助学生理解期权产品的交易特点和风险特征。

在第十一章布莱克—舒尔斯—默顿期权定价模型中，主要介绍布莱克—舒尔斯—默顿期权定价模型与期权价格的推导，以科学家的奋斗故事为案例，讲授金融工程的发展史。

在第十二章期权的数值解中，主要介绍二叉树模型、蒙特卡洛模拟、有限差分法计算期权价格，通过比较各种数值方法的优缺点，培养学生的批判性思维，不盲从。

在第十三章期权的交易策略中，主要介绍不同行情下期权交易的各种策略，通过引入青山镍事件和中行原油宝等风险事件，说明交易策略应随市场行情变化而时时调整，引导学生从这些事件中吸取经验教训，深刻反思。

在第十四章期权价格的敏感性与套期保值中，介绍期权套期保值的重要性及期权投机交易的危害。

在第十五章信用衍生工具中，讲解信用衍生品如信用违约互换等产品的交易特点，引导学生正确理解信用衍生品与美国次贷危机的关系。

上述内容是对现在正在使用的金融工程教材的思政元素的总结与归纳，教师可以根据上述提出的思政教学要点，定期举办集中研讨会，将思政知识的趣味性、实用性、科学性融入课堂，精心设计教学案例与过程，积极开展第二课堂，实现线下与线上的同步教学，全方位地育人。

四、金融工程课程改革的实践路径

在新文科的背景下，金融工程的课程思政教学和实践教学都应该继续加强。针对现在思政教学的不足之处，应采用多样的教学形式，并在教学内容上做出调整和更新。可以通过结合时事新闻、国内金融市场案例导入思政知识，组织学生进行小组讨论、课外实习等方式补充思政知识的学习。针对实践教学的不足，可以通过开设计算机等交叉实验课程、同企业或金融机构联合设立实习基地等方式，有效提升学生的实践能力。课程改革需要教师投入大量的时间和精力去研究，在学生的学习过程中，通过学生预习、课堂、复习等环节去慢慢渗透思政和实践的知识，并根据学生的学习效果，适时地调整和完善教学计划。

（一）在课内牢固树立社会主义核心价值观

课堂教学是课程思政教学的关键，教师应在课堂上始终牢固树立社会主义核心价值观。社会主义核心价值观的基本内容包含 24 个字，富强、民主、文明、和谐是国家层面的价值目标，自由、平等、公正、法治是社会层面的价值取向，爱国、敬业、诚信、友善是公民个人层面的价值准则。在课堂授课中，教师应该将这 24 个字的精神内涵正确传递给学生，引导学生拥有爱国主义精神和正确的价值观、职业道德。可以向学生介绍金融行业的先进个人事迹，号召学生向榜样学习，坚守职业道德底线，立志为发展我国的衍生品市场而努力奋斗。同时，还可以增加师生互动环节，学生分组查找资料并介绍我国在国际衍生品市场上交易的失败案例，培养学生分析问题的能力，增强团队合作意识，让学生清楚地认识到我国衍生品市场的现状和不足，认识到与世界其他金融强国的差距所在，吸取前人的教训，更加努力地学习专业知识，将来发挥自己的特长，为我国建设成为金融强国发奋图强。

（二）丰富思政教育在课外的应用

光靠课堂教学不能最大限度地发挥思政教学的作用，思政教学还可以在课外借助其他方式得以丰富。课外教学可以提高学生的学习兴趣，丰富课程思政教育的形式，提高教师的教学能力。金融工程课程知识主要讲授衍生品，所以可以组织学生参观期货交易所，让学生直观感受我国衍生品的发展历程，组织观看纪录片《大国崛起》《华尔街：明暗创新》等，让学生了解到当今风云变幻的金融市场，认识到金融风险对世界经济的影响，衍生品的运用对控制金融风险的作用。还可以鼓励学生参加衍生品相关的知识竞赛，这些丰富多样的活动可以拓展学生的视野，增加学生的民族自豪感和文化自信。此外，教师还可以充分利用线上丰富的教学资源，对思政元素进行充分的挖掘，利用第二课堂与学生及时沟通答疑。

（三）开设金融工程配套实践课程

金融工程的课程教学目标是“夯实金融基础、注重学科交叉、融合量化科技、强化实践训练”。该课程是一门理论与实践结合非常紧密的课程，为了提高学生的动手实践能力，教师授课时可以向学生介绍各种计算机语言的发展历史与前景展望，鼓励学生走在学术和科技发展的前沿，了解金融科技时代需要掌握的与金融相关的计算机语言，以及未来金融行业的发展趋势，培养学生努力为我国建设成为金融强国而奋斗。通过开设金融工程配套的实践课程如 Matlab、Python 和 R 语言等，运用计算机软件绘制股票历年来的金融时间序列图，让学生直观地感受到中国股市的发展历程，引导学生在追溯我国金融发展历史的过程中，得到一些启示。通过编写程序计算夏普比率和贝塔系数，考察风险和收益之间的关系，度量证券的系统性风险，在实验的过程中引导学生理解金融系统性风险的危害，以及如何防范系统性风险的发生。在教学过程中采用灵活多样的组织形式，既有教师讲授与实验演示，又有学生的分组讨论和报告。在这些教学形式相互融合的过程中，锻炼了学生分析问题、搜集数据、解决问题的能力，增强了学生的团队合作意识，激励了学生遇到困难迎难而上的斗志，培养了学生自主学习的好习惯。教学应注重量化思维培养和数据分析方法训练，强化与金融学交叉融合，为政府、企事业等提供适应金融科技发展和大数据需求的金融创新型、复合型、应用型专门人才。

（四）加强师资建设和校企合作

金融工程课程改革的主力军和核心力量是教师，教育工作的目标是立德树人，这也是根本任务，因此要对金融工程课程进行改革，首要任务是优化师资队伍，提高教师的思想政治修养，令其充分发挥专业所长。学校可定期组织教师集体观看党史、金融史、教育等主题纪录片，集中学习《习近平新时代中国特色社会主义思想学习纲要》《习近平谈治国理政》，开展党日活动、党史知识竞赛等活动，增加院校教师之间的互相学习机会，给教师提供去企业的培训机会，帮助教师提升思想政治素养。此外，金融工程作为一门实践性很强的课程，还应该注重加强校企合作，补充校内教学的短板。每年应定期组织专业学生去实训基地实习，完成一定的实习任务，让学生在实习中体会金融行业者必备的职业道德和素养，培养大学生的社会责任感和使命感，是金融工程实践课程在校外的应用。

（五）增加对思政和实践知识的考核

在过往的金融工程课程考核中，大多采用笔试的形式考核，且考核内容以计算为主，缺乏对思政知识和实践能力的具体考核。由于考核环节的缺失，学生学习态度消极，教师的教学热情也不高，在今后的教学中要调整这样的现状。如何考察学生的课程思政学习效果是个难题，为了检验教学改革效果，还应该在试卷中增加时事和思政元素的考核题目，提高学生的知识面和思考水平。此外，平时应灵活考查学生实践应用的能力。也可以在过程性学习中加以考核，比如写读书报告，或是分组报告，主题辩论会等，通过多样的形式考查学生的批判性思维能力，比如组织学生讨论对近年来衍生品市场上著名的青山镍事件和中行原油宝事件的思考，考核学生专业知识的同时，又考察了学生对时事的关注程度与思考能力，还可以探讨我国衍生品市场的发展前景等。关于实践知识的考核，可以通过上机考试、实验报告、实习报告等方式来考查学生的实践能力，教师对学生的考核应该是全面的、综合性的，既有过程性考核，又有结论性考核。同时，根据考核结果，教师可以更好地了解学生的学习状态和思想动态，可以更有针对性地调整教学计划，设计出更合理的教学方案。学生也可以根据考试结果，促进学习兴趣，改变学习方法，更好地掌握思政知识。在新文科的发展机遇下，应当抓住以考促教、以考促学的机会，全面提升金融工程课程的教学效果。

五、结语

本文探讨了新文科背景下金融工程课程改革的必要性，尤其是进行课程思政教学和实践教学的改革。目前，针对金融工程教学中思政知识融合不足和重理论轻实践的问题，文章总结了我校金融工程课程教学中，存在对思政教育和实践教学不够重视、学生缺乏学习热情、师资力量比较薄弱等问题。本文还详细梳理了金融工程教材中的课程思政元素。根据目前存在的问题，提出了可行方案，如扎根课堂，在课堂内牢固树立社会主义核心价值观、丰富思政教育在课外的应用、开设金融工程配套实践课程、加强师资建设和校企合作、增加对思政和实践知识的考核等。面对新文科的机遇与挑战，应以此为发展契机，加快金融工程课程的升级改造，将理论与实践结合起来，积极开发适应社会需求的实践课程。课程师资团队应加强政治学习，用精神引领学生，将为党育人作为首要任务，培养学生的爱国主义情怀、社会责任感与担当意识，为我国建设成为金融强国而努力奋斗。

参考文献

[1] 谭春枝，谢军，莫国莉. 新文科背景下金融工程学课程线上线下混合式教学研究——以广西大学为例 [J]. 广西教育学院学报，2021（3）：139－143.

[2] 戴鸿丽. "金融学" 课程思政的理论思考与实践探索 [J]. 宁波工程学院学报，2020，v.32；No.109（4）：107－112.

[3] 周弘，颜廷峰，欧鲲. 金融学课程群课程思政与课堂教学融合探索——以安徽财经大学金融学院为例 [J]. 内蒙古农业大学学报（社会科学版），2020，v.22；No.113（5）：56－60.

[4] 刘晴，侯森. "课程思政" 视角下财经类专业人才培养路径研究 [J]. 经济研究导刊，2020，No.454（32）：78－79.

[5] 冯林，梁巧慧，彭红枫. 金融类专业课程思政的理论思考及实践 [J]. 山东教育（高教），2020，No.1146（12）：34－35.

[6] 郭畅. 基于 BOPPPS 的多维混合金融工程教学模式新探索 [J]. 大学：教学与教育，2021（35）：82－84.

新文科背景下“风险投资学”课程思政刍议

宋　文

一、引言

“为谁培养人，培养什么样的人，怎样培养人”，这是新中国在当前国际形势变化复杂、经济结构转型嬗变的时代之问，也是当代教育者所必须回复的职责命题。上海高校界发起的“大国方略”系列课程给这一“时代之问”提供了较好的答复思路。自此，我国的高等院校就“课程思政”进行了深入探讨和系统研究，并初步获得较好的实践经验。然而，“课程思政”并非简单的“专业课+政治”的“1+1”形式，其内涵具有综合性、延展性、时代性和创新性等多重特征，很多理论框架和实践检验都需要深入研究和反复验证。尤其是基于具体某一学科，“课程思政”需要结合专业课程的具体特征，实现隐性的价值引领和专业技能的统一融合，达成“盐溶于水”而非“米中掺沙”的目标。

“课程思政”的理念发端于上海高校界的课程思政改革。2014年，上海市委、市政府印发《上海市教育综合改革方案（2014—2020年）》文件，将思政教学改革试验在全市高校推进，[1]并形成了以上海众多高校开发的“大国方略”通识课程、“创新中国”“创业人生”等“中国系列”课程为典型代表的系列成果，[2]并成功向全国教育界推广。2016年12月，“课程思政”的理念在全国高校思想政治工作会议召开后而广为人知，教育主管部门也开始将高校课程思政改革正式向全国推广。[3]2017年，中共中央办公厅、国务院办公厅印发了《关于深化教育体制机制改革的意见》，要求各类课程与思政课同向同行。[4]同年，教育部印发《高校思想政治工作质量提升工程实施纲要》，突出了“课程思政”在“三全育人”的地位。[5]2020年6月，《高等学校课程思政建设指导纲要》中教育部对“教学思政”给出了系统性纲领，明确提出“同向同行、显隐统一”的“三全教育”格局，并指出“立德树人的成效”是检验的根本标准。自此，教育主管部门对“课程思政”理论框架和建设路径给出了指导方向，各高校也就“课程思政”的改革进行了研究和尝试。

我国课程思政建设的发展路径如图 1 所示。

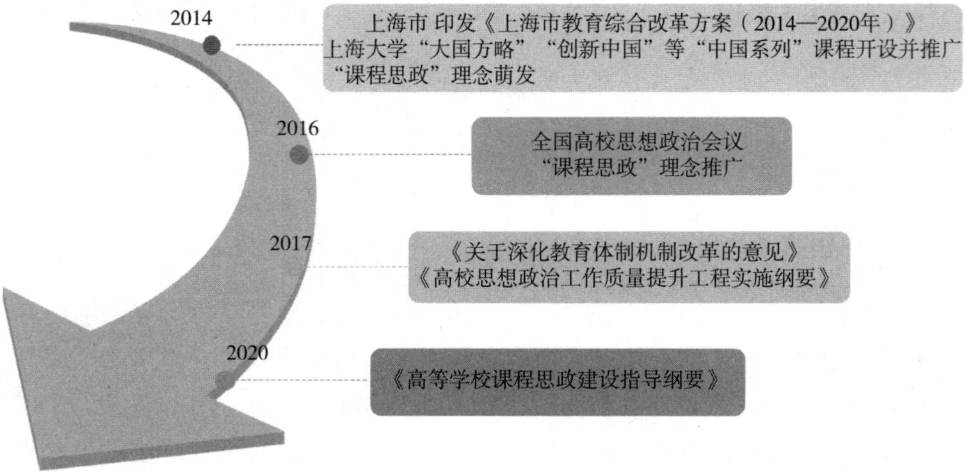

图 1　我国课程思政建设发展历程

“新文科”这一理念的提出稍晚于“课程思政”，但新文科的建设为“课程思政”的建设发展提供了新的理念指导和理论支撑。“新文科”和“课程思政”在“守正创新”“价值引领”等维度具有天然的重合性，但在宏微维度、指导高度等方面又有着较为明显的主从关系。

尽管当前不少学者分别就“新文科”建设和“课程思政”建设从哲学、教育学、机制设计、实证验证等角度给出了理论指导和实践范例，但当前仍较少有学者思考如何在“新文科”的背景下考虑某一专业课的“课程思政”建设。

本文以南京审计大学金融学院的“风险投资学”为例，就新文科背景下金融学类专业课程的“课程思政”的理念设计和实施路径予以探讨。

二、“课程思政”与“新文科”的内涵辨析

自上海大学开设“大国方略”通识课以来，“课程思政”的内涵在不断深化发展。从最开始的增设课程以进行思政到将思想政治教育融入课程改革各环节，再到“专业课程是课程思政建设的基本载体”，实现“门门讲思政、人人讲育人”的工作目标。[6]

不少学者从不同角度对“课程思政”给出解读。最早提出“课程思政”的是高德毅和宗爱东（2017），他们认为要重视思政课之外的课程育人功

能。[7]张苏亚（2022）认为课程思政是一种综合教育理念，以全员、全程、全部课程育人形式，将思政与各课程有机、协同为目标，实现“立德树人”的根本任务。[8]与传统思政课程相比，加雪莲（2022）认为“课程思政”更加强调“立德树人”的目标，并始终将“思政”元素贯穿专业课程，实现“三全育人”机制。[9]还有学者从“德育”与“思政”比较角度、价值引领角度、课程设计优化角度、绩效考核角度等阐述“课程思政”的内涵。[10]

综上所述，国内大部分学者都认可“课程思政”是在专业课程中探索和发掘思政教育资源，通过现代化、多样化、灵活化的教学方式，实现价值及知识的隐性融合。

我国的“新文科”概念首现于2018年12月教育部经济和管理类教指委主任委员联席会议。就其内涵而言，《新文科建设宣言》对新文科建设的意义和价值给予了详细阐述；樊丽明认为，新文科建设需要顺应新科技和产业变革趋势，立足中国特色社会主义进入新时代的新节点，促进文科发展的融合化、时代化、中国化、国际化。[11]在价值观构建方面，吴岩认为新文科建设关系个人的人格修养、审美情操、社会责任感等，“对于理工农医类教育而言，文科教育也是观照其发展的一盏灯塔，为其提供坚实的价值观支撑和伦理道德保证。”[12]

概括来说，关于“新文科”内涵的主流观点包括了新文科的时代使命性、学科融合性、科技前沿性和价值引领性。

通过对两者内涵的分析，我们发现“课程思政”和“新文科”在内涵、目标和方式等方面均具备内在一致性。就内涵而言，“课程思政”凸显专业课程中知识点对思政元素的承载，而“新文科”建设要求价值引领，强化人格、审美和社会责任的培养，因此两者具有“一体两面”的关联；就建设目标而言，“课程思政”要实现专业技能知识的传授和思想政治知识的熏陶，“新文科”要求当代文科教育要顺应时代需求，立足时代节点，实现文科发展的“四化”，两者本质上都是要求知识技能和思想情操的“双向互通”；就教学方式而言，“课程思政”要求用多样化教学手段实现思政在专业授课中的“如盐入水”，而“新文科”则要求多学科交叉融合的框架下，利用当前多种技术进行教学。“思政”与“专业课”算是某种程度的多学科交叉融合，而两者的教学方式都要求灵活化、高新化和多样化。

三、“风险投资学”教学现状分析

风险投资是技术创新与金融创新良性互动的产物，已成为一个国家发展经济、优化产业结构、提高经济增长质量的必由之路。“风险投资学”旨在讲授风险投资理论和风险投资分析的基本方法，是为培养“宽口径”“厚基础”“重能力”的金融投资专门人才而开设的专业课程。本课程主要介绍风险资本运作的相关原理、要素和机制，要求学生了解风险投资的内涵和外延，熟悉风险投资运作的流程和规范，强化风险投资中具体业务的运作程序意识和风控意识，掌握风险投资中的高科技产业分析技术、项目评估技术、资本市场运作技术等技能，从而为我国风险投资事业培养专业人才和后备力量。

作为金融学专业的重要组成部分，“风险投资学”有利于拓宽学生视野，提高学生风控能力，并能够培养学生的创新创业精神。[13]但因为课程涉及面广、综合性强，比如课程中涉及管理学、统计学、财务分析等内容，专业知识点相对枯燥，专业基础不牢的同学往往感觉所学知识枯燥无味，课堂氛围平淡无趣。当前“风险投资学”的思政课堂教学所遇到的问题有如下三个方面。

（一）“经师”与“人师”尚未同向

2022年4月25日，习近平总书记在中国人民大学考察时指出：“培养社会主义建设者和接班人，迫切需要我们的教师既精通专业知识、做好‘经师’，又涵养德行、成为‘人师’，努力做精于‘传道授业解惑’的‘经师’和‘人师’的统一者。”所谓“经师”，即对应着大学课堂中专业知识的传授者，所谓“人师”，则对应着“课程思政”中家国情怀、个人素养的输送者。因此，“经师”与“人师”的统一，是能够实现专业课堂的“课程思政”在教师端的良好保障。

目前，“风险投资学”的课程思政尚缺乏顶层设计，在制度、目标、内容、考核等各方面尚缺乏有效的体系性规划和有力的保障措施。授课教师在专业课程中，思政素材较少，思政资源匮乏，且没有形成稳定的课程思政教研队伍，难以实现规模化的辐射效应和影响力。

（二）“技能”与“认知”尚未同步

目前大学生均是“千禧一代”，生来就是互联网的“原住民”，对科技更新、商务业态发展等具有天生的敏感性。因此，大多数大学生对于学习问题，能够积极主动地从网络、媒体等渠道去找寻解决方案。尽管这些都是“浅层学习”模式，但这一模式能够保障学生掌握基础的学习技能。另外，因为网络资源庞杂无边，尤其是“大数据”时代，每天产生海量的数据资源，导致很多信息失真，甚至是完全虚假信息。大学生对于这些信息的识别能力往往不够。

“风险投资学”一般为大三、大四学生开设（我校为第七学期），学生经过前期的学习，对专业课程体系已经有了较为系统的了解。但在高年级的课程学习中，学生也有自己的认知困扰。一方面，即将毕业的学生往往纠结于专业课学习和升学备考等方面的时间冲突问题；另一方面，学生也面临着理论知识的学习与实践检验脱节的问题。不管是未来考虑升学还是考虑就业，学生在这一阶段往往处于认知的困惑期和迷茫期。

（三）“教材”与“教法”尚需改进

教材的修订具有周期性，但在全国的创新创业的热潮中，风险投资每天都会出现新的模式和问题。这就要求风险投资领域的人才培养不仅仅要符合高校设定的培养目标，同时也要满足国家经济发展和行业发展的需求。传统的教材更新速度已经跟不上行业的发展速度，教材中所列的案例也不能反映当前行业的发展模式。例如，传统的风险投资学教材中案例往往都是硅谷的投资、中关村投资等几十年之前的投资模式，而较少有教材关注目前国内大量出现的产业园、创新园区等，也较少有关于国内国际新兴“独角兽”企业成长的案例。同时，大多数风险投资类教材尚没有将思政元素纳入知识体系，课程也缺乏合适的思政案例。

另外，在新兴科技发展的今天，风险投资学的教学方式，往往仍是局限在传统的讲授式。讲授式能够系统性传输教师准备好的知识模块，学生通过教师的教学设计也能够掌握一定的专业技能。但对于“风险投资学”课程而言，教师的主导性压制了学生课堂思考的主动性和独立性，这就严重影响了课后对学生掌握知识的考核性。而基于风险投资中有不少任务需要学生积极主动去思考和完成，比如尽调表、商业计划书、商务路演等，单纯靠教师讲授枯燥的步骤和规范，难以激发学生的学习主动性和学习兴趣。

综上所述，本小节从教师端、学生端和知识传输途径三个方面分析了当前“风险投资学”教学过程中所存在的问题。这些问题恰恰也反映了当前我国全面推进“课程思政”建设和“新文科”建设的必要性。

四、新文科背景下“风险投资学”课程思政建设路径

当前，研究新文科背景下专业课课程思政建设的文献屈指可数。孟德锋（2022）认为，在新文科导向下，金融学课程思政建设需要通过改进考核制度、提升教师价值引领能力、规范资源开发等措施，提升学生金融技能。[14]王冰心（2022）以《国际经济学》为例，从社会主义核心价值观、个人精神品格导向和专业与学科素养导向三个维度构建专业课课程思政的普适性原则，

并借助“课程+网络+实践”确保思政效果。[15]刘德瑜和陈静（2022）在“新文科”视域下探究了我国高校管理类专业课程思政的教学改革研究，发挥了教学新模式的作用。[16]上述研究对“风险投资学”的课程思政建设具有一定的启发性，但目前尚无文献对“风险投资学”这一课程的思政目标、思政内容和路径，进行系统性规划和研究。

（一）课程思政教学目标

我校“风险投资学”的教学目标可以从知识、领会、应用、分析和综合五个能力层面进行简要划分，如表1所示。

表1　本课程教学目标

层次	教学目标
知识	学生能够了解风险投资的发展历程、基本要素、风险类别、风险企业内涵及发展阶段、风险投资机构的概念、风险资本来源及构成、风险投资政策与法律
领会	学生能够掌握风险投资的特点、内在机理、风险识别与计量方法、风险投资主体的组织形式和发展机制
应用	学生能够综合运用所学知识，进行风险分析及控制策略设计、创业计划设计、商业计划书设计、商业调查报告撰写
分析	学生能够综合运用所学知识，对风险投资案例进行深入分析，总结管理启示
综合	根据某一新兴科技（新能源、石墨烯等），了解行业动态，分析关联产品潜在市场，通过模拟仿真等方法进行创业实验，并积极参与“大学生创新创业”项目

本课程秉承立德树人教学理念，以“诚信、求是、笃学、致公”（我校校训）为价值引领，确立培养学生红色审计的爱国情怀、求是、奉公的职业操守、诚信笃学的个人素养为课程思政目标，以扎实课程理论基础、形成风投逻辑体系、掌握行业实践技能为课程教学目标，从国家、职业和个人三个层面进行课程思政建设。第一，以“固核心价值观、养致公职业操守、培诚信个人素养”为思政教学主线，实现全方位思政教育。这一思政教学主线，有效融合了思政课程中的古典哲学、马列主义、中国特色社会主义、中华优秀传统文化、中国传统美德、我校特色文化等系列元素，同时实现了“新文科”所要求的“价值引领”的理论支撑体系。第二，配合专业知识及业界实训，以专业案例、专家交流、拓展阅读等方式，实现多手段思政教育。为避免因专业知识过于枯燥导致学生产生无聊、厌学情绪，课堂采取多样化教学方式，提升学生的参与度，改进“以考定分”的传统考核方式，以满足“新文科”对于先进教学科技手段的要求。第三，在专业知识中融入思政要素，基于时

效、实时、真实等学生愿意接受的素材，健全学生世界观、人生观和价值观，实现“盐溶于水”的隐性教育。通过教师对于教材素材的更新和扩充，有效改善传统教材不能满足当前行业发展和学生就业需求这一弊端。通过实时和真实的事件、案例、行业动态等素材库，选取学生关心、关注、感兴趣的题材，以讨论、辩论、小组作业等形式发挥学生的积极主动性，在学习专业知识的同时实现思政的同向同行。

基于“风险投资学”课程特点，结合思政教育目标，本课程教学实现两个主线，即“专业主线”的“夯实理论基础、形成逻辑体系、提升实践技能”和思政主线的“固核心价值观、养致公职业操守和培诚信个人素养”的融合，通过多样化教学手段，培养“德技双修”高质量人才。本课程思政建设目标如图 2 所示。

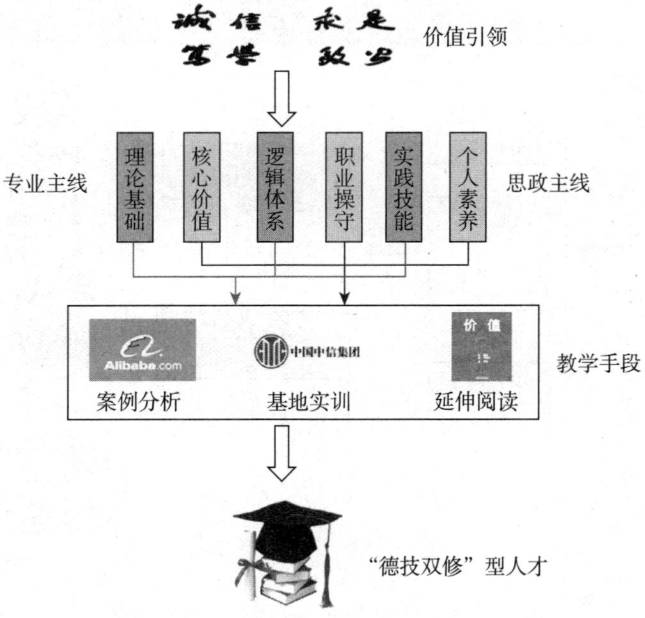

图 2　“风险投资学”课程思政建设目标

（二）课程思政建设路径

“风险投资学”课程思政建设路径拟从授课内容、授课方式以及课程特色三个角度展开介绍。

1. 教学内容。本课程教学内容包括风险投资的运作原理、运作要素和运作机制三个模块，共计 10 个章节，分别对风险投资的内涵、要素、风控、主体、客体、流程、评估及政策进行全面而系统的讲述。基于《风险投资学》课程特点，结合三条思政主线，本课程将专业知识进行模块化设计，并基于内容特点采用理论知识讲解、商业案例分析、商务技能训练、多媒体资源切入等教学手段，创新课堂教学方式，提升学生专业知识接受程度。

同时，借鉴于“神经元”的概念，构建社会主义核心价值观、职业操守和个人素养等内容为“思政元”，联合书院辅导员、企业专家等，从不同专业视角挖掘思政元素，搜集思政素材，基于所形成的“三位课堂”对素材进行整理、提炼、细化，结合课程内容模块和“思政元”，形成思政教学的有机体。

对应于模块化的专业知识和章节，将各个思政有机体汇集成思政知识图谱和思政案例，将思政内容多角度、隐含式融入专业知识教学中。本课程专业知识与思政要点对应关系如图 3 所示。

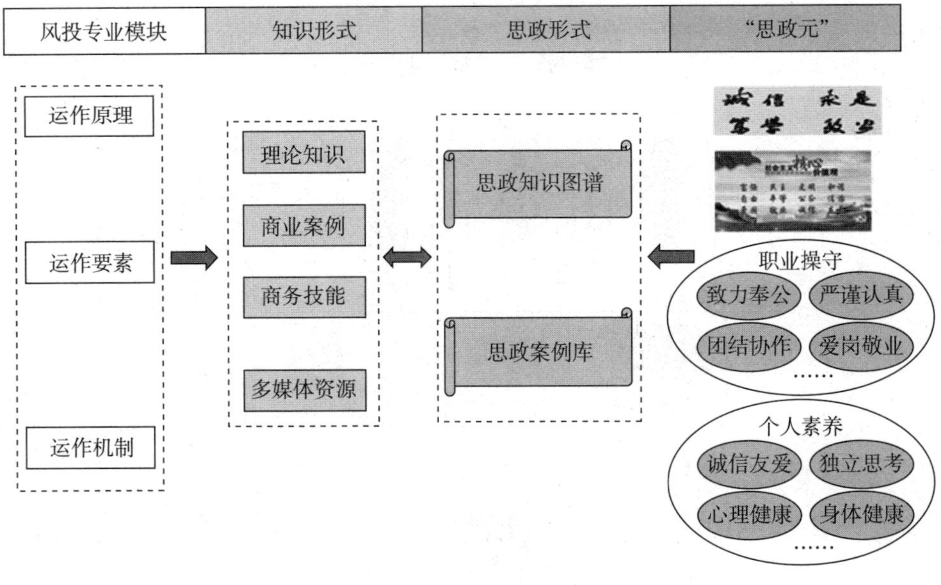

图 3　“风险投资学”课程思政教学内容

对应于具体的专业内容，结合灵活的思政有机体，构建专业知识和“思政元”相结合的案例或事例，在实现知识和能力传输的同时，努力实现课程的趣味性。

2. 授课方式。本课程基于“学生为中心”的原则，从教案、课程设计到课堂实施力求以学生更愿意接受的视频、案例、时效新闻等方式，提升课堂教学效果。

（1）模块化设计专业知识。基于本课程特点，将风险投资运作分为三大模块、十个章节，结合课前、课中、课后的全过程育人方式，在课程设计阶段尽可能发掘专业素材，在课上通过讲授式将基本原理尽可能结合业界案例、视频、企业专家课堂等方式拓展学生的知识广度和深度。

（2）多视角设计思政知识。本课程尽可能规避任课教师以单一视角收集思政素材，联合本校书院的辅导员（辅导员更熟悉学生的相关想法和理念）及学院合作的实践基地（如中信证券、弘业期货等）的从业专家，基于多视角发掘思政素材，群策群力打造“思政元”相关联的思政知识图谱和思政案例库。

（3）多维度设计成效评价。在全过程育人实施过程中，以小组化项目形式，强化学生的专业学习和思政效果。构建学生自评、互评体系，通过项目汇报、课程总结报告、期末考核等方式，尽可能将思政成效进行量化评估，同时基于教学反思和改进，进一步深化教学方式改革。图4为本课程实施流程。

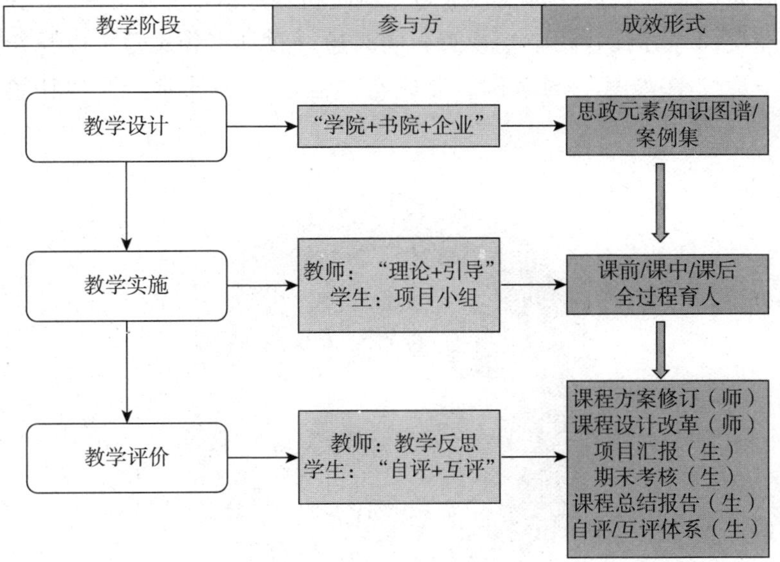

图4　“风险投资学”课程思政实施流程

3. 课程特色。本课程以“诚信、求是、笃学、致公”为价值引领，立足于学生的爱国情怀、职业操守和个人素养三个层面，打造以“三个三”为创新点的课程思政新阵地。

（1）打造“三色”课堂。本课程主要面向即将毕业的大三/四学生开设，学生对世界有自我独立的判断和认知，课程思政首先要从学生自我认知的层面展开，培养学生良好的个人习惯和职业操守以便于应对毕业后激烈的社会竞争；同时基于社会主义核心价值观的爱国情操是大学教育的首要主题。

“风险投资学”基于风险投资的运作原理、机制和要素的专业模块，着重强调“风险与收益的不对称性”，进而结合我校审计专业特色，在课程教学过程中引入“企业内审”的基础理论和相关技术，提升学生的交叉专业掌握能力，拟打造“爱国底色 + 青春亮色 + 审计特色”的“三色”课堂。

（2）打造“三位”课堂。课程思政案例库及知识图谱不仅仅来自课本及多媒体案例，更需要依据培养学生的需要，联合我校四个书院的辅导员和学院合作的企业专家，共同挖掘课程思政元素，丰富课程思政素材。本课程通过“学院 + 书院 + 企业”，打造“三位一体”的思政课堂。

（3）打造“三度”课堂。课程思政的核心在于专业知识的掌握和政治素养的提升。基于教学改革“两性一度”的观念，本课程拟打造具有“深度、广度和温度”的“三度”课堂。通过案例分析等加深学生对相关理论的理解，通过企业实训等方式开阔学生视野，同时通过教师引领示范、以身作则，学生挖掘身边“真善美”的事例，形成有“温度”的课堂。课程特色如图 5 所示。

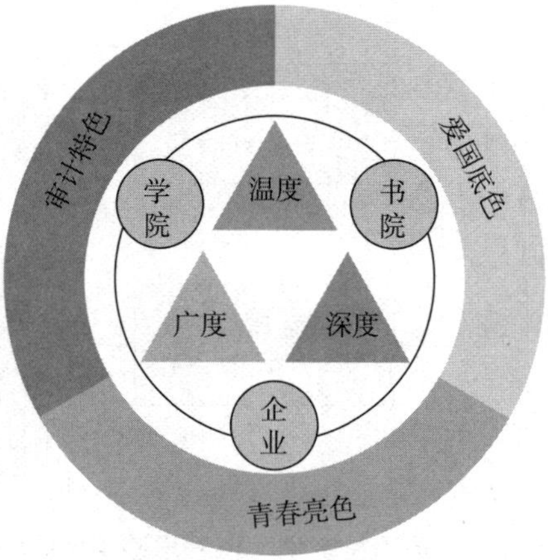

图 5　“风险投资学”课程思政特色

五、“风险投资学”课程思政课程设计范例

以课程教材第三章第二节《风险识别、计量与控制》为例，简单介绍风险投资学与“思政元”如何有机融合，实现“盐溶于水”的教学效果，如

表2所示。

表2　　本课程章节举例

课程概况			
课程名称	风险投资学	所属学院	金融学院
授课章节	第三章第二节	授课人	宋文
授课对象	金融学专业	教材名称	《风险投资运作》徐枫 高成亮
学生学情分析			
知识经验分析	经过前期学习，学生已经掌握风险投资业务的内涵和外延，能够区分风险投资与证券投资、赌博之间的差异化，了解风险投资对一个国家经济发展的重要作用。基于风险投资的内在机理和基本要素，学生能够对风险投资中的风险类型有一定的认知和识别		
学习能力分析	本课程授课对象为大三及以上的高年级学生，对金融学科体系有较高的认知水平，学生能够通过课本预习、生活中的新闻、案例等对风险投资中的相关主体、要素、风险形成表层认知。教师需要在课堂上进行引导、点拨，加强学生深入思考能力的提升		
思想状况分析	授课学生对事物的认知具有一定的独立性及个性，对一些常规的理念可能会产生一定的认知偏离。同时，面对即将到来的升学或者就业压力，学生情绪起伏也较大，对思政的内容方面有偏好性的选择		
教学内容			
教学目标	本讲主要介绍风险管理的全过程性和持续性，学习内容有风险识别、计量及分析的相关方法。学生在学习本讲后，能够采用常用的方法识别相关风险，对风险进行定性及定量的评估，同时能够采取一定的策略对相关风险进行管理		
教学知识点	风险识别　　风险计量　　风险控制		
重点难点	一、教学重点 （1）风险识别中的德尔菲方法、财务透视法、事件推测法等 （2）风险计量定量分析 （3）风险控制的含义及策略 二、教学难点 （1）如何引导学生掌握定量的风险计量方法，比如决策树、层次分析法，以及引导学习识别不同风险控制策略的功能及区别 （2）如何以“盐溶于水”的方式将风险管理内容融入课程思政教育		

续表

教学内容	
思政资源	一、"思政元" 爱国情操：不畏艰险、无私奉献 职业操守：严谨负责、恪守规则 个人素养：亲和友善、换位思考 二、思政素材 （1）本课程中，结合我国的夏季汛情，通过视频展示我国对灾区的救援，激发学生的爱国情操，坚定学生不畏艰险、无私奉献的信念 （2）本课程中，引入瑞银交易员私自交易导致20亿美元损失，而这一损失将导致CEO引咎辞职的案例，引导学生恪守职业操守，在岗位上要严谨负责 （3）结合学校防疫政策，以自身作为核酸检测志愿者为例，讲述个人感受，用信息码和身份证识别的系统时间差、防疫服穿上就不能脱下等细节感受，点拨学生要学会与人方便、换位思考
教学方法	
教学方法	讲解法：讲解风险识别/计量/控制的常规方法、操作流程 点拨法：讲解具体细节时，启发学生思考某些策略的意图及作用 讨论法：基于相关案例，引导学生讨论相关的风险类别及管理成效
教学手段	案例、视频、生活素材、多媒体
教学过程设计	
课堂导入	回顾风险内涵与类别、系统性风险与非系统性风险，引入洪灾属于系统性风险的概念，播放我国抗洪救灾的视频，激发学生的爱国情操
新课讲解	在课堂导入的基础上，主要讲述风险的识别、计量和控制 （1）风险识别：教师讲述德尔菲、财务透视、时间推测、情景分析、经验推测等，点拨学生这些方法适合何种情境，同时哪些方法适用于风险企业，哪些方法适用于风险投资机构 （2）风险计量：教师讲述主观评分、层次分析法、决策树、比率分析、盈亏平衡和敏感性分析方法的原理与流程，引导学生从风险计量的成本和潜在收益角度分析，不同的方法适用于不同的情境 （3）风险控制：介绍风险控制常用的方法，并以瑞银交易员的案例引导学生讨论，20亿美元是否是真正的损失？CEO引咎辞职是否是董事会最优的风控方法？你如果是一个交易员，应该恪守何种规则？基于此案例，谈谈你对企业内审的认知
课堂小结	回顾本课程所学的关于风险识别、计量和控制的基本方法，并结合当前疫情防控风险，讲述我国在疫情防控方面取得的成效。从个人志愿者的经历，引导学生要亲和友善、换位思考

续表

教学过程设计	
课堂延伸	（1）学生画出风险识别、计量和控制的思维导图 （2）第二课堂：《亚财商学院公开课：创业与风险投资》
教学反思	
学生反馈	以两个“什么”为标准，要求学生以“我学到了什么”和“我想了解什么”向教师提出反馈
教师反思	（1）利用时效、实际的事例，结合授课知识点，向学生传输爱国情怀和个人素养，引导学生思考风险与审计的关联。对应于本课程的“三色课堂”目标 （2）深入展开课程讲授的同时，结合业界的知名案例，引导学生深入思考，并基于相关情境，要求学生形成自我判断，给出相关结论。讲授过程中，学生自然得出结论，水到渠成。对应于本课程的“三度课堂”目标 （3）课程思政要有“盐溶于水”的效果，将思政元素融入课堂讲解内容之中，不着痕迹。强化与学生沟通，了解他们的真实需求，进一步优化教学设计

六、小结

本文探讨了“新文科”背景下“风险投资学”课程思政的建设问题。基于当前相关研究内容较少，本文从价值引领角度探寻思政素材来源，即从家国情怀、职业操守和个人素养三个维度找寻与专业知识点相结合的思政点，在课堂上将相关知识采用“知识模式＋思政元”的方式，通过多种教学方法实现思政与知识点之间“盐溶于水”的效果，并力图打造以“三个三”为创新点的课程思政新阵地。

当然，专业课的课程思政建设道阻且长，高校一线教师们需要加强自身业务修养，扩展个人眼界和思维，才能更好地实现课程思政的目标。

参考文献

[1] 王龙生．论课程思政的目的、原则及方法［J］．中国多媒体与网络教学学报（中旬刊），2022，2：126－129.

[2] 黄昆．课程思政与思政课程同向同行：内涵、依据与实践路径［J］．山东青年政治学院学报，2021，37（3）：19－24.

[3] 刘爱华．课程思政教学范式的三阶建构路径：开发、实施与评价［J］．大视野，2021，6：37－41.

[4] 刘琴．课程思政与SSI教育耦合探究［J］．西部素质教育，2021，7

(22)：5 –7.

［5］银珊．课程思政教学改革背景下高职英语教师教学能力发展研究［J］．湖北师范大学学报（哲学社会科学版），2022，42（2）：124 –131.

［6］李蕉，方霁．课程思政中的“思政”：内核、路径与意蕴［J］．思想教育研究，2021，11：108 –113.

［7］高德毅，宗爱东．从思政课程到课程思政：从战略高度构建高校思想政治教育课程体系［J］．中国高等教育，2017，1：43 –46.

［8］张苏亚．“大思政”背景下大学英语课程思政的落实研究［J］．湖北开放职业学院学报，2022，36（6）：88 –90.

［9］加雪莲．“课程思政”视角下“审计基础”教学改革研究［J］．太原城市职业技术学院学报，2022，2：158 –160.

［10］周谦，赵娟．“课程思政”视阈下财务管理学课程教学改革探索［J］．财会通讯，2021，11：165 –168.

［11］樊丽明．“新文科”：时代需求与建设重点［J］．中国大学教学，2020，5：4 –8.

［12］吴岩．加强新文科建设 培养新时代新闻传播人才［J］．中国编辑，2019，2：4 –8.

［13］鲁钊阳．“风险投资学”课程教学中项目教学法的运用研究［J］．当代教育理论与实践，2013，5（6）：101 –103.

［14］孟德锋．新文科导向下金融学课程思政的优化路径研究［J］．河南教育（高教），2022，2：66 –67.

［15］王冰心．新文科建设背景下专业课课程思政原则探讨与体系构建——以《国际经济学》课程为例［J］．豫章师范学院学报，2022，37（1）：41 –45.

［16］刘德瑜，陈静．“新文科”视域下高校管理类专业课程思政教学改革研究［J］．中外企业文化，2022，3：235 –236.

新文科视域下“金融工程学”教学创新探究

——基于正反案例教学法

宋　文

一、绪论

近年来，我国社会经济发展出现新的特征，就业市场的真实需求与高等院校毕业生的就业能力产生错配，学界和业界也就此进行了讨论和反思。基于此，教育部等 13 个部门于 2019 年 4 月联合启动“六卓越一拔尖”计划 2.0，该计划全面推进新四科即“新工科”“新医科”“新农科”“新文科”的建设。新文科要求高校教育突破传统的文科教学模式，利用新兴信息技术等丰富教学手段，以创新思维为导向促进学科交叉与融合，以实现传统文科高等教育的升级转型，培养满足当前就业需求的人才。[1]

（一）我国新文科发展历程

“新文科”一词源于 1980 年美国斯隆基金会的倡议，《斯隆基金会的新文科项目》报告系统总结了新文科发展的理论和实践成果。全球第一家实行新文科建设的高校是美国的希拉姆学院，该学院于 2017 年全面修订培养方案，重组了传统的 29 个专业，实现了文理学科的交叉和新兴教学技术的融入，学院院长瓦洛特教授在《为新文科设计模型》一文中系统性综述了该学院的做法及理念。[2]

我国的“新文科”概念首现于 2018 年 12 月教育部经济和管理类教指委主任委员联席会议。随着“六卓越一拔尖”计划 2.0 的启动，2020 年 11 月 3 日，新文科建设工作会议召开，会议发布《新文科建设宣言》，全面部署我国新文科建设工作。[3]2021 年 3 月，教育部发布《教育部办公厅关于推荐新文科研究与改革实践项目的通知》，进一步推动我国新文科的建设和发展。[4]

我国新文科建设的发展历程如图 1 所示。

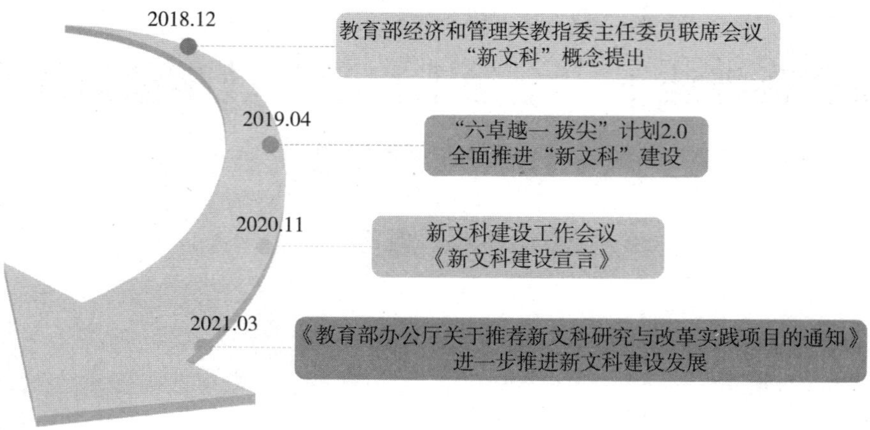

图 1　我国新文科建设的发展历程

（二）“金融工程学”概述

“金融工程学”是一门引入工程技术解决金融领域中金融风险和金融创新产品的学科，其借鉴工程管理理念，综合运用数学建模、模拟仿真、计算机网络、统计学等多学科知识，创造性解决金融问题并降低金融风险，具体涉及内容有金融产品定价（如远期和期权定价等）、金融风险管理（如套期保值和 CDS 等）、金融产品设计和交易（如奇异期权设计与交易）等。因此，金融工程学是一门具有明显的交叉性、前沿性和实践性特征的学科。[5]

“金融工程学”兴起于 20 世纪 80 年代的美国，美国金融学家约翰·芬尼迪在其论文《公司理财中的金融工程纵观》中首次提出“金融工程”一词，并给出了详细的概念界定。此后，金融工程专业在国外众多高校取得长足发展，比如美国的普林斯顿大学、哥伦比亚大学等；英国的剑桥大学和牛津大学等；新加坡的新加坡国立大学等。这些高校进一步发展完善了金融工程学的研究内容、教学内容和实践内容，并为社会培养了大量的金融工程人才。[6]

作为一门年轻的学科，“金融工程学”在我国发展仍然较为缓慢。1997 年，叶永刚教授从康奈尔大学将“金融工程学”引入国内，至 2001 年教育部正式批准在本科课程中开设该课，至今也不过 20 多年时间。随着资本市场和金融市场的快速发展，以及金融科技的不断进步，国际上对高素质复合型现代金融人才的需求越来越大。因此，“金融工程学”的学科地位和学科功能也不断受到国内教育界的重视。在 21 世纪金融教改会议上，将“金融工程”列为金融学专业核心课程的提议获得了评审专家的一致通过，并且推荐将金融工程纳入管理类或者经济类专业的教学内容之中。[7]

综上所述，“金融工程学”对学生的培养必须兼具金融学的文科思维和工程学的工科思维，要求学生能够综合掌握数理建模、概率统计、计算网络、数据处理等知识，运用计算语言、金融科技等工具解决现实的金融问题，创造金融产品。金融工程学本身的学科交叉性、技术前沿性和实践创新性天然契合我国“新文科”建设的发展要求。

金融学隶属于人文社会学科，大部分金融学课程所需的数学知识不多。而“金融工程学”在期权定价中所涉及的布朗运动、伊藤引理、BSM 定价公式等都需要较为扎实的随机统计知识进行理解和推导，这导致不少金融学专业的同学对金融工程课程中大量的数学公式推导和计算产生了畏难情绪，公式化的推导和讲解也导致课堂枯燥无味。为此，在金融工程课程的知识讲解中，需要引入一些“中介”来增加课堂的趣味性，并减轻学生的畏难心理。幸运的是，金融衍生品广泛应用于国际资本市场和金融市场，创新型金融产品和交易策略层出不穷，这为金融工程的科研和学习提供了丰富的案例和场景。

本文立足于“金融工程学”的学科特点，尝试在新文科的视域下探讨金融工程专业课堂创新教学活动。本文以国内和国际金融市场上发生的事件为题材，整理成为教学案例，并将章节的知识点糅合其中，在力图实现课堂趣味性的同时，促进学生能够较好接受和理解相应的知识要点和难点，以保障教学效果。特别地，不同于以往的案例教学法，本文试图从正面案例和反面案例相结合的角度，从基础的概念认知和原理理解（正面案例），到实践的风险认知和视野拓展（反面案例），最后到对企业内部风险控制的必要性认知（知识拓展），形成多阶段、多层次的教学认知目标。

二、文献综述

近年来，“新文科”议题不断被各领域的专家学者进行反复探讨和论证，不少高校也总结出一些心得和经验。案例教学法作为一种典型的教学方法，其适用性、实施过程和评价指标等，也被不少学者关注。本章对近几年学界对“新文科”的研究和案例教学法的使用进行简要综述。

（一）“新文科”的内涵及建设成效

关于“新文科”内涵的界定，当前并没有统一的标准。部分学者分别从时代使命、人才培养、学科融合、价值支撑等不同角度阐释了“新文科”的内涵。比如《新文科建设宣言》对新文科建设的意义和价值给予详细阐述；樊丽明认为，新文科建设需要顺应新科技和产业变革趋势，立足中国特色社会主义进入新时代的新节点，促进文科发展的融合化、时代化、中国化、国际化。[8]从人才培养角度，徐显明认为新文科建设必须基于社会需求，结合现代信息手段，丰富完善专业教学体系，培养出适应新时代、新格局，具有新理念的创新型人才。[9]有学者指出新文科建设的目的在于打破专业壁垒和学科障碍，提倡学科内部交融；借助不同学科自身的思维体系和研究视角，构建学科内部关联逻辑，进而产生新的知识。[10]在价值观构建方面，吴岩认为新文科建设关系个人的人格修养、审美情操、社会责任感等，“对于理工农医类教育而言，文科教育也是观照其发展的一盏灯塔，为其提供坚实的价值观支撑和伦理道德保证。”[11]

综上所述，关于“新文科”内涵的主流观点包括了新文科的时代使命性、学科融合性、科技前沿性和价值引领性。当前也有多个高校在新文科建设中取得阶段性进展。本文聚焦于经济与金融领域的新文科建设相关文献，进行简要梳理总结。

新疆师范大学分析了经济学专业应用型人才培养的困境，树立了新文科视野下经济学专业应用型人才培养目标，并规划出具体培养路径。[12]太原学院尝试将西方经济学和税法课程融合，在夯实学生知识、培养学生处理问题能力方面取得较大进展。[13]陈静（2022）通过将思政过程有机融入西方经济学教学全过程，从教材、教学、评价等多阶段实现专业课程的价值性和思想性的统一。[4]类似地，呼伦贝尔学院以新文科视角审视高等学校经济学课堂，基于经济学理论知识和“互联网＋”创新创业的实践活动，系统性梳理了当前的专业课程和思政教育融合的痛点。[14]

新文科视域下金融学教学领域也有较大进展。在新文科背景下，湖北经济学院结合“新文科”的创新性、融合性、战略性和发展性，从“新文科”和“新金融”的角度，探索促进“新金融”建设的新模式；[15]南京审计大学金融学院基于 OBE 理念对传统证券投资学课堂教学进行改革并取得初步成效；[16]阜阳师范大学金融工程专业提出金融人才培养模式改革目标、思路和具体措施。[17]基于不同行业背景，南京农业大学提出了基于人才分类分方向的农科高校金融学专业建设路径；[18]河南工业大学则探讨了行业特色高校金融专业人才校企协调培养的意义、难点及机制。[19]此外，在跨学科课程混合式教学改革方面，东北财经大学对行为金融学课堂也进行了有益探索。[20]

在现有新文科的内涵界定和特征界定下，我国学者主要从人才培养、思政融合、学科交叉等角度研究“新文科”背景下专业课程的创新机制设计和建设路径构思，但少有文献聚焦于微观层面上某一课程教学的创新研究和教学成果的评估。特别地，作为一门新兴学科，金融工程专业在“新文科”背景下的教学创新潜力尚未得到较好发掘。

（二）案例教学的内涵及其在金融工程领域的应用

案例教学法源于1870年哈佛大学法学院，后从美国传播至全世界。这一方法于1980年经由中美合作举办的“中国工业科技管理大连培训中心”项目首次引入我国，在管理学等应用学科领域的知识创造、传播与应用中发挥越来越大的作用。[21]

案例教学法的内涵也在发展过程中不断完善。案例教学强调以学生为中心，以案例为载体，以业务的真实情境为背景，教师的引导和学生的主动相结合，旨在提升学生分析问题和解决问题的能力。胡明辉和蒋红艳（2021）认为，相较于传统教学，案例教学法实现了教学目的、教学方式、教学载体和信息渠道的多重转变。[22]王家忠等（2021）认为，案例教学必须依情境进行分析和判断，只有将案例教学和专业教育的目标契合，才能最大限度发挥效能。[23]在综述了前人的定义之后，王梅等（2021）认为案例教学法是通过对学生及教学内容的分析，选择合适案例，引导学生进行讨论、交流，将抽象的知识通过案例方式展现，促进学生对知识的掌握和运用。[24]这一定义较为全面地阐述了案例教学的内涵。

“金融工程学”的授课内容与金融实务高度相关，且课程大部分内容涉及金融学微观分析，具备开展案例教学的条件，因此案例教学是学生近距离接触金融市场、认识市场和了解市场的重要途径。[25]基于金融工程所涉及知识相对广泛、抽象和枯燥等特点，胡芳（2018）认为在课程中引入案例教学是非常有必要的。[26]有多位学者在研究金融工程教学时都指出，案例教学法是一种值得重视的教学方式，[27-31]并从不同角度论述案例教学在金融工程课程的侧重点和难点。

学者们对“金融工程学”中案例教学法大多围绕案例背景、案例特征、案例设计等角度，而缺乏针对具体知识点所给案例的翔实解说和应用。同时，大部分研究成果尚未归入“新文科”视域框架。本文拟弥补这一差距。

三、新文科视域下“金融工程学”教学创新辩证分析

（一）新文科与“金融工程学”目标契合

新文科的建设要求“守正创新”，崔瑜（2022）认为新文科有四新，分别为“交叉融合之新”“教学方式之新”“价值重塑之新”和“教育理念之新”。[32]“金融工程学”基于自身特征，与这“四新”目标相契合。

1. 交叉融合之新。美国希拉姆学院“新技术＋文科”教改的成功，充分显示了学科融合的推动作用。传统学科的专业壁垒导致研究者和学习者局限于专业视角，对于金融领域出现的新问题，也只能拘囿于各自学科内的常规手段，而缺乏多学科交融的创新性解决思路和工具。不同于其他金融学科，“金融工程学”有效结合了“金融学”风险管理视角和“工程学”工程管理视角，本身就是多学科交叉融合的学科。该学科的主要学习目标即为产品创新和风险管理，通过运用多领域视角、多学科知识、多类计算工具等方式，以理论定价、量化测度、虚拟仿真、交易策略等多手段来解决金融市场出现的新问题。

2. 教学方式之新。随着现代信息技术的不断发展，专业教学方式也需要升级换代；随着数字化、智慧化、网络化教育时代的到来，高等教育的方式和手段也需要与时俱进。“金融工程学”在这一方面具有天然优势。从资本市场角度看，全世界资本市场和金融市场交易具有联动性和序贯性，这一方面提供了海量的交易场景和交易数据，为新兴金融科技提供计算素材；另一方面各类市场资讯以不同形式可以短时间内传播至世界各个角落，满足数字化的通信要求和数字化决策的支撑。从产品交易角度看，新兴金融科技对海量数据的加工处理，为“金融工程学”提供了最新的教学题材和内容。从教学内容角度看，“金融工程学”所涉及的固定收益证券、期货和期权是全世界资本市场交易最丰富和最活跃的金融产品，这些产品的定价需要采用数理模型、金融计量、虚拟仿真等多样技术和工具，这本身也有别于一般金融学科的教学模式。

3. 价值重塑之新。新文科建设的核心在于家国情怀、人文精神与现实关怀，其价值引领的作用尤为重要。基于发展历史原因，我国资本市场目前发展尚不成熟，还存在许多问题。相对于西方已经发展成熟的资本市场，我国资本市场非常脆弱。“金融工程学”中的经典案例“中航油事件”能够反映出对资本市场规则的不熟悉和贪功冒进会造成国家的重大损失。“金融工程

学”所涉及的理论和技术，均源自西方成熟市场，其市场现实、基本假设都与我国资本市场有差异，这些差异正是“新文科”价值引领的融入点，这也恰恰说明“金融工程学”是“新文科”价值重塑的一块理想的“试验田”。

4. 教育理念之新。新文科突出问题导向、能力培养，训练学生发现问题、分析问题和解决问题的能力。“金融工程学”所研究的内容均源于日常资本市场和金融市场的交易，而金融风险与各类市场具有天然的关联性。从日常交易的角度看，交易数据和产品定价能够有效反映出各地市场的特征和交易者的偏好，以便于比较分析不同的交易市场机制和交易模式，从而创造新的金融产品；从不同的风险冲击角度，资本市场和金融市场可以提供各种风险冲击下最真实的自然实验结果，这又拓展了人类关于“金融工程学”的理论知识，并为以后的类似风险防范做好准备。为此，海量的交易数据、多样的交易场景、众多的产品需求，能够为学生提供大量的问题和解决问题的机会。

（二）案例教学与两者的有效融合

案例本身作为一种教学载体，并无学科属性之分。基于 MBA 案例教学的目标，马风才（2022）给出了案例教学的三重境界：培养学生知识建构，精准选择经典案例；培养学生知识建构和思维训练，引入热点事件，引导学生给出解决方案；培养学生知识建构、思维训练和能力提升，引入企业原生问题，引导学生给出解决方案并评估实施效果。[33]本文从知识建构、思维训练和能力提升三个角度分析案例教学与新文科和“金融工程学”的有效融合。

1. 基于知识建构的第一重境界。基于教学目标，选择“金融工程学”中的经典案例，引导学生通过课前预习、课堂讨论、场景分析和模拟等增加学生对相关知识点的理解程度。在经典案例的引入中，注重课堂素材的搜集，通过视频、图片、故事等方式吸引学生的注意力，增加课堂的趣味性。在案例分析过程中，需要巧妙结合案例内容，突出所要学习的知识点，并在课堂上推演和练习，加深学生的理解程度。在案例小结过程中，要求学生基于自己的理解总结案例中事件的成因及注意事项。

经典案例能够有效凸显“新文科”中的“守正”思想，也天然承载了“金融工程学”课程思政的内容。

2. 基于“知识建构＋思维培训”的第二重境界。在知识建构的基础上，引入当前发生的热点事件，要求学生运用所学的知识来解读事件的性质，刻画出核心问题，并给出解决方案。基于案例分析并无正误之分，教师保持引导心态，要学生遵循一定的市场规则自由发挥，以培训学生的逻辑思维能力。

热点事件的分析和解决能进一步提升学生对于关联知识的认知和理解，也能够使学生从当前形势中获得时代使命感和家国情怀。

3. 基于“知识建构 + 思维培训 + 能力提升”的第三重境界。鼓励学生团队参与“中银杯”等模拟交易大赛，基于真实市场交易场景，考查学生实际交易的策略制定和市场分析能力。将往期优秀的大赛作品进行复盘作为案例，分析不同节点策略的成败及原因。进一步培养学生的风险控制能力和产品创新能力。基于不同场景，实现金融学和审计学的学科交叉，引导学生就金融工程中某一现象，进行模拟审计，也是提升学生实践能力的一种方式。

通过模拟交易大赛，能够提升学生的实践能力，也通过在比赛的过程中，强化学生的团队精神和职业操守。

图 2 为三重境界的关系图。

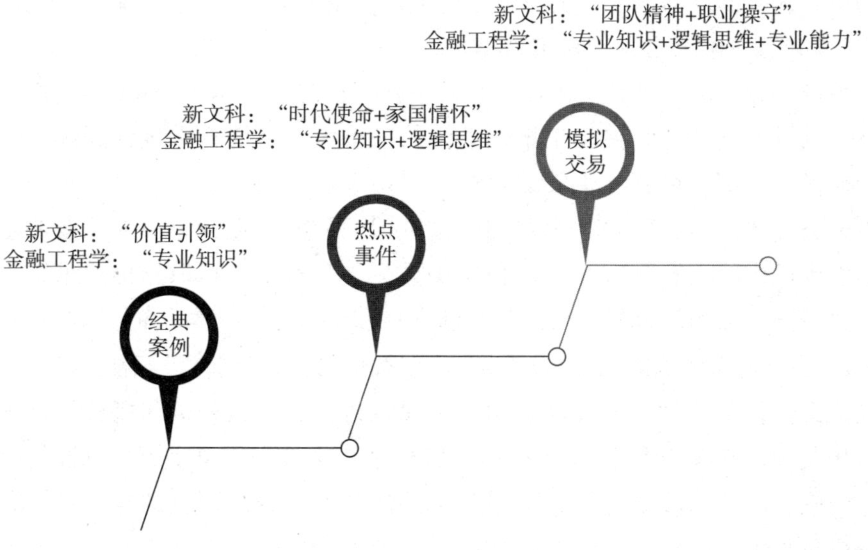

图 2　“金融工程学”案例教学三重境界关系

四、“金融工程学”正反案例教学范例

本文以郑振龙和陈蓉编著的《金融工程》第五版教材中第四章的套期保值策略和最优套保比率这两个知识点为例（原书第 66—70 页），简要介绍正反案例教学在“金融工程学”课堂的应用。

（一）教学目标

要求学生理解期货及远期的套期保值作用，掌握最优套保比率的基本理论、基本知识和基本技能。

期货（远期）套期保值策略需要考虑四个方面，即合约选择、合约到期日的选择、合约头寸方向的选择以及合约的数量；最优套保比率则是针对套保合约数量的一种优化，即为了规避 1 单位现货的 1 单位价格变动需要对应的期货单位数量。这些内容涉及的概念和术语较多，最优套保比率的计算又有多种推导，相应的逻辑关系复杂，学生也往往难以掌握相关知识点。

（二）正面案例——经典案例

本案例由教师课堂展示，展示方式有江铜集团的介绍视频、铜产业链的各类图片及文字案例，引导学生讨论，突出相关知识点，案例节选自周惠楠（2017），[34] 内容有删改。

江西铜业套保案例

江西铜业集团主营业务包括铜矿开采、阴极铜冶炼和铜材加工。集团通过参与期货市场的交易，成功规避了原料供应和铜价波动所带来的生产经营风险。在 2008 年爆发的国际金融危机期间，多数有色金属的价格呈下降趋势。从 2008 年 6 月开始铜价累计下跌幅度达到了 60%，下降趋势仍在继续，市场看空的情绪浓重。2008 年的第四季度铜价下跌幅度接近 50%，由此导致江西铜业在 2008 年存货跌价计提了 5.8 亿元。期货套期保值损失达到 13.6 亿元。尽管 2008 年存货跌价损失和期货套保损失逾 19 亿元，但是江西铜业的营业收入依然同比增长 24% 至 539.72 亿元，保持了很快的增速。期货市场的损失，可以通过现货市场 100% 的履约进行抵消。套期保值的目标并不在于赚钱而是在于降低风险。虽然公司在 2008 年铜价暴跌的时候在期货市场上损失惨重，但是这一举动却大大降低了公司因为铜价上升而可能导致的成本的上升。

问题：江铜集团的铜库存因跌价计提，但同时在期货市场上仍然是亏损的，那么江铜集团在期货市场进行的什么操作？这与所学知识点是否矛盾？

知识点：期货套期保值的方向；在江铜的产业链上，原材料的采购受价格波动影响更大，而终端成品对于铜价波动不敏感。

问题：在原材料价格暴跌时期，江铜的利润稳步增长，但类似行业的西部矿业、紫金矿业等企业则放弃期货市场套期保值，直接在现货市场获得巨额利润。如果你是企业的决策者，你会选择哪种策略？

知识点：套期保值的必要性，引导学生对风险管理的认知。

问题：当前江铜集团的铜库存以阴极铜为主，而期货市场交易标的也为阴极铜。现在考虑江铜的库存有500吨黄铜（铜锌合金），其与阴极铜的相关系数为X，及两种铜历史价格变动的标准差，对应阴极铜期货合约数量为多少？

知识点：最优套保比率。

通过上述案例的学习，也可以适当延伸该案例，学生可以在引导和讨论中较好掌握套期保值的策略和最优套保比率的计算。但在“新文科”视域下，这种教学效果尚未满足要求。

（三）反面案例——热点事件

本案例由教师课堂展示，展示方式有A集团介绍视频、镍产业链、LME文字介绍等，引导学生课堂讨论，给出解决思路。案例节选自田野(2022),[35]内容有删改。

伦镍逼空事件

A集团是目前我国最大的不锈钢生产商。相关统计显示，2021年A集团镍产量高达60万吨，在全球占比22%。因此，A集团具有通过套期保值来做空镍价的动力。2022年，据传A集团持有15万~20万吨规模的伦镍空单，大多数空单均为近月合约，且A集团库存为镍铁合金，并不符合LME交割标准。以往A集团通过进口俄镍实现现货交割，但2022年2月底LME宣布将俄镍剔除LME镍交割清单。从2022年3月7日开始，LME镍主力合约大幅跳涨，并于两个交易日内价格大涨248%。同时，市面上以嘉能可为代表的对手方早在1月份就持有80%~90%的仓单。

这是一次典型的“多逼空”事件，市场消息称A集团可能损失高达80亿美元，或将被迫让出印尼镍矿控制权。

问题：试基于上述材料，(1)分析A集团在套期保值中出现的问题，应如何避免这些问题？(2)分析伦镍价格暴涨，对我国镍产业链下游企业的影响，其可采取的操作是什么？(3)基于此次事件，如何解读我国成立上海能源交易中心？

知识点：A集团套保策略涉及交叉套保、标的流动性、合约到期日、系统性风险认识、对手方了解等方面。可以从减少交叉套保风险、减少套保数量以规避流动性风险、合约到期日合理安排、合理保证资金流动性以避免系统性风险、时刻关注对手方动态等角度考虑解决方案。伦镍价格上涨，对产业链下游企业造成了原料成本剧增的风险，企业应该通过合理的买期套保规避此等风险。上海能源交易中心的成立，意在确定我国能源的定价权，以避免海外定价对我国经济造成的伤害。

通过反面案例解析，增加学生对风险管理和套期保值的深刻理解，海外交易和交叉套保可能引发的风险永远值得重视。同时，通过“自主定价”来增强学生的家国情怀和时代使命感。

（四）模拟审计——嘉能可涉嫌行贿和市场操纵

2022 年 5 月 24 日，经过美国、英国、巴西三国的联合调查，瑞士大宗商品贸易巨头嘉能可承认了多年来在全球多国的行贿及市场操纵行为。本案例通过公众号的一篇文章《罚款 100 个小目标，这个巨头还是认罪了》推送给学生，增加了课程学习的趣味性。

任务：基于相关金融工程学和审计学知识，请设计一个嘉能可公司在伦镍市场操纵事件的审计方案。

这一实践既能够帮助同学们复习套期保值的相关知识点，还能够实现不同学科的交叉融合，培养学生风险管理和金融审计能力。

通过正反案例教学，能够夯实学生的基础知识，开拓学生的实践视野，同时提升学生的风险意识，并增强学生的家国情怀和时代使命感。正反案例法的层级关系如图 3 所示。

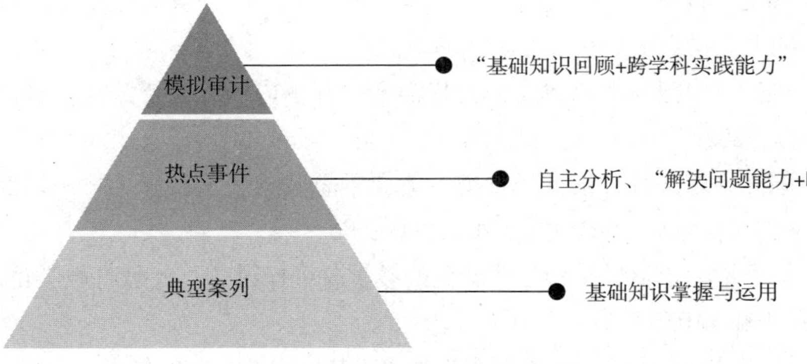

图 3　正反案例教学法的层级关系

五、结语

本文结合“新文科”建设的内涵和“金融工程学”学科的特点，提出了一种创新型的教学方法——正反案例教学法。通过正面案例提升学生对基础专业知识的认知能力和掌握能力，通过反面案例提升学生的风控意识和解决问题的能力，并通过衍生的新闻促使学生通过模拟方式提升实践能力，较为完好实现了案例教学的“三重境界”。同时，基于“新文科”的价值引领需求和创新要求，在课堂表现方式、课程思政等方面都进行了创新。

俗语有“教学有法，教无定法，贵在得法”，也即在符合教学原理的前提下，没有任何一种固定的方法适用于所有学生，最好的教学方法在于最适合师生本次课堂授课与学习的方法。这要求教师依据不同的课程、不同的章节、不同的内容而灵活运用不同的教学媒介、不同的表现方式和不同的授课方法，以满足不同层次的学生的认知需求和提升需求。案例教学法只是“金融工程学”学科的一种典型教学方法，其不可能代替传统的讲授法和新兴的MOOC + SPOOC、OBE 教学法、穿透式教学法、讨论式学习等方法。

案例教学法能够有效增加师生的课堂互动和学生的参与热情，但教师的教学效果、学生的掌握状况尚缺乏较为有效的反馈机制。这是案例教学法所欠缺的地方，也是未来课程改革的新方向。

参考文献

[1] 傅予，卢小宾，牛力，等．新文科背景下信息资源管理交叉学科“课程立方体”设计研究——以中国人民大学为例［J］．图书情报工作，2022，66（11）：76 – 86.

[2] 侯飞，付中强．新文科 3 年回眸及再思考［J］．未来与发展，2021，11：70 – 74.

[3] 朱云．中国新文科建设的时代需要、基本内涵和主要路径［J］．安康学院学报，2022，34（3）：22 – 25.

[4] 陈静．新文科背景下经管类专业课程思政建设实践探索——以西方经济学课程为例［J］．科教文汇，2022，11：96 – 99.

[5] 马千里，李倩．金融工程课程的教学改革探讨［J］．教育教学论坛，2016，30：104 – 105.

[6] 张玉春．金融工程专业课程改革设想［J］．教育在线，2016，8：133 – 134.

[7] 吴鑫育，崔颢．“四个自信”融入金融工程课程思政路径探讨［J］．黑龙江工业学院学报，2021，21（11）：7 – 10.

[8] 樊丽明．“新文科”：时代需求与建设重点［J］．中国大学教学，2020，5：4 – 8.

[9] 徐显明．“新文科”建设与卓越法治人才培养［J］．中国高等教育，

2021，1：8－10.

［10］欧吉祥．英国伦敦大学学院教育学学科建设及其对我国新文科建设的启示［J］．世界教育信息，2022，5：52－58.

［11］吴岩．加强新文科建设 培养新时代新闻传播人才［J］．中国编辑，2019，2：4－8.

［12］李慧玲，冯怀珍．新文科视野下经济学专业应用型人才培养探析——以新疆师范大学经济学专业为例［J］．长沙航空职业技术学院学报，2022，22（2）：44－48.

［13］赵军芳．新文科背景下西方经济学和税法课程融合研究［J］．科技资讯，2022，11：140－142.

［14］高爽，李雪峰．新文科背景下经济学与思政教育融合路径探究［J］．呼伦贝尔学院学报，2022，30（2）：42－45.

［15］童藤，张紫诺．新文科背景下金融类专业应用型人才培养策略研究［J］．湖北经济学院学报（人文社会科学版），2022，18（11）：122－124.

［16］胡熠，刘骅，严伟祥．新文科背景下基于 OBE 理念的证券投资学教学改革探索［J］．科教文汇，2022，3：71－74.

［17］张标．新文科背景下金融人才培养模式改革探索［J］．科技视界，2022，89－91.

［18］周月书，彭澎，张龙耀，等．新农科新文科背景下农科高校金融学一流本科专业建设探索与实践［J］．中国农业教育，2022，1（23）：57－65＋91.

［19］李绍玲．新文科背景下行业特色高校金融专业人才校企协同培养机制研究［J］．河南农业，2022，15：4－5.

［20］陈慧，王雅茹，魏宝社，等．新文科建设背景下跨学科课程混合式教学改革——以行为金融学为例［J］．科教文汇，2022，9：55－57.

［21］苏敬勤，王娜，高昕，等．案例学的构建——学理基础与现实可行性［J］．管理世界，2021，9：207－214.

［22］胡明辉，蒋红艳．案例教学在“概论”课中的运用研究［J］．学校党建与思想教育，2021，3：67－70.

［23］王家忠，弋景刚，王泽河．案例教学在专业硕士研究生课程中的应用与实践［J］．教育教学论坛，2021，25：100－103.

［24］王梅，康美玲，张可佳，等．案例教学研究现状综述［J］．科教热

点, 2021, 34: 9-11.

[25] 尹威. 案例教学在金融市场与工具课程中的应用研究——以东南大学为例 [J]. 东南大学学报 (哲学社会科学版), 2016, 18: 138-139+148.

[26] 胡芳. 案例教学在金融工程教学中的运用探究 [J]. 现代商贸工业, 2018, 3: 179-180.

[27] 董喆. 民办高校金融工程专业课程设计刍议 [J]. 中国成人教育, 2015, 13: 183-185.

[28] 万兰兰.《金融工程》教学与考核方式改革探析 [J]. 高教学刊, 2018, 24: 142-144+147.

[29] 李杰辉, 方杰.《金融工程学》教学中德育内容融合之探讨 [J]. 福建金融管理干部学院学报, 2019, 3: 60-64.

[30] 高彦彬. 金融工程学的内涵、特征及其教法探微 [J]. 中国电力教育, 2009, 12: 84-86.

[31] 高莉. 针对金融数学专业进行金融工程学课程教学改革的探索 [J]. 科技创新与生产力, 2012, 11: 33-34+36.

[32] 崔瑜. 新文科建设视域下地方高校汉语言文学专业学科融合探究 [J]. 安康学院学报, 2022, 34 (3): 30-34.

[33] 马风才. MBA 案例教学的三重境界 [J]. 学位与研究生教育, 2022, 2: 57-62.

[34] 周惠楠. 期铜市场套期保值——基于江铜的案例分析 [J]. 财会学习, 2017, 1: 217-219.

[35] 田野. 伦镍逼空事件: 为何总是踏入同一条河流 [J]. 中国石油企业, 2022, 4: 103-105.

基于课程建设和视频案例库建设的新文科教育实践[①]

杨光艺

一、引言

从 1978 年十一届三中全会以来，改革开放取得了巨大成就，其中资本市场的建设不仅是改革开放的主要内容和关键因素，同时其自身也经历了一段伟大历程：由 1984 年第一家公开发行股票的飞乐音响到 2021 年年底 4615 家上市公司；由 1986 年“世界上最小的交易所”静安营业部发展至规模世界第二的沪深交易所，并逐步建成了“主板（沪深主板）—二板（创业板、科创板、北交所）—新三板（基础层、创新层）—地方区域性股权市场”的多层次资本市场，我国资本市场经历了一段繁荣发展的伟大历程。

资本市场取得的重大成就离不开党的领导，为健全资本市场的建设，党和国家采取了一系列重要的改革措施，其中包括 2006 年的股权分置改革让 A 股市场进入全流通时代；2002 年 QFII 制度的启动与 2014 年沪港通机制的实施加快了我国资本市场开放的步伐；2019 年科创板试点注册制开启了资本市场新时代；2020 年新《证券法》的正式实施强化完善了资本市场的法治建设；2021 年北京证券交易所宣布成立，意味着我国的多层次资本市场建设更进一步。这一系列改革将推动我国资本市场更加开放、更加市场、更加规范、更加丰富，迈向“规范、透明、开放、有活力、有韧性的资本市场”。

纵观中国资本市场三十余年的发展，可谓是开天辟地、波澜壮阔，让所有金融人热血澎湃，为金融学的思政教育提供了充足的素材（王伟和黄颖，2021）。但是在金融学的实际教学中，我们却发现学生很难产生强烈的共鸣和成就感。本文认为这主要是由三方面原因导致的：（1）应试教育中学生缺乏

① 基金项目：南京审计大学 2021 年校级新文科研究与实践项目（围绕“我国资本市场伟大历程：建设与演变”的课程建设与案例库建设）；南京审计大学国家级一流专业（投资学）建设专项课题（基于案例视频库建设的投资学思政教育创新研究，项目号：2021JG127）。

对于知识的好奇心、聚焦社会发展的责任感以及主人翁精神；（2）缺乏理论联系实际的串联，这既体现在老师的教学过程中，也被学生在学习过程中所忽视；（3）思政教育中“强行融入”“干巴巴”的现象十分普遍，使学生听到这些改革时感觉乏味，很难产生共鸣和形成强烈的社会责任感。

为应对金融学专业教育中思政教育效率不高、理论与实际之间融会贯通不足等问题，本文认为通过整理资本市场三十余年的发展历程，从历史发展和演变的视角，围绕“我国资本市场伟大历程：建设与演变”进行课程建设和视频案例库建设，将资本市场三十年经历的重要改革通过课堂和视频案例的形式演绎出来，以中国资本市场发展中的风云人物、历史事件以及改革建设为素材，利用场景教学法、案例教学法等形式，增强学生代入感，在认知我国资本市场伟大历程的过程中，强化学生的民族自豪感与民族认同感，培养学生的社会责任感和青年担当，树立正确的价值观和伟大理想，将思政教育做到实处。另外，采取启发教学法，引导学生利用已学的金融学知识解释我国资本市场建设的意义以及演变逻辑，将金融学理论知识应用到实际问题的分析过程中，让学生感受到知识的实用性，激发学习动力。

二、新文科教育实践的思路

围绕中国资本市场发展历史进程中的重大话题，课程组开设了新课《中国股票市场》，并以课程建设和视频案例库建设为抓手，基于 OBE 教育理念，以学生为本、以学习结果为导向（张男星等，2020），借助现代教育的新技术与新方法，以我国资本市场发展为主线，进行经管类专业的新文科教育的尝试与探索。图 1 给出了课程组进行新文科教育实践的技术路线图。

（一）课程建设

在课程建设方面，课程组着力于课程大纲、课程设计、课程教材（讲义）和课程资源等多维度的建设。

在课程大纲的建设方面，课程组首先在教学目标上明确了理论知识与金融实践的融会贯通以及思政内容与专业知识的高效融合。其次，在课程内容设置上，课程组围绕我国资本市场三十余年的建设过程和演变过程，在 2 学分的课程容量下（11 周课程，每周 3 节课），选择了资本市场大事记、证券交易所的成立、法治建设、股权分置改革、注册制改革、资本市场开放、多层次资本市场建设、做空制度、T+1 交易制度以及价格稳定机制共 10 章内容，涵盖了我国资本市场建设的诸多重大议题，尤其是随着 2013 年十八届三

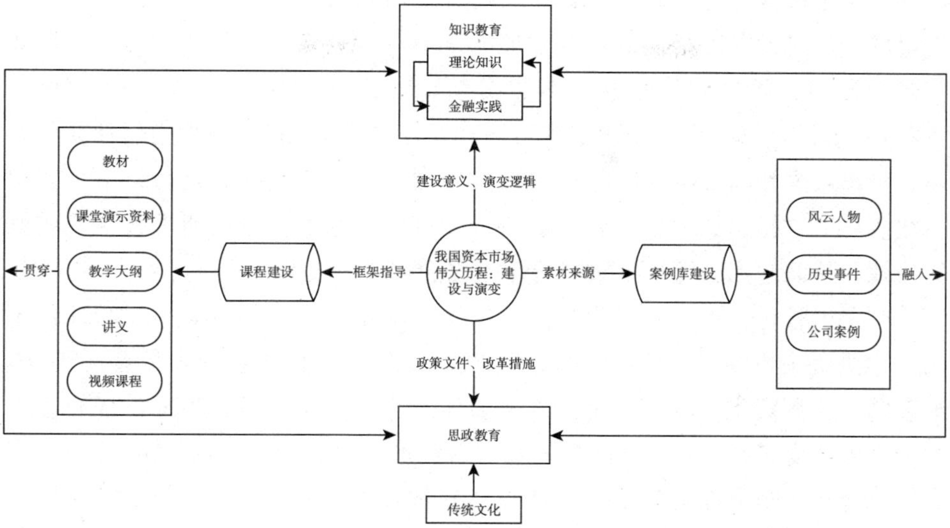

图 1　基于课程建设和视频案例库建设的新文科教育实践的技术路线

中全会通过《中共中央关于全面深化改革若干重大问题的决定》以来，注册制改革、资本市场对外开放以及多层次资本市场的建设步伐大幅加快，并取得了巨大成就。除此之外，课程内容设置还包括了被吴晓求（2020）称为中国资本市场三座丰碑的证券交易所的成立、股权分置改革和注册制改革。

在课程设计方面，重点围绕“为什么我国的资本市场要如此建设?”“我国的资本市场是如何发展的?”以及“我国资本市场在制度建设方面取得了何种成就?”等各种问题进行设计。其中，指出“为什么要如此建设?”可以帮助经管类学生了解我国资本市场发展的历史、现状以及目标，实现理论与现实的深度联系以及专业知识和思政内容的高效融合，通过现实问题和金融理论的结合，引导学生深入了解资本市场的内涵以及中国特色社会主义的核心。在“如何发展?”这个问题上，课程组在课程设计时，以理论和问题为牵引，采取启发式教学的方式，引导学生提出建设资本市场的具体做法，培养学生的思辨能力，以及参与我国资本市场建设的主人翁精神。而在“取得何种成就?”这个问题上，主要用于培养学生的政治认同和家国情怀。

以资本市场对外开放这一章内容为例，首先通过 2018 年美国挑起的中美贸易摩擦作为引入，提出“资本市场开放是会引狼入室，还是会合作共赢?”这一议题，激起学生的兴趣，之后再从金融学理论出发，分别从融资成本和融资效率方面引导学生思考资本市场开放与经济增长之间的联系，从市场摩擦理论思考资源配置功能，从我国投资者结构以及境外投资者的特点思考资本市场开放对投资者结构的影响，加深学生对于资本市场开放的理解。在如何建设方面，通过政策解析、背景分析，详细介绍企业境外上市、QFII/RQFII以及陆港通在内的我国资本市场对外开放三大机制。在取得何种成就方面，则以数据和陆续纳入国际三大指数和国际债券三大指数进行讲解，让学生在接受这一知识的过程中有更加清晰的概念和标准，也更能理解这一成就的非凡，从而起到激发学生家国情怀和政治认同的效果。

在课程教材（讲义）建设方面，目前主要采用的是吴晓求等（2021）著的《中国资本市场三十年：探索与变革》、中国证券监督管理委员会（2021）编著的《中国资本市场三十年》以及前任证监会主席肖钢（2020）著的《中国资本市场变革》，这些教材中既有学者派的老师，也有实务派的机构和官员，结合之下基本能够满足本门课程的教材要求。但是，这些教材的使用仍然面临一些问题，第一，以上三本书籍在内容安排上均与课程设计存在较大的出入，其中最相关的《中国资本市场三十年：探索与变革》也只有四章内容属于课程大纲的内容；第二，上述三本书籍均不是以教材为目标进行编写，导致这些书籍并没有在理论和实践中找到一个平衡点，用词语言对于本科生而言仍然存在理解上的难度；第三，三本教材的结合使用毫无疑问增加了学生的负担。基于这些原因，课程组也根据课程大纲编写了本门课程的教材（讲义）《中国资本市场的建设与演变》。

在课程资源方面，除了传统的PPT演示资料以外，课题组还基于课程建设了一个逐渐庞大的视频案例库。视频案例库的建设不仅符合当今流媒体快速发展的趋势，同时，视频案例库还有助于课堂内外的高效翻转，以课程组成员制作的【光溢课堂】视频系列为例，该系列视频将每一章的主要内容浓缩在10分钟左右的视频里，在上课前通过微信群分享给学生，除了起到预习的作用以外，还可以通过平台网站的弹幕互动，更加清晰地了解课程的难点和学生的兴趣点，有助于讲师针对性的备课和课堂讲解。

（二）视频案例库建设

除了课程建设以外，我国资本市场三十余年的发展也提供了大量的故事案例和人物素材，同时，5G时代下流媒体快速发展，使网络视频成为学生进行知识学习的重要途径，在这样的背景下，从学生的兴趣特点出发，将有趣的、容易引起反思的案例制作成视频，有助于提升学生的主观能动性，进而提升教学效果。

由于视频的传播依赖于数字媒体平台，因此，在平台选择方面，基于以下三点原因，课程组选择以“讲金融的光溢”UP 主在 B 站发布视频：第一，相比于其他的视频网络平台，B 站的内容是可以沉淀的，这一点对于以知识传递为主要目的的视频而言尤为重要；第二，案例视频主要面向经管类专业的本科生，而目前的在校本科生主要是 Z 时代的“00 后”，基于 OBE 的教学理念，采用迎合学生的 B 站是最合适的选择，尤其是其中的弹幕互动有助于清楚地了解到学生的疑点和兴趣点在什么地方，有助于讲师进行高效的课堂翻转；第三，B 站还拥有科学有效的推荐机制，使视频能够被更多的人关注到，有助于知识的传播推广。

在视频案例库建设方面，课程组利用“讲金融的光溢”UP 主身份，目前在 B 站主要开设了三个不定期视频合集，分别是“金融故事”“金融人物”以及“光溢课堂”，另外，课题组还正在筹备另一个不定期更新的合集“历史中的金融故事”，除了视频合集以外，课题组还制作完成了其他总结类的视频。

在“金融故事”合集中，课题组主要从我国资本市场的发展过程中选择比较有影响力的故事案例作为素材，通过讲述这些故事，培养学生对于金融的兴趣，截至目前，课题组共发布了 6 期“金融故事”的视频，其中第一期视频讲述了中国证券交易所的成立，从历史发展的视角向学生阐述了资本市场的功能，第二期到第四期则讲述了交易所成立初期由于法治建设不完善所导致的两次严重事件，分别是“深圳 8 · 10 事件”和“327 国债期货事件”，并在其中穿插，向学生介绍国债期货的相关知识，第五期和第六期则聚焦于 A 股市场历史上两次臭名昭著的财务造假事件，从人性贪婪和审计制度的视角审视 A 股市场频发的财务造假事件。

在“金融人物”合集中，课程组主要分享我国资本市场发展过程中涌现出来的人物，既包括金融市场中投机取巧、扰乱市场的金融人物，也包括对资本市场建设作出突出贡献的金融人物，通过讲述这些人物的故事和经历，在传播金融逻辑和金融知识的同时，引导学生树立正确的价值观。截至目前，课题组共发布了 5 期“金融人物”的视频，其中三期讲述了中国资本市场早期被称为“中国证券三大教父”（分别为管金生、阚治东和张国庆）的沉浮，通过对其三者进行客观公正的评价，帮助学生树立正确的价值观和职业观。另外两期则分享了两任证监会主席（刘鸿儒和尚福林）以及他们对资本市场的贡献，激发学生树立学以致用、投身资本市场建设的职业理想。

在“光溢课堂”合集中，目前主要围绕中国股票市场这门课发布了 7 期视频，涵盖资本市场的介绍、股权分置改革、注册制改革、资本市场对外开放以及多层次资本市场建设等内容，后续将继续围绕中国股票市场以及经管类专业其他课程进行相关知识的讲解，如金融学中关于资本市场的基本概念。这一个合集的视频内容主要用于金融市场的知识传播以及课堂翻转。

在未来即将开发的“历史中的金融故事”合集中，则以中国历史上的金融经济故事为素材，利用学生对于历史故事的兴趣，在传授金融知识的同时，传播中华优秀文化。

除了这些合集以外，课题组深度挖掘 B 站互联网用户和高校学生的兴趣和热点问题，以知识传播为基本定位，以用户兴趣为切入点，制作一系列视频，其中，“我国资本市场历史年表”以编年体的形式对我国资本市场的发展脉络进行了全面详细的梳理，分为上中下 3 期的“从中国股市的牛熊转换看我国资本市场的建设与发展”则以学生对于股市涨跌变化的兴趣，引导学生去理解我国资本市场的发展历程，使其以主人翁的精神思考我国资本市场的建设逻辑。

（三）课程与视频案例库的耦合联动

本次新文科教育实践中的课程建设和视频案例库建设并不是独立的，而是相互包容、相互促进的。首先，从课程建设的内容选择和视频案例库的素材来源来看，均聚焦于我国资本市场发展中的重大议题，因此在内容上具有较高的相关性。但是，两者又有所侧重，其中，课程建设强调知识的梳理和我国资本市场发展的总结，而视频案例库则寄希望于从学生的兴趣入手提升学生的主观能动性，从而达到课程建设与视频案例库建设之间的耦合联动。

其次，视频案例库的建设有助于从多方面提升课堂的翻转效果。第一，课堂前和课堂中的翻转，通过微课程的形式，提前在课程微信群或 QQ 群发布对应章节的微课视频，通过互动弹幕和评论帮助讲师进行更加有效的学情分析。例如，在第 1 期“光溢课堂”的视频末尾，针对这一期微课视频抛出了两个问题，并设置了互动弹幕“思考题会不会?”的互动弹幕，通过 B 站的数据分析，有 70% 以上的学生或观众能够回答这两个思考题，在这种情况下，讲师可以在课堂上以提问的形式，培养学生的语言组织能力，并增强课堂的师生互动；如果能够回答思考题的人数比例较低，则意味着讲师在课堂讲解的过程中，应针对相关的知识点进行更加细致的阐述。第二，课堂内外的翻转，由于课堂的时长限制，部分内容只能通过视频网络平台来进行传播。

除了与课程组新开设的《中国股票市场》这一门课进行翻转以外，在把握新文科发展规律的基础上，以资本市场三十多年发展过程中的人物、事件和案例为素材，融入时代特征、思政内容和金融理论，建设的视频案例库还可用于金融学专业的其他课程。例如，我国资本市场发展历史年表可用于《金融学》和《投资学》等课堂；资本市场开放案例可用于《经济学》和《国际金融》等课堂；股权分置改革和国企改革案例可用于《公司理财》的课堂；多层次资本市场建设的案例可用于《风险投资》的课堂；股指期货制度建设和327国债期货事件案例可用于《金融工程》的课堂；银广夏、蓝田股份和獐子岛等案例可用于《会计学》和《审计学》等课堂。

（四）金融实践与金融理论的融会贯通

根据金融学的专业属性以及新文科教育实践的目标，在进行课程建设和视频案例库建设的过程中，课程从以下几个方面强化落实了理论与实践之间的联系。首先，从课程建设来看，课程设置围绕“我国资本市场伟大历程：建设与演变”进行设计，涵盖了三十余年的诸多重大事件，以这些事件切入，进行金融知识的讲解，有助于学生更加深刻地理解金融知识，并且，资本市场发生的生动有趣的、盛大恢宏的金融案例，在情境教学法的助力下，有利于勾起学生的兴趣、产生共鸣，并引发思考，进而提升理论联系实践的教学效果。

其次，从视频案例库的建设来看，几乎全部采用案例的形式进行讲述，并且网络平台的市场化机制和流量推荐机制，有助于在案例素材选取方面提供思路，并推荐至对视频内容更感兴趣的观众，使观众在视频开始播放的时候就与素材内容形成关联，在这种关联的支持下，观众和学生会更加投入并带入更多的思考，甚至激发其主动学习的能动性。并且，以B站为代表的新型视频媒体平台为观众与观众、学生与老师之间的互动提供了更加便捷的工具。除此之外，B站账号信息与学务信息相脱离的情形，还有助于学生更加客观直白地对视频和教学内容提出评价，使课程组更加清晰地了解理论联系实际的不足在什么地方，哪些处理方法更加适合当代的“00后”学生。

三、思政教育的高效融合

培养什么人、怎样培养人、为谁培养人是教育的根本问题，为了践行回答这些问题，课程组在进行课程建设和视频案例库建设时，始终将思政教育融入其中，努力在新文科教育实践中将价值塑造、知识传授和能力培养融为一体。本文将主要从课程建设和视频案例库建设两个方面对本次新文科教育实践的思政教育进行介绍。

（一）课程建设中的思政教育

首先，在教学大纲中，课程组明确了课程思政的总体要求、目标、思政元素、教学方法、评价方式等。其中，课程思政的总体要求是让学生深刻领会我国资本市场三十余年发展的伟大历程，培养学生的家国情怀和民族自豪感，并加深学生对于资本市场改革的理解，积极引导学生未来利用金融知识投身于我国资本市场的建设之中。

其次，在教学设计上，基于教学目标，力争让思政教育立足于每节课的课堂。因此，课程组在教学课堂设计上，做到了每一个章节设计不低于 5 个思政内容结合点，其中每一章的开篇均采用中华传统文化与相关金融知识相结合的方式进行切入，一方面起到了课程引入的作用，另一方面也是课程进行中华优秀传统文化教育的重要抓手，表 1 给出了不同章节在课程引入时的具体设计。

表 1　　各章节利用中华传统文化进行引入的具体设计

章节	开篇引入	融入设计
证券交易所的成立	《西游记》开篇诗 混沌未分天地乱，茫茫渺渺无人见。自从盘古破鸿蒙，开辟从兹清浊辨	将孙悟空的诞生与证券交易所的成立进行比较，指出我国资本市场建设的荆棘丛生和波澜壮阔，在传播中华优秀文化的同时，培养学生的民族自豪感
法制建设	《韩非子·饰邪》 家有常业，虽饥不饿；国有常法，虽危不亡	从韩非子法家的思想引入，结合资本市场的特征，指出资本市场的建设需要一个规范的法制环境，并且法制建设也是中国特色社会主义建设的重要内容
股权分置改革	《吕氏春秋》 万人操弓，共射一招，招无不中	通过《吕氏春秋》，强调利益一致性的重要性，指出在资本市场上如果股东利益不一致的话，会导致较为严重的后果，并且围绕这一痼疾，我国进行了资本市场上最成功的改革，培养学生的政治认同和民族自豪感
注册制改革	《道德经》 我无为而民自化，我好静而民自正；我无事而民自富，我无欲而民自朴	随着社会主义市场经济的快速发展，中华传统文化的智慧再次显现出其博大精深的一面，无为而治的市场化原则开始被运用在各个领域，作为资本市场两条腿之一的发行市场，市场化的原则又该如何应用

续表

章节	开篇引入	融入设计
多层次资本市场	《论语》 吾十有五而志于学，三十而立，四十而不惑，五十而知天命，六十而耳顺，七十而从心所欲，不逾矩	通过孔子“三十而立”的人生参悟指出人在不同阶段有不同感悟，引出公司在不同的发展阶段，需要不一样的金融服务，进而引出多层次资本市场
资本市场对外开放	《管子·轻重戊》 鲁梁之民俗为绨。公服绨，令左右服之，民从而服之。公因令齐勿敢为，必仰于鲁梁，则是鲁梁释其农事而作绨矣	通过管仲的鲁绨之谋，在传播中华文明智慧的同时，指出市场开放可能带来的经济金融摩擦，并抛出问题：资本市场是否应该对外开放
做空制度	《资治通鉴》 上（唐太宗）问魏徵曰：“人主何为而明，何为而暗？”对曰：“兼听则明，偏信则暗。”	通过唐太宗和魏徵的对话，指出资本市场如果也是单边市的话，容易导致资产泡沫，而做空制度的建设有助于通过双边市的完善提升资本市场的定价效率
价格稳定机制	《孙子兵法》 高陵勿向，背丘勿逆，佯北勿从，锐卒勿攻，饵兵勿食，归师勿遏，围师遗阙，穷寇勿迫，此用兵之法也	通过《孙子兵法》中的军事智慧，一方面帮助学生树立理性的投资观念，另一方面也引出在市场波动的时候，市场监管又是如何应对的
T+1 交易制度	《围城》 天下只有两种人，譬如一串葡萄到手，一种人挑最好的先吃，另一种人把最好的留到最后吃	通过钱钟书《围城》中两种吃葡萄的人的描述，指出关于是否允许 T+0 的及时交易是市场交易制度建设的热点讨论问题

另外，在教学方法上，为避免课程思政中容易出现的“生硬”“干巴巴”等现象，课程组通过结合多样化的教学方法，整合教学内容，做到专业知识与思政内容的高效融合。为实现课程思政的高效融合，课程组基于 OBE 等教学理念以及新文科背景下的流媒体等新技术手段，采取了包括案例教学法、情境教学法、启发式教学法以及课堂翻转等教学方法。除此之外，与知识传播一样，学生作为知识和价值观的接受者，其主观能动性也是课程思政高效融合的关键所在。因此，课程组还基于 OBE 教学理念中以学生为本的理念，通过课堂提问以及课后作业，鼓励学生利用自己的兴趣特长去完成课后作业，不仅避免了部分思政教育中容易出现的“逆反”心理，还产生了助推的效果。例如，根据学情分析，课程组发现南京审计大学的辩论氛围异常浓厚。因此，

课程组提供了可选的课程辩论的作业形式，并设定辩题“是北交所还是科创板更有可能成为我国的纳斯达克”，毫无疑问，这个辩题涉及的北交所和科创板都是我国近些年来围绕资本市场建设的重要举措，通过这个辩题，学生会自发地去了解学习我国资本市场的建设过程和中国特色社会主义的相关内容，并且，辩论的这种形式不仅在学生兴趣的催化下能起到更好的效果，还可以在寻找论据的过程中加强观点认同，进而对中国特色社会主义产生更加坚定的信念。

（二）视频案例库建设中的思政教育

根据在B站发布的视频合集的不同，思政融入的内容和设计也存在差异，其中“光溢课堂”属于微课堂形式，因此课程思政的元素和设计，与《中国股票市场》中的课堂设计基本一致。而对于“金融人物”合集的视频，思政元素更多关注于学生世界观、人生观和价值观的培养。除此之外，在人物的主要事件介绍中，适当融入我国资本市场建设的相关事件，例如，在尚福林那一期人物视频中，详细介绍了股权分置改革的相关内容。融入设计和融入方法方面，在保障客观公正地叙述的同时，进行三观引导的情感倾注，并在最后通过思考讨论的方式，引发学生陷入对个人三观建设的思考。

对于“金融故事”和“历史中的金融故事”的合集视频而言，思政元素包括中国特色社会主义和中国梦教育、社会主义核心价值观教育、中华优秀传统文化教育等，培养学生的家国情怀、政治认同、宪法法治意识以及道德修养。融入设计和融入方法方面，首先，从学生兴趣点入手，基于以学生为本的OBE教育理念，选择既满足学生兴趣，又具有思政内涵的案例；其次，在视频制作中，除关注案例本身之外，更多地围绕案例背后的资本市场应对措施以及参与人物的道德评判进行论述，从而实现思政内容的高效融合。

四、结语

随着技术的快速更迭和教育理念的不断发展，围绕“培养什么人、怎样培养人、为谁培养人”等教育的根本目的也得到了重新认识，教育教学的方法层出不穷，教学工具也呈现出多样化的发展趋势。在金融行业变革和教育模式迭新等多重背景的叠加下，新文科教育建设成为解决教育痛点和顺应历史发展的必然选择和重要战略。为推进新文科教育的建设，课程组借助OBE教学理念以及流媒体视频平台，通过课程建设和视频案例库建设进行了实践探索。

本次实践探索从2021年秋季学期开始，开设了《中国股票市场》，课程建设正式开始；2022 年春季学期在 B 站开通了账户“讲金融的光溢”，开始发布视频案例，视频案例库建设正式开始。从建设成果来说，开设的《中国股票市场》涵盖了我国资本市场发展过程中的众多改革，有利于提升学生将理论知识与金融实践的联系能力，并且众多改革的建设蕴含了大量关于中国特色社会主义的理论成果和实践成果，有助于增强课程思政的高效融合。从 OBE 教学理念来看，学生对于本门课程的教学评价高达 93.17，排名全校前 1.8%，从学生作业来看，以其中一个辩题作业“是北交所还是科创板更有可能成为我国的纳斯达克”为例，学生不仅能恰当地使用课堂上的一些金融理论，还积极搜索我国资本市场建设过程中其他成果，例如，北交所是我国第一家实行公司制的交易所，这种主动的学习毫无疑问会使课程思政的效果更加高效、理论联系实际的能力素养更加强化。

在视频案例库的建设方面，从 3 月 24 日发布的第一期视频开始计算，截至 2022 年 8 月 9 日，共发布了 17 期视频，实现了 12.3 万的播放量、超过 3000 的收藏量以及超过 3000 的点赞量。除了视频本身取得的成果以外，B 站视频的弹幕互动还为讲师进行针对性的课堂讲解提供了帮助和支撑。除此之外，视频案例库中的案例不仅适用于《中国股票市场》这一门课，对于经管类专业的其他课程同样具有参考价值，体现了本视频案例库的推广价值。

需要指出的是，新文科教育并不是一成不变的，本文介绍的实践也并不是灵丹妙药，也不存在一种可以适用于整个教育系统的模板，课程组在进行新文科教育建设时需根据专业、师资以及学生情况，进行分析摸索。但是，本次实践中涉及的 OBE 教育理念以及多种工具的综合使用，是未来新文科建设过程中的重要指导和手段。

参考文献

［1］王伟，黄颖．讲好金融故事：“金融学”课程思政改革的有效路径［J］．思想理论教育导刊，2021（3）：112－116. DOI：10.16580/j.sxlljydk.2021.03.018.

［2］吴晓求．中国资本市场三十年：三座丰碑、一个目标［J］．中国经济评论，2020（3）：10－17.

［3］张男星，张炼，王新凤，等．理解 OBE：起源、核心与实践边界——兼议专业教育的范式转变［J］．高等工程教育研究，2020（3）：109－115.

基于建党百年红色精神的投资学课程思政体系建设研究①

李　杰　王丽丹

一、引言

党的十八大以来，国家高度重视高校课程思政建设。习近平总书记指出："要用好课堂教学这个主渠道，思想政治理论课要坚持在改进中加强，提升思想政治教育亲和力和针对性，满足学生成长发展需求和期待，其他各门课都要守好一段渠、种好责任田，使各类课程与思想政治理论课同向同行，形成协同效应。"[1]其后，中共中央办公厅、国务院办公厅以及教育部接连印发文件，明确高校课程思政建设的重要性、紧迫性和实践性。课程思政建设即是要求在专业课程中融入思想政治的元素，在专业学习的过程中潜移默化地实现价值引领，从而实现高等教育立德树人的使命，准确回答中国特色社会主义教育"培养什么人，怎样培养人，为谁培养人"的根本问题。

投资学是高校金融、经济、管理类等相关专业的核心课程。牛国良和吕勇（2020）指出金融类相关专业与课程思政建设具有天然结合的优势，[2]这主要与中国共产党自成立以来始终重视金融工作有关。中国共产党领导下的金融发展史，不仅是党领导中国人民实现从站起来、富起来到强起来历史性飞跃的重要篇章，也是新时代金融人创造我国金融事业新成就的精神力量源泉。

---

① 作者简介：李杰（1989—），男，山东烟台人，南京审计大学金融学院，讲师，学历：博士，研究方向：金融工程、公司治理、红色金融。王丽丹（1990—），女，内蒙古通辽人，南京审计大学政府审计学院，研究实习员，学历：硕士，研究方向：思想政治教育。

基金项目：南京审计大学国家级一流专业（投资学）建设项目专项课题"基于建党百年红色精神的投资学课程思政体系建设研究"（2021JG124）；南京审计大学2022年校级教研课题"金融类专业课程思政体系建设研究——基于中国共产党领导下的百年金融史"（2022JG039）；南京审计大学2021年校级新文科研究与实践项目一般课题"建党百年视角下'红色金融'育人体系建设的研究"（2021JG171）；南京审计大学党的建设课题"新形势下高校研究生党建'守正出新'路径研究"（2021NAUDJ02005）。

中国共产党在百年砥砺前行的历程中，形成了具有独特历史传承和时代价值的红色精神，它已深刻融入中华民族的“血脉”，并成为激励中国人民不断克服困难的强大精神力量。而中国共产党领导下的金融发展史是红色精神的重要组成部分。早在2013年，习近平总书记提出：“历史是最好的教科书。对我们共产党人来说，中国革命历史是最好的营养剂。多重温我们党领导人民进行革命的伟大历史，心中就会增加很多正能量。”[3]因此，挖掘百年金融发展史中蕴藏的丰富红色金融史料，并与投资学专业教学有机结合，成为投资学专业课程思政建设的重要实现路径。以建党百年红色精神作为推进投资学课程思政建设的突破口，具有鲜明的优势，即在精确阐释投资学原理和投资方法的同时，实现价值引领。[4]

文章主要有以下两方面的创新点：首先是学术思想的创新。目前关于课程思政建设相关的研究，在课程思政内涵、存在问题和模式路径等方面有一定的研究基础。但是目前尚未有将红色精神融入投资学课程思政建设中的研究，同时研究内容也缺乏对课程思政体系的构建。而文章的研究弥补了上述两方面的问题，拟挖掘百年党史中蕴藏的红色精神，构建基于红色精神的全方位投资学课程思政建设体系，在学术思想上具有创新性。其次是课程形式上的创新。传统的专业教学遵从以知识转移的教学理念为价值取向，教师队伍是主力军，课堂教学是主渠道，教师的课堂教授是主要（甚至唯一）的教学形式。文章构建基于红色精神的投资学课程思政体系，是理论教学与案例分析相结合、第一课堂与第二课堂相结合、教师讲授与翻转课堂相结合，克服传统专业教学形式单一的弊端，在课程形式上具有一定创新性。

文章总共分为五个部分。第一部分是引言，阐释了目前课程思政建设的背景；第二部分是文献综述，讨论了现有文献中关于课程思政建设的研究进展；第三部分是构建思路，给出了基于红色精神的投资学课程思政体系的技术路线图；第四部分是提出对策，提出系统构建基于红色精神的投资学课程思政体系的方法；第五部分是总结。

二、文献综述

“课程思政”不是舶来品，国外虽没有“课程思政”的概念，但存在与之联系紧密的理念，如爱国主义、公民道德、伦理道德等。[5]目前国内与课程思政相关的研究集中在课程思政的内涵、存在问题以及实现路径等，并形成一系列代表性成果。

（一）课程思政内涵的研究

陆道坤（2018）认为课程思政是一项复杂系统工程，并从课程、思政、课程与思政的结合、课程与思政的背景四个方面，明确了课程思政的内涵。[6] 杨雪琴（2019）区分了“课程思政”与“思政课程”，指出“课程思政”并非特定一门课程，而是在课程教学工作中融入思想政治教育工作，最终实现“润物无声”的立德树人。[7] 康晓虹等（2020）指出课程思政建设是在完成专业课教育的同时满足受教育者日益提高的精神文化需求的重要环节，更是新时代培养高素质人才的必由之路。[8]

（二）课程思政存在问题的研究

王学俭和石岩（2020）指出新时代课程思政建设不仅存在专业教育与思政教育“两张皮”的现象，也存在二者融合的难点，各类课程思政建设之间协同效应机制的构建也存在难度。[9] 蒲清平和何丽玲（2021）指出教师是课程思政建设的主导，然而目前教师队伍面临的主要挑战包括能力欠缺、理念缺失和情怀缺乏等问题。[10] 娄淑华和马超（2021）指出课程思政建设存在内容供给与课程教学匹配度、教师素养与使命担当和谐度等问题。[11]

（三）课程思政实现路径的研究

①推进现代信息技术（包括慕课、虚拟现实技术等）融入课程思政。杨晓宏等（2020）提出了“互联网＋”背景下高校课程思政建设的路径，包括重构教学模式、推进课程改革、建设开放课程以及开展教师培训等。[12] ②构建新型课程思政育人模式。邵运文（2019）通过对比线下与线上教学差异，提出了线下思政教学转为线上思政教学的七大步骤。[13] ③综合与灵活运用案例教学法、专题教学法等多种教学方法。吴万宗和潘瑞姣（2018）指出案例教学与课程思政相结合，将提高课程思政育人效果，弥补传统课程思政生硬融入的弊端。[14]

总之，现有研究在课程思政的内涵、存在问题以及实现路径等方面取得了丰富的成果，但存在如下不足之处：①目前文献大多围绕内涵、问题和路径等方面的研究，缺乏对课程思政体系构建研究。②目前尚未有基于建党百年视角下，将红色精神融入投资学课程思政建设中的研究。

三、构建基于红色精神的投资学课程思政体系的思路

挖掘百年党史中蕴藏的丰富红色精神史料，并与投资学专业教学有机结合，成为投资学课程思政体系建设的重要突破口。文章首先组建老中青教师结合、梯度合理的课程思政研究团队，这是构建课程思政体系的人员基础；其次是系统挖掘百年党史中蕴藏的与投资学课程交叉相关的红色精神史料，

形成丰富的红色精神案例库，这是文章构建课程思政体系的重要支撑；再次，回归课堂主渠道建设，构建立体课程思政改革方案，这是文章构建课程思政体系的核心内容；作为课堂教学的延续与补充，创新第二课堂培养模式，这是文章构建课程思政体系的重要创新形式。最终形成完备的基于红色精神的投资学课程思政体系。主要思路如图 1 所示。

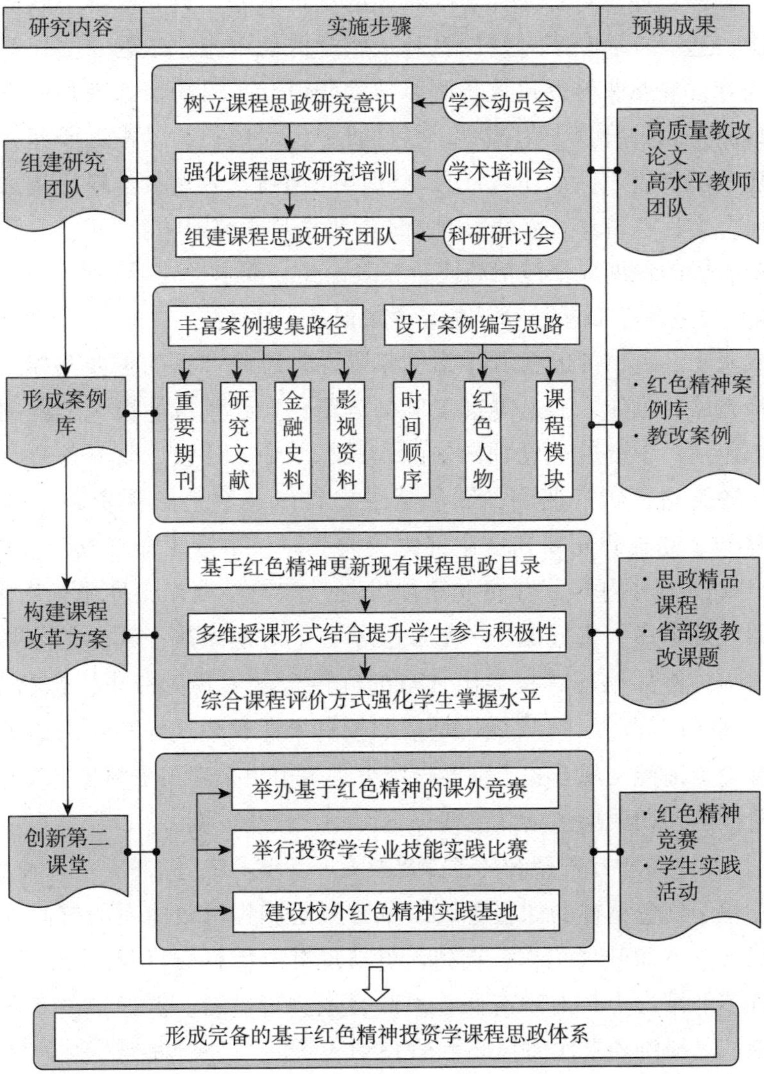

图 1　基于红色精神的投资学课程思政体系

四、构建基于红色精神的投资学课程思政体系的途径

（一）组建基于红色精神的课程思政研究团队

组建完备的基于红色精神的教学研究团队是课程思政体系的人员基础。具体工作拟从三个方面展开：首先，由课程组组长领衔，通过开展学术动员会，引导授课教师转变对课程思政研究的认识偏差，树立课程思政研究的意识。其次，邀请教学专家对授课教师从教学课题申报、选题及写作等方面进行专业辅导，举办课程思政教学研究学术研讨会，提高授课教师的思政科研能力。最后，以科研骨干为核心，以科研平台为依托，以相近研究方向为纽带，组建教学科研团队。团队成员之间协同创新，激发教学科研潜力，形成教学科研合力，打造具有品牌影响力的课程思政研究团队。

这一阶段的预期成果包括高质量教改论文、高水平教师团队。

（二）形成基于红色精神的投资学案例库

形成基于红色精神的投资学案例库是课程思政体系的重要支撑。拟从以下两个步骤展开工作：一是丰富案例搜集路径。红色精神投资学案例的主要资料来源包括：中国共产党领导中国人民在革命、建设、改革各个时期的重要报刊、各类党史研究期刊、红色金融史料以及红色影视资料，具体包括《红色中华》、党史研究期刊《中共党史研究》《中国革命根据地货币》等。二是确定案例编写内容，有如下三种思路：首先是依据不同革命时期编写，例如按照土地革命、抗日战争、解放战争三个时期编写；其次是按照红色金融人物编写，例如编写具有突出贡献的红色金融人物的故事，包括毛泽民、曹菊如、高捷成等；[15][16][17]最后是按照投资学课程模块编写，例如可按照证券投资理论、证券交易方式、证券投资方法等模块来组织史料进行案例编写。

这阶段的预期成果包括红色精神案例库、教改案例。

（三）构建基于红色精神的课程思政改革方案

构建基于红色精神的课程思政改革方案是课程思政体系的核心内容。拟主要从以下三方面开展工作：首先，更新现有课程思政目录。梳理红色精神与课程章节的结合点，对现有课程思政目录进行更新。例如，在组合投资理论章节中，马科维茨首次将风险和收益纳入了同一分析框架，这恰好与“锐意创新、勇攀科学高峰”的“两弹一星”精神相符。其次，采取多维立体方式讲授课程思政点。采取开放式课堂讨论模式，启发学生基于案例展开分析，实现专业知识学习与思想价值引领同频共振。理论教学与案例教学结合，口

头讲解与视频播放结合，增强学生课程思政点参与积极性。最后，丰富课程考核方式。将课程思政融入点作为考核点，采用诸如课程讨论、翻转课堂、课程论文等方式进行考核。

这阶段的预期成果包括思政精品课程、省部级以上教改课题。

（四）创新基于红色精神的第二课堂培养模式

创新第二课堂培养模式是课程思政体系的重要创新形式。拟主要从以下三方面开展工作：首先，举办基于红色精神的课外竞赛。例如定期举办红色投资学案例写作竞赛、红色金融故事讲解竞赛等，加深学生对红色精神融入投资学课程的理解。其次，举行专业技能实践比赛。专业性的实践能力是红色精神的重要方面，例如，充分利用学校实验中心的证券教学虚拟平台和模拟炒股平台，开展课程相关的各类实践比赛，以赛促学，培养学生证券分析能力。最后，建设课外红色实践基地。可依托地域优势，与学校货币博物馆、审计博物馆、江苏银保监局合作，共同建设课外教育实践基地，实现第一课堂与第二课堂思政教育联动。

这阶段的预期成果包括举办红色精神竞赛、学生实践活动等。

五、结语

中国共产党在百年砥砺前行的历程中，形成了具有独特历史传承和时代价值的红色精神，成为投资学专业课程思政建设的思想源泉。在对党的百年红色精神进行课程化塑造之后，使之与投资学课程思政建设的内在要求结合起来，有助于提高投资学一流专业建设质量。文章针对国内外相关文献的不足之处，构建基于红色精神投资学课程思政体系图，并提出基于红色精神的投资学课程思政体系的途径，具体包括组建基于红色精神的课程思政研究团队、形成基于红色精神的投资学案例库、构建基于红色精神的课程思政改革方案、创新基于红色精神的第二课堂培养模式。

文章具有如下重要意义：首先，对一流专业建设的意义。一流专业建设标准要求有一流的课程资源，而课程资源不仅要求课程内容是一流的，还要求融入课程思政内容。传统关于投资学课程思政建设存在专业教育与思政教育“两张皮”、思政形式单一、思政材料匮乏等问题。文章构建基于建党百年红色精神的投资学课程思政体系，可以有效解决传统投资学课程思政建设中的问题，提高课程思政建设的质量，丰富课程资源，最终提高投资学一流专业建设。

其次，对人才培养的意义。党的十八大以来，习近平总书记关于“培养社会主义建设者和接班人”的论述，深刻回答了教育“培养什么人、怎样培养人、为谁培养人”的根本性问题。中国特色高等教育必须培养一代又一代立志为中国特色社会主义事业奋斗终身的有用人才。因此，文章基于投资学课程思政的研究，将思想政治教育寓于专业教育中，在专业知识传授中润物无声地实现价值引领，最终培养“政治素养高、专业能力强、为社会主义建设作出贡献”的有用之才。

参考文献

［1］习近平．全国高校思想政治工作会议上强调：把思想政治工作贯穿教育教学全过程开创我国高等教育事业发展新局面［N］．人民日报，2016－12－09（1）．

［2］牛国良，吕勇．挖掘红色金融史料，凝练经典教学案例——对推进金融专业“课程思政”的思考［J］．经济师，2020（11）：186－189.

［3］习近平．习近平谈治国理政（第一卷）［M］．北京：外文出版社，2018：405.

［4］李杰．建党百年视角下对推进金融专业课程思政建设的思考［J］．教育现代化，2021，8（89）：117－120.

［5］石学刚，周琳．基于线上线下混合教学模式的课程思政教学改革与探索——以《冷链物流管理》课程为例［J］．物流技术，2020，39（11）：123－127.

［6］陆道坤．课程思政推行中若干核心问题及解决思路：基于专业课程思政的探讨［J］．思想理论教育，2018（3）：64－69.

［7］杨雪琴．对高职院校“课程思政”改革路径的若干思考［J］．学校党建与思想教育，2019（2）：41－43.

［8］康晓虹，其丽木格，赵立娟．混合式教学模式下《证券投资学》课程思政建设的思考［J］．内蒙古财经大学学报，2020，11（4）：109－110.

［9］王学俭，石岩．新时代课程思政的内涵、特点、难点及应对策略［J］．新疆师范大学学报（哲学社会科学版），2020，41（2）：50－58.

［10］蒲清平，何丽玲．高校课程思政改革的趋势、堵点、痛点、难点与应对策略［J］．新疆师范大学学报（哲学社会科学版），2021（5）：1－10.

［11］娄淑华，马超．新时代课程思政建设的焦点目标、难点问题及着力

方向［J］. 新疆师范大学学报（哲学社会科学版），2021（5）：1－9.

［12］杨晓宏，郑新，梁丽．“互联网＋”背景下高校课程思政的价值意蕴与实践路径研究［J］. 电化教育研究，2020，41（12）：71－78.

［13］邵运文．网络教学模式下的专业课课程思政教学实践：以投资学专业课程为例［J］. 高教学刊，2019（25）：79－82.

［14］吴万宗，潘瑞姣．“比较式”案例教学方法在课程思政建设中的应用：以《宏观经济学》课程为例［J］. 创新创业理论研究与实践，2018，1（16）：15－16.

［15］刘颖．毛泽民：从韶山冲走出来的“红色管家”［J］. 党建，2021（3）：65－66.

［16］叶婷．曹菊如：红色金融开拓者［J］. 中国金融家，2019（10）：70－71.

［17］杨特团，李宏民．高捷成的“红色家书”：历尽千辛，在所不辞［J］. 党史文苑，2018（5）：63－64.

学科交叉视角下高校“课程思政”建设的创新路径研究

姜　勇　梁玉芳　肖和录

一、引言

“课程思政”这一概念在2014年由上海市教育委员会提出并率先在上海的一些高校进行了试验，取得了较好的成效。课程思政是指以非思想政治课程比如专业课、通识课等为主要载体而开展的思想政治教育行为（高燕，2017）。从具体实施上来看，课程思政是把思想政治教育元素比如思想政治教育的理论知识、价值理念以及精神追求等融入各门课程中去，对学生的思想意识、行为举止产生正确引导。2016年12月习近平总书记号召：“各门课都要守好一段渠、种好责任田，使各类课程与思想政治理论课同向同行，形成协同效应。”① 总书记的这一指示指明了高校课程思政的发展方向，也提供了高校推进课程思政建设的力量源泉。可见，课程思政是新时代高校“立德树人”的重要途径和“利剑”。所以，理解和把握新时代高校课程思政建设中存在的问题，了解当前高校学生对思政课程的认知态度与反馈，进而探索可能的创新路径，对充分发挥各专业课程的思政教育作用，培养国家需要、人民需要、市场需要的高素质人才具有重要的现实意义（王学俭和石岩，2020）。

二、高等学校课程思政建设现状与问题

（一）对课程思政的理解不够，开展过程缺乏有效把控

当前很多高校还未从传统教学中转变过来，割裂了思想政治教育与专业课程教学的密切联系。很多高校“老观念”根深蒂固尚未改变，抱残守旧，认为思想政治教育主要是马克思主义学院的事情，专业课程教育实现不了思

① 习近平在全国高校思想政治工作会议上强调：把思想政治工作贯穿教育教学全过程　开创我国高等教育事业发展新局面［J］．实践（思想理论版），2017（2）：30－31.

想育人的作用。面对新时期课程思政新的要求，不改变旧观念是行不通的。当前，在课程思政的教学实践中，高校普遍存在应付了事、做表面文章、形式大于内容、肤浅而不深刻等问题。如在教授某个经济学知识点的时候，任课老师简单地引用国家的经济政策，表面上看是宣传了国家政策，但实际上并不能发挥启发学生心智、提升学生价值观念、传播积极正能量的目的，这和课程思政设置的初衷相去甚远。究其原因在于当前高校授课教师并未能对思政教育形成正确的观念，也缺乏对课程思政有端正的认知态度，进而在课程思政的实施环节缺乏有目的有针对性的课程内容设计和全过程的教学把控。

（二）思政元素简单植入，专业课程与思想政治教育融合度低

课程思政强调思想政治教育内容与专业课程知识的融合，应该体现出融合的“自然过渡”、影响的“潜移默化”等特征。高校很多专业课程，以数理工程为主要基础，具有紧密的逻辑，强调课堂教学授课过程中，对专业知识的准确传达，谓之“理性”。而思想政治教育则不同，其不仅强调严谨准确，更富有感情色彩，谓之“感性”，即把道理讲明白，把思想讲透彻，从内心深刻引起学生情感的共鸣共情，从而培养学生正确的价值观，指导学生的行为规范。如何实现专业课程知识和思想政治教育的有机统一，让学生从内心深处明白为什么学习、为谁学习，进而热爱学习，是课程思政教学体系中亟须回答的问题。从当前高校课程思政教育的现实来看，并没有很好地回答这些问题，也就没有从根源理解课程思政教育的本质。当前高校的课程思政大多是把马克思主义哲学或党的历史植入到课程的教学过程中，具有碎片化、肤浅化、牵强化等特征。这种简单的“嫁接”给学生留下了很不好的体验，起不到思想价值引领、思想教育的目的。

（三）课程思政深度不够，思政教育流于形式

课程思政的建设旨在解决专业课堂教学与思政课堂教学长期“各自为政”、缺乏联系的现象，解决专业课程教学缺乏深刻性、学生不知为何而学为谁而学的窘境。当前财经高校的课程思政开展过程中，首先，没有挖掘专业课程本身发展的历史起源以及我国在该领域的发展历程，无法激发学生对国家建设或艰辛创业的认同感。其次，当前财经高校专业的任课老师缺乏系统性的思想政治教育知识的学习，比如党史、共和国建设史、中国经济发展史、马克思主义等课程，课程思政的设计需要整体性的规划与设计，进而让两者实现有机结合对于解决这一问题是至关重要的。使专业课堂思政育人的作用得到落实，就必须做好顶层设计与整体规划，建立起一套行之有效的具体落

实机制。

（四）缺乏有效的课程思政教学的评价体系

构建完善的课程思政教育评价体系是课程思政教育可持续发展的保障。通过建立评价体系，一方面提供了课程思政建设质量的衡量标准，另一方面据此可以建立课程思政的“矫正”机制。课程思政建设是个长期有序的过程，做好过程管理，需要推陈出新和不断变革进步，因而需要一个发挥“眼睛”功能的评价机制。这个评价机制可以看得见、评得对，给出正确的引导，保证课程思政建设的可持续发展。而本文发现当前许多高校虽已经形成完善的教学评价体系，但是显然无法适应当前课程思政教学的评价需要。当前，很多高校大都还没有建立具有针对性、积极有效的课程思政教学的评价体系。

三、当前高校学生对课程思政教学的认知态度与反馈

本文就当前某财经院校课程思政教学对该校学生展开了问卷调查。利用问卷星网站设计调查问卷，对某财经院校学生发放问卷，共收到290份。通过对问卷结果分析，本文得到了某财经高校学生对课程思政教学的认知态度与反馈，主要体现在以下三个方面。

（一）课程思政教学覆盖面有待提高

通过对某财经高校在校大一到大四学生的问卷调查发现，大部分学生反映思政课程占比过低。具体来看（见图1），有75%的学生反映大学入学以来接触的思政化课程门数只有1～3门，10.53%的学生反映有4～6门，甚至有13.16%的学生认为自己没有接触过思政课程。一方面，这表明当前高校的课程思政建设虽然已经被提到一个重要的位置，但是建设速度还是过慢，目前覆盖的课程还是较少。另一方面，可能由于当前课程思政的建设宣传不够、课程思政的影响力有限，学生并没有意识到所学课程的思政元素对其思想的启迪与指引。

（二）学生对课程思政教学过程中采用方式的反馈

本文设计的问卷内容从学生视角考察了高校教师课程思政化教学方式。通过问卷调查（见图2），本文发现当前高校教师开展思政的主要教学方式集中于：引入社会热点、个人经历启迪、课后作业时代背景知识引入、讲述英雄伟人事迹、把专业知识与中国传统优秀文化和祖国未来发展等相融合。调查的数据显示，70%的学生认为以上高校课程思政的教学方式“比较符合”和“非常符合”。此外，75%以上的学生也普遍表示对高校课程思政的教学方

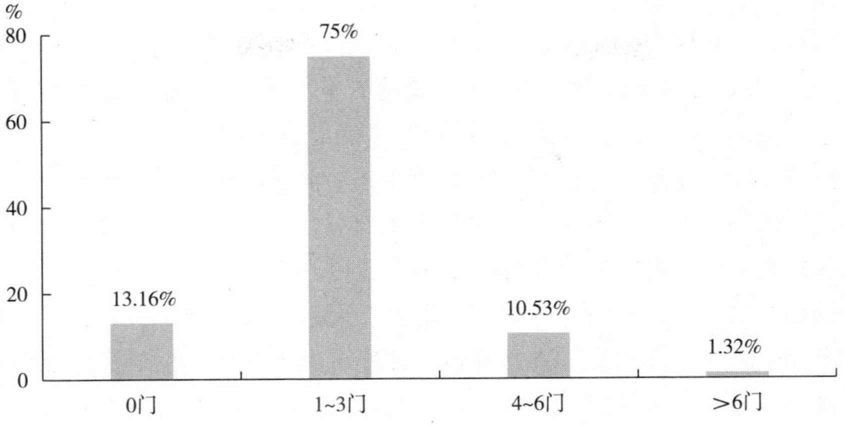

图1　大学入学以来接触的思政化课程门数统计

式能够“自然的倾听”，认为“没有过分刻意夸大”。这也说明了课程思政作为一种新的教学方式在高校学生中间具有扎实的基础。

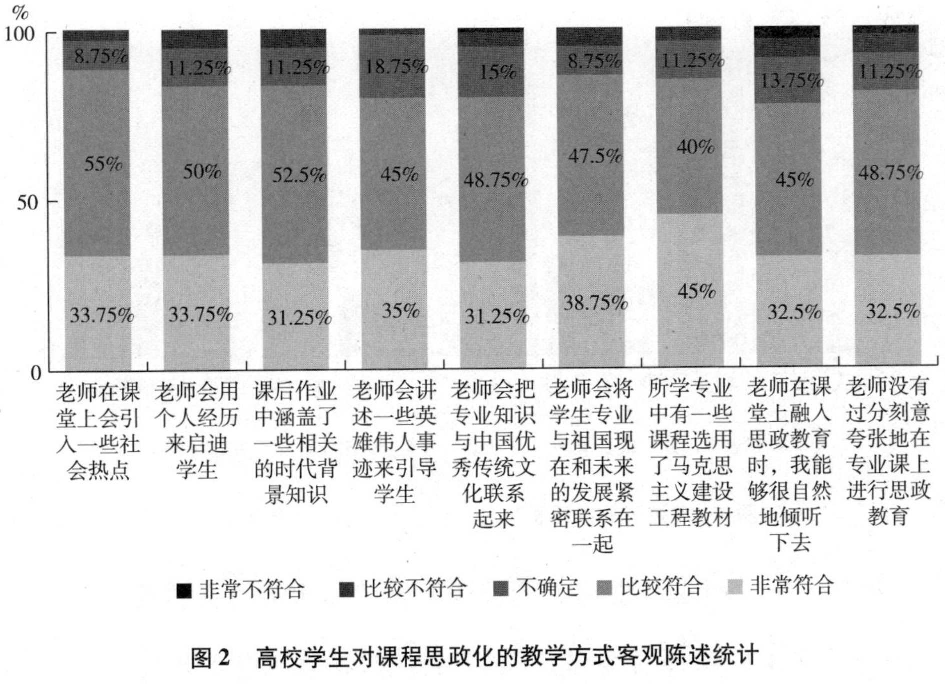

图2　高校学生对课程思政化的教学方式客观陈述统计

（三）高校学生对目前课程思政教育的认知与反馈

本文进一步调查了“学生对学校将思政元素融入一般的课程中的认知态度”。通过调查，本文发现，当前大多学生普遍反映，将思政元素融入一般的专业课程能够丰富课堂内容、激发自主学习的热情、提升对课程的兴趣，同时也可以提高该课程的质量，有利于学生知识的吸收和兴趣的培养，最后显示有88.75%的学生赞成将一些思政元素融入全部课程中。通过本文的调查可以相信当前高校学生对思政课程是持有积极认可态度的。

此外，本文考察了高校开展课程思政对学生学习状态和学生核心价值观的影响。通过调查（见图3），本文发现大部分学生反映，将思政元素纳入专业课程中来可以帮助明确课程目标和意义、提升学习动力，学生普遍反映上思政课程更加专注，成绩有所提高。把思政元素融入专业课程，可以充分发挥思政元素的“文化内涵”和趣味性，这样有利于强化学生对专业课程的理解。进一步，本文还发现，大多学生反映自从接触思政课程后，从内心深处爱国热情得到了提升，对自己未来职业认同感增强了，道德品质比如诚实守信也有了较大提升。这是符合课程思政设置预期的，思政元素中有丰富的爱国元素、积极的人文精神比如奉献拼搏精神等。

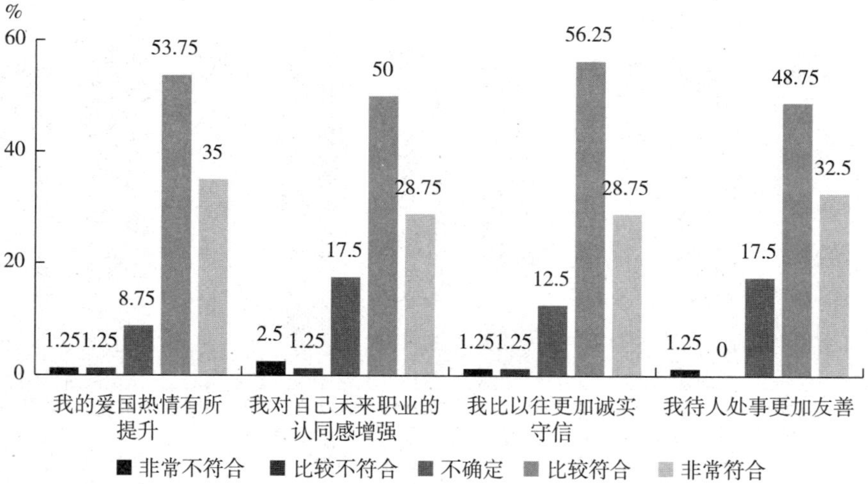

图3　高校开展课程思政对学生核心价值观的影响统计

四、基于学科交叉视角的高校课程思政建设的路径优化

（一）课程思政研究常态化，形成多学科交叉相融的研究团队

对于高校而言，由于各课程聚焦的方向不同，在教学过程中的侧重点也有所不同，但在天然上高校课程之间也具有共性。如何分离各个课程的特性部分同时提取各个课程之间的共性因素，与当前思想政治教育方向自然结合，

是需要研究的重点。因此，需要树立整体统筹观念，做好顶层设计。首先，肖香龙等（2018）建议从课程思政的优化设计方面入手，从发展理念，平台建设、机制建设等方面统筹全校学科特点，形成学科融合力量。其次，把控课程思政研究的重点环节，提高课程思政的建设效率。课程思政强调在专业课程教育的同时推进思想政治教育工作。因此，首要的应该把马克思主义唯物哲学观、马克思政治经济学理论与课程相结合，用马克思哲学观分解专业课程，这样一方面引导学生更好地理解所学专业知识，另一方面突出马克思哲学观和理论的适用性及指导意义。最后，以学科课程交叉为创新源头，融合各个学科课程的思政元素，如商业银行学中华人民共和国银行建设史等，丰富课程思政教学内容，形成稳定的师资队伍。因此，专业课教师要强化对马克思主义理论的学习运用，提升自身的思想政治素养。

（二）构建“国家—学校—学院”多位一体的长效保障体系

课程思政是高校教书育人的新变革，需要构建长效机制给予保障。基于课程思政的运行规律，构建包括国家、学校、学院三位一体的保障体系刻不容缓。首先，国家教育部门应该做好顶层设计工作，制定专门针对课程思政的建设框架或政策指引，同时提供相应的经费保障。其次，在学校层面，作为执行层面的领导者和保障体系的重要环节，应该积极成立课程思政建设领导小组，对基层课程思政的开展提供有力的组织保障和制度保障。强化职能部门在课程思政中的作用，如学校教学管理部门应积极组织制定课程思政考评制度等，发挥价值引领作用（李国娟，2017）。最后，在学院层面，作为具体思政课程开展的“第一现场”，应充分解读教育部出台的相关政策，积极执行学校的建设规划，做好课程思政研究的组织工作，积极创新课程思政形式，让更多的教师参与到课程思政的教育中来。

（三）发挥学生主动性，创新教学组织形式

“课程思政”应该是“寓德于智”的过程。在课程思政建设过程中，专业教学教师要扭转过去“满堂灌”的教学方式，推进以“老师教得好为中心”向“学生学得好为中心”转变。要实现这种转变，必须客观明确学生这一群体在课程思政开展过程中的位置。一般认为学生是教育的接受方或被教育对象，在课程开展过程中扮演着客体角色。本文认为，这种观点是不合时宜的。学生学得好不好、认可不认可，是衡量课程思政实施效果好坏的核心评价指标。新时代在课程思政开展过程中如果缺少学生的主动参与、师生之间的有效配合，课程思政开展效果是缺乏有效性、可持续性和深刻性的。因此，如何动员学生积极主动参与到课程思政中就需要创新包含学生在内的组织形式，比如组织学生就某一个专业课知识点基于马克思主义政治经济学开展“头脑风暴”进行讨论，组织以辩论的形式讨论专业课程中蕴含的马克思主义启发。

参考文献

[1] 肖香龙，朱珠．“大思政”格局下课程思政的探索与实践［J］．思想理论教育导刊，2018（10）：133－135.

[2] 高燕．课程思政建设的关键问题与解决路径［J］．中国高等教育，2017（Z3）：11－14.

[3] 李国娟．课程思政建设必须牢牢把握五个关键环节［J］．中国高等教育，2017（Z3）：28－29.

[4] 王学俭，石岩．新时代课程思政的内涵、特点、难点及应对策略［J］．新疆师范大学学报（哲学社会科学版），2020，41（2）：50－58.

金融学类混合教学模式的反思与重构

安　蕾

一、引言

随着信息和通信技术（ICT）在教育领域的应用，具有开放性、灵活性和便利性特点的大规模开放在线课程（MOOCs）、微课等线上教学形式飞速发展，给高等教育教学模式和理论带来重大变革。截至2020年12月，我国MOOC数量超过3.4万门，建设SPOC课程24万余门，学习人数达5.4亿人次，几乎涵盖所有学科，慕课数量和应用规模已位居世界第一。这些成就得益于近年来我国出台的一系列政策制度规范，这些制度规范推动了在线教育持续供给，促进了包括国家课程资源、网络开放资源和校本特色资源在内的网络教学的多元资源体系发展。全国百万级学生在线教育平台在特殊时期助力高校高质量地做到了“停课不停学”。据教育部统计，2020年疫情防控期间，中国线上教育覆盖高校1454所，免费开放4.1万门在线课程，覆盖1775万大学生。疫情防控期间，师生关系得到重构，教师应用信息技术和网络教育资源的能力显著提高，对在线教学的认知也更加完整和系统。中央电教中心的问卷调查显示，疫情前，约70%的教师学生没有或偶尔参加在线教学；疫情后，80%左右的师生已经适应了在线学习（见表1）。

表1　　　　中国线上教育政策体系

发布时间	发布文件	相关内容
2018年	《教育信息化2.0行动计划》	到2022年建成“互联网+教育”大平台，努力构建“互联网+”条件下的人才培养新模式、发展基于互联网的教育服务新模式、探索信息时代教育治理新模式
2018年	《中华人民共和国民办教育促进法实施条例（修订草案）》	提出利用互联网技术在线实施学历教育的民办学校须取得办学许可和互联网经营许可，在线教育准入门槛提高
2019年	《加快推进教育现代化实施方案（2018—2022年）》	大力推进教育信息化。设立“智慧教育示范区，开展国家虚拟仿真实验教学项目等建设，实施人工智能助推教师队伍建设行动。构建“互联网+教育”支撑服务平台

续表

发布时间	发布文件	相关内容
2019 年	《中国教育现代化 2035》	建设智能化校园，统筹建设一体化智能化教学、管理与服务平台，实现规模化教育与个性化培养的有机结合
2019 年	《2019 年政府工作报告》	提出发展“互联网＋教育”，促进优质资源共享；明确“互联网＋”等信息技术手段在教育领域的应用目标，通过教育信息化实现优质教育资源共享、推进教育现代化
2020 年	《关于支持新业态新模式健康发展激活消费市场带动扩大就业的意见》	大力发展融合化在线教育；构建线上线下教育常态化融合发展机制；允许购买并适当使用符合条件的社会化、市场化优秀在线课程资源，形成高质量线上教育资源供给
2020 年	《关于统筹做好教育系统新冠肺炎疫情防控和教育改革发展工作的通知》	进一步做好在线教育教学，要不断探索开学后课堂教学与线上教育的有机结合，开展教学内容改革和教学模式与方法创新

线上线下混合教学模式将线上网络教学与线下课堂教学相结合，再加上多种教育资源的使用，大大提高了学生的学习效率，使在线教育从危机时期的应急替代品转变为推动教育范式转变的重要动力，助力高等教育从传统的、占主导地位的“教学范式”向“学习范式”转变。混合教学模式的教学活动是以学生为中心、从学习者的角度规划和执行的，而教师则从对学习内容和过程有主要控制权的专家，转变为与学习者共同参与学习过程和评估的促进者（Barnett，2017[6]）。此外，通过大数据分析，教师能够动态掌握学生的学习情况，并及时进行评估，因材施教，因此，混合教学模式可以实现全方位的师生互动，是一种基于学习成果导向的教育模式（OBE）。

国内外学者对线上线下混合教学模式进行了探索，如张东海（2020）[1]认为线上线下教学融合发展是技术赋能的必然结果，为此需要确立新的知识观、教学观和师生观；吕林海（2021）[2]解析了大学“在线深度教学”的现状；徐丽媛（2021）[3]总结了移动学习时代下高校网络学习空间资源、知识点体系建设、资源更新淘汰机制的设计策略。但探究金融学混合教学模式的文献较为有限，少数涉及金融混合教学对学生表现影响的研究也未得到一致的结论。一些文献认为，金融类在线课程能够提高学生对课程的理解，进而提高学生的成绩（袁嫄，2019；[4] 杨叶红等，2021；[5] Jones 等，2021；[7] Batu 等，2018[8]）。相反，Flannery 等（2013）[9]，Crain 和 Ragan（2017）[10]发现，与传统课堂学习相比，学生参与在线金融课程后的成绩表现更差。Ary 和 Brune

(2011)[11]发现混合教学模式对学生的成绩没有影响。本文总结了混合教学模式设计策略，并在对比国内外金融学在线课程特点的基础上，探索了我国金融类混合教学模式的推进方向。

二、线上线下混合教学模式概述

(一) 混合教学模式的内涵

线上线下混合教学是将线下传统课堂教学与线上学习有效结合，辅以多媒体资源、各种校内和校外学习资源，以提升学生的自主学习能力和教师的个性化教学体验的一种教学模式。混合教学充分利用现代信息技术和不同教学模式的优势并有机结合，现阶段主要包括微课、MOOC 和翻转课堂等模式。

微课教学主要是指教师利用信息技术将教学知识的难点设计成短视频或课件，其时间短、内容精细的特点，能有效提高教学效率。MOOC 是一种大规模的开放式教学模式，将学习管理系统与开放资源有效结合，使知识更具共享性和传播性，并可通过互联网平台发布开放课程。翻转课堂教学模式采用多媒体教学和任务型教学方式，其主要教学理念是鼓励学生课前自学，教师在课堂教学中解答学生自学时遇到的问题，引导学生探索课程知识点在实际问题中的应用，进而提升教学效果。

(二) 线上线下混合教学模式的总体设计策略

线上线下混合教学模式的基本结构分为线上学习和线下课程学习两部分，如图 1 所示。

1. 在线模块设计。首先，教师可以根据学生的实际能力、教学内容和教学目标，合理制订教学任务并通过高校建设的在线教学平台发布 PPT、微课视频或借用其他优质教学资源。其次，学生充分利用课前时间观看教学视频和资料，梳理并反馈课前学习总体情况。学生通过教学视频的学习和教学材料的分析，达到理解教学内容的目的，并在学习过程中及时记录遇到的问题，以便在在线课堂教学中提交给老师进行分析讲解，也可以通过平台交流学习心得。在线系统可以记录每个学生的学习轨迹，为教师方便快捷地了解学生的学习进度和理解深度提供帮助。最后，教师根据学生在网络教学平台上提交的预习报告，有效分析学生对教学内容的掌握情况，并据此对教学计划进行合理调整，还可以根据需要开展互动活动，如话题讨论、在线提交作业和测试等，以测试学习效果。

2. 离线模块设计。线下模块主要以课堂教学活动为主，与传统课堂教学模式相比，混合模式下的课堂教学以学生为主体，主要是让学生展示已学到的内容和感兴趣的领域、提出疑难问题、应用知识解决实际问题。线下课堂中，教师成为解决问题和组织讨论的指导者，教学重点在于加强难点问题的讲解，听取学生汇报，全面掌握学生的学习情况，及时答疑解惑并组织课堂讨论交流活动。

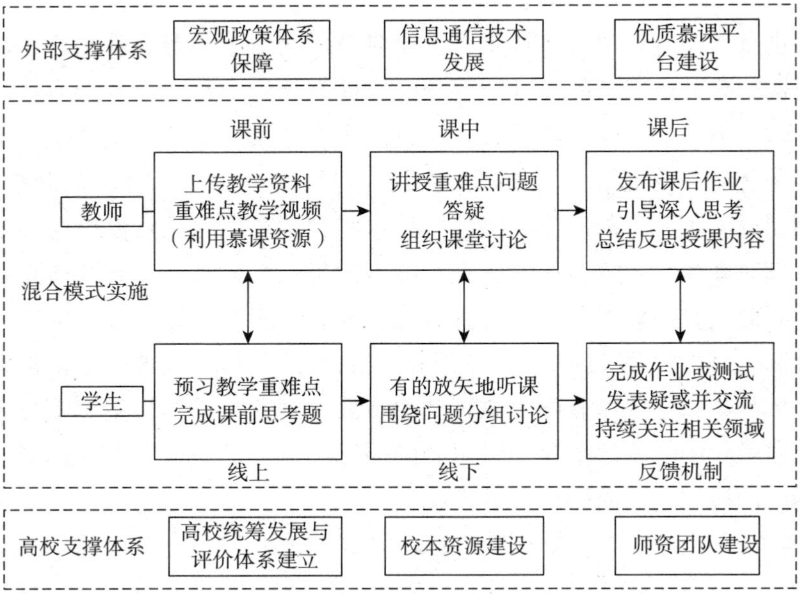

图1　混合教学模式的设计策略

（三）线上线下混合教学模式的特点

线上线下混合教学模式兼具传统教学模式和线上教学的一系列优势。首先，混合教学模式有利于教师对整个教学过程进行监督和指导，也有利于学生充分把握自己在教学活动中的主体地位，激发学习热情。其次，互联网、大数据的应用增加了各类教学资源的可用性，学生能够通过在线网络和多种渠道搜索信息和资料，加深对知识点的理解，教师也能够探索使用各类在线工具进行指导，提升课堂教学的时效性和教学效率。最后，混合学习模式是以学生为中心的教学形式，因材施教。不同于强调集体化、标准化的传统课堂教学，混合教学模式更开放、更有针对性，学生可以根据自己的情况选择不同形式的学习工具和资源，获得很大的自由度和灵活性，教师也能够根据学生需求和层次，制定授课进度和内容。

混合学习模式的成功实施也有一些制约因素，如信息通信技术和基础设施水平以及教师所具备的数字素养。此外，混合模式的灵活性要求学习者能够独立学习、自我激励。由于教师在课堂上的控制明显减少，如果学生的积极性不高，混合模式的教学效果会受到影响。

三、国内外金融类在线课程比较分析

随着在线教育的发展和混合教学模式的普及，金融学课程所使用的教学方法也随之变化。分析国内外在线教育平台的金融类在线课程的内容和课程反馈途径方面的特征，将对完善我国金融学混合教学模式有重要启示。

（一）金融科技类在线课程规模

优质的线上教育教学资源是推动信息技术与课堂教学深度融合的关键要素，也是线上线下混合教学模式顺利发展的基础。同时，随着金融科技在金融实践领域的广泛应用，人才培养的重点正向创造性思维、复合型知识结构靠拢，在线金融类课程的设置也要跟上时代的步伐，增加金融科技类（金融课程知识与大数据、云计算、人工智能、区块链等核心技术的融合）课程的占比。表2显示了中国大学MOOC、学堂在线、Coursera、edX等国内外主流MOOC平台提供的金融类课程的数量，并显示了以Fintech（金融科技）为关键词搜索到的相关课程的数量。

截至2021年12月，以Finance（金融）为关键词搜索，在Coursera上得到2330个结果，在edX上得到70个项目共541门课程，在Future Learn上得到61门金融类课程，而MIT Open Course Ware上的Business（商业）类的课程有38门。在Udacity上，以Topic（话题）为搜索方式，在Business（商业）的Finance（金融）话题下共搜得18门课程，作为计算机类的MOOC网站，其提供的商科课程主要是与计算机管理编程类相关的金融类课程。

在金融科技类课程方面，无论是在课程门类和数量上，Coursera都占有绝对优势，共提供了15个相关项目（内含4～5门课程）在内的至少68门相关课程，其中不乏名校（如杜克大学，耶鲁大学，斯坦福大学等）；edX紧随其后，提供了3个项目和14门课程；MIT Open Course Ware以及Future Learn也在近3年内提供了少量金融科技类专题或普通课程，但Udacity未搜索到真正意义上的金融科技课程。从内容上看，课程多为导论（Introduction）性质，以对区块链（Blockchain）、加密货币（Crypto－Currency）的概念介绍为主，另一些关注与Fintech（金融科技）相关的法律法规制度。

我国慕课自2013年起步，目前规模较大的主流平台包括中国大学MOOC

和学堂在线等。中国大学MOOC是教育部启动实施的高等教育课程资源共享平台，承担国家精品开放课程的建设，拥有610门金融类课程，其中34个被教育部认定为“全国在线开放精品课程”。学堂在线是清华大学发起的旨在提供优质教育资源、共享个性化教学服务的教学平台，提供224门金融类的高质量交互式课程。以金融科技相关的关键词（大数据、云计算、区块链和数字货币等，课程需与金融知识相结合）进行搜索，在中国大学MOOC上得到6门课程，在学堂在线上得到10个结果。总体来说，我国金融类在线课程的数量已具备一定规模，但与金融科技相关的在线课程仍然匮乏，难以匹配我国对与时俱进的复合型金融人才的需求。

表2　　　全球主流在线教育平台金融类及金融科技类课程数量

平台名称	平台介绍	金融课程数量	金融科技类课程		
			总数	专项	课程
中国大学MOOC	网易和高教社合办的高等教育课程资源共享平台，集中展示“中国大学视频公开课”和“中国大学资源共享课”	610	6	—	6
学堂在线	清华大学发起建立、教育部在线教育研究中心的研究交流和成果应用平台	224	10	—	10
Coursera	目前世界最大的MOOC平台，由美国13所顶尖大学联合创建	2337	68	15	53
edX	哈佛大学和麻省理工学院联合创建的世界级名校的公开课平台	541	17	3	14
Udacity	Google（谷歌），Facebook（脸书），Amazon（亚马逊）等科技公司定制课程，旨在培养前沿技术人才，课程实操性强	18	0	0	0
MIT Open Course Ware	麻省理工学院开放式课件	38	2	0	2
Future Learn	英国在线教育平台，课程主要围绕某一个或多个具体主题展开	61	5	1	4

注：“专项”（program）是内含多门课程（lectures或modules）的集合；“课程”（Courses）统计的是以单一课程形式搜索的结果。

（二）在线课程内容及信息

线上线下混合式教学的有效开展，除了依赖于传统教科书对知识点的梳理，更重要的是有效利用配套网站提供的大量在线资源。表3梳理总结了各

MOOC 平台内金融在线课程涵盖的内容，主要包含教学团队与教学大纲、课程概述、预备知识、解释概念和理论知识的视频、学习者的评论、在线测试与考试、讨论区和证书要求等。一些混合教学模式引入了交互式教科书，即包含一些填空题，学生可以从配套网站观看相关的嵌入式视频讲座以获取答案。

表 3　　全球主流在线教育平台涵盖的内容

平台名称	教学大纲	课程概述	交互式教科书	预备知识	视频	评分和评论	测试与考试	讨论区	证书
中国大学 MOOC	√	√			√	√	√	√	√
学堂在线	√	√			√		√	√	√
Coursera	√	√	√	√	√	√	√	√	√
edX	√	√	√	√	√		√	√	√
MIT Open Course Ware	√	√			√		√		
Udacity	√	√	√	√	√	√	√	√	√
Future Learn	√	√			√	√	√	√	√

中国在线教育平台上提供的信息和内容与国外平台大致相同：学生通过注册登录可自由选课、观看视频课程和参与讨论，当根据听课进度完成所有作业并通过期末考试，获得课程证书；教师可通过系统上传视频、添加教学资源及在线测试题，并能及时查看学习反馈情况。Coursera、edX 这类在线学习平台注重质量而不是数量，让这种“自下而上”局部探索的发展模式具有更坚实的基础和更强大的动力。中国在线学习平台遵循“自上而下”的全面实施路径，导致在线课程数量发展迅猛，有些在线课程资源还缺乏系统性，线上线下学分互认较难落实；引导学生解决现实问题的讨论模块设计仍显不足。

（三）在线课程反馈机制

混合教学模式中，与教学资源和技术一样重要的是反馈机制的设计，个性化的师生互动对于注重实际应用的金融类课程尤其重要。讨论板、适应性问题集、在线会议软件和视频反馈是国外在线课程平台主要的反馈模式。

讨论板通过邀请学生针对与知识点紧密联系的热点话题或案例进行评论或给出解决方案，加强其对现实世界问题的理解，在了解其他人启发性的观点后，也能促进其批判性思维以及分析、综合能力的提升。适应性问题集系统是另一种提供反馈的有效机制，可以根据学生的学习阶段给出符合个人理解水平的测试题目，因而通常被用作翻转课堂的一部分，系统运行的关键是报告每个学生学习过程中遇到的难点并持续跟踪其是否解决了困惑之处。在线会议软件的使用使教师通过屏幕共享解释较难的概念或扩展需要进一步讲解的内容，同时，学生可以插入问题或自己的理解，实时查看图表及数据。视频反馈是教师通过制作简短的视频，概述与课程相关的重难点问题，并评论学生一段时间的在线测试的表现，以增加学生对课程内容的理解和存在感的一种反馈机制。

目前，大多数国内 MOOC 平台师生之间的互动都依托讨论区，反馈机制相对有限，影响学习体验。虽然教师可以通过讨论板了解和处理学习者提出的一些问题，但无法提供个性化辅导，也很难帮助所有学习者，未来仍需探索开发适应性问题集和视频反馈系统等技术，以客观全面地评估学习者的表现。

四、金融学课程混合教学模式的探索

后疫情时代，学习空间和时间、师生关系、学习方法和评估方法都与以往不同，更迫切地要求推行与教育信息化 2.0 时代相适应的教学改革与创新，因而需要深入探索适合金融类课程特点的线上线下混合的新教学模式。借鉴国内外金融专业混合教学实施的经验，从在线教育平台建设、高校管理机制、教学设计和师资培训等方面，提出几点推进我国金融专业混合教学长效发展的思考和建议。

（一）加强在线教育资源和支撑体系建设

疫情防控期间，全国广泛开展在线教育，也暴露出许多高校在数字化教育资源、在线学习平台方面准备不足的问题，亟须加大教育资源和支撑体系的建设力度。

第一，开发贯通线上线下的在线教学平台。在建设覆盖全国的全媒体、开放式在线教育生态链接平台的过程中，应确保其结构框架和板块设计有效满足课程特点和合理支撑混合教学活动的开展，加速开放教育资源的发展，进一步推动在线教育平台技术及数字资源不断演进以及 O2O 教学模式的多样化发展。同时，引入高素质教学信息资源开发维护人员协助教师设计制作课程教学资源，为教师的教学和学生的学习提供有效的技术支持，进一步优化各教学模块的功能，增强各模块的简洁性和操作的便捷性。

第二，形成高质量金融学科混合教学课程资源体系。课程体系资源主要包括基于知识单元的教学视频资源、微课等碎片化学习资源以及课程资料和课件，还包括与课程内容密切相关的扩展资料，如案例分析、延伸阅读等。同时，可以增设与金融科技相关的大数据、云计算、区块链、人工智能技术等知识模块，提高金融专业知识的覆盖范围，推动金融科技与特色金融学科的深度融合，打造沉浸式、立体化的教学模式。对于与行业连接紧密的金融类课程而言，将企业优质资源和服务高效引入课堂，也是提升教学效果的重要方法。

第三，基于校园网构建与O2O深度融合的教学平台。各种形式的互联网课程必须依托校园网络，才能实现线上教学资源与线下教学的深度融合，保证课堂教学效率的不断提升。

（二）建立健全混合教学管理机制

第一，做好在线教育的规划和统筹工作。高校应结合在线教学平台特点、校本资源和技术优势，为教师提供软件支持、教学平台服务和在线培训的全方位支持，帮助师生适应新教学环境，快速掌握在线教学新技能。建立健全混合教学改革激励机制，也要从政策、资金、制度等方面入手，鼓励和引导教师积极开展混合教学创新，加强混合教学实践研究。同时，探索MOOC与学位教育的更多整合，例如对MOOC学分的认可，增加学生的学习热情和动力。

第二，构建规范混合教学的管理体系。管理体系应包括课程建设与教学标准、课程教学评价方案和教学管理制度，构建科学的课程管理、评估和质量评价体系，以确保混合教学的顺利实施。

（三）倡导线上线下相互融合的教学新常态

第一，基于混合教学模式的特点进行教学设计。线上线下混合教学模式下的教学设计应符合O2O模式的特点，在线上阶段，教师根据学习平台记录的学习情况进行数据分析，不断改进教学设计、资源上传的时间间隔，对教学片段进行合理的剪裁，制定具有个性化特色的“学习包”，提供“菜单式”学习服务，引导学生参与线上讨论；在线下教学过程中，教师根据学生的掌握情况和遇到的问题，灵活调整教学流程、时间分配，弥补在线教学内容的缺失，集中指导难点内容，引入金融前沿案例和热点问题等模块，通过具体情境的构建，模拟具体金融事件，让学生在实践中掌握分析问题和解决问题的能力。

第二，为混合教学模式的实施营造良好的学习氛围。在线平台能否充分发挥作用，关键在于教师在早期对学生的引导，以及师生在教学活动中的默契配合。开课前，根据学生的学习情况和教学计划上传每节课所需的任务资源，安排课前预习和小组任务，营造在线学习环境，制定相应的课程考核标准，并给积极完成课程的学生奖励，培养学生自主学习的意识。为了引导学生更好地完成在线任务，一些监督和指导措施也是必要的。例如，在系统中设置作业完成时间，定期公布未完成任务的学生名单，在线下教学时，通过巩固练习和头脑风暴的方式帮助学生对任务完成情况进行反馈，逐步形成良好的学风。

（四）完善师资培训与团队建设

优秀的领域知识、表达技巧以及熟练的计算机技能是混合教学模式下教师所必备的能力，为此，有必要针对混合教学模式进行师资培训与团队建设。

第一，建立健全师资培训长效机制。在“互联网+教育”的背景下，全面提升教师数字素养成为当务之急。高校的教师培训应侧重于在线教学平台和社交媒体的应用，包括教学工具和可供参考的学习资源广泛使用，如微信公众号、课程 App 等新媒体，免费访问的电子书和电子期刊、数据库等。同时，指导教师不断推动教学理念持续更新，适应以学生为中心的教学方法，通过社群交流、直播答疑、在线作业与考试等方式，不断拓展师生互动。

第二，注重线上线下混合教学师资团队建设。高校教师要立足课程内容模块，努力实现教学资源的共建共享，建立健全集体备课、经验分享等机制，在此基础上进一步完善教学资源基础。

五、结语

混合教学模式实现了线上线下教学的深度融合，有利于提高课程教学质量和学生自主学习能力，是后疫情时代高等教育信息化的转型方向。本文在总结混合教育模式内涵和设计策略的基础上，通过国内外主流在线教学平台的金融学课程内容和反馈机制方面的比较，探索了我国构建金融类混合教学模式的策略。只有加大在线教学平台建设，大力推进课程资源建设，做好在线教育的规划、统筹和管理工作，同时，根据金融学科情况和教学特点，合理改进教学设计，重视师资培养和教学团队建设，才能充分发挥线上线下混合教学的优势，全面提升金融类人才培养的效果。

参考文献

［1］张东海．后疫情时代的高等教育发展与高等教育研究——中国高等教育学会高等教育学专业委员会第七届会员代表大会暨2020年学术年会综述［J］．高等教育研究，2020，310（12）：105－107.

［2］吕林海．大学“在线深度教学”：内涵、现状及其影响因素［J］．中国高教研究，2021，338（10）：67－73＋94.

［3］徐丽媛．移动学习环境下高校网络学习空间资源构建［J］．金融教育研究，2021，34（2）：75－80.

［4］袁娇．基于SPOC的行为金融学深度学习模式研究［J］．金融教育研究，2019，32（1）：69－75.

［5］杨叶红，李琦，靳景玉，等．混合教学模式在金融经济学课程教学中的应用［J］．高教学刊，2021，7（24）：109－112.

［6］Barnett R. The ecological university：a feasible utopia［M］. Routledge，Nueva York，2017.

［7］Jones J S，Ragan K P，Witte H D，et al. The impact of online learning tools on student success in college of business core finance classes［J］. Journal of Education for Business，2021：1－8.

［8］Batu M，Bower N，Lun E，et al. Testing the effectiveness of online assignments in theory of finance［J］. Journal of Education for Business，2018，93（3）：119－127.

［9］Flannery，D.，B. Kennelly，and J. Considine. Paper and online assignments in economics：A comparison with panel data. International Review of Economics Education，2013，（13），31－43.

［10］Crain S J，Ragan K P. Online versus face－to－face course learning effectiveness：Measured outcomes for intermediate financial management［J］. Journal of Financial Education，2017，43（2）：243－261.

［11］Ary E J，Brune C W. A comparison of student learning outcomes in traditional and online personal finance courses［J］. MERLOT Journal of Online Learning and Teaching，2011，7（4）：465－474.

综艺类节目对本科课堂教学的借鉴

刘冠美　陈　珊　刘桂梅①

“高教大计，本科为本”，若“本科不牢”，则“地动山摇”，[1]本科教育在高等教育中的重要性不言而喻。在本科教育中，课堂是前沿阵地，也是衡量高等教育质量的核心要素，[2]因此，课堂教学质量直接关系到本科教育乃至整个高等教育的水平。然而，我国大学本科的课堂教学仍然存在一些不足之处，成为提升本科教育水平的障碍。不可否认，在推进高等教育高质量发展的进程中，这些不足将无法被回避。

近年来，各种综艺节目层出不穷，涌现出一批收视率较高的高质量节目。这些节目在内容和形式上不断创新，除了具有娱乐性的同时，还融入社会关注度较高的时事话题，并加强与嘉宾和观众的互动，迎合了社会的需求，深受广大观众尤其是青年人的青睐。这些优秀综艺节目所做的探索，所呈现的创新性形式，恰恰能够给大学本科课堂教学提供一些启发。因此，本文选取几类典型的综艺节目，探讨这些综艺节目对本科课堂教学的借鉴，以此改善目前本科课堂教学中的问题，助力本科教育水平的提升。

一、本科课堂教学的困境与流行综艺节目的特点

（一）本科课堂教学的困境

1. 课堂教授形式单一，师生缺乏互动。目前，大学课堂主要采用“教师讲，学生听”的授课方式。在这种方式中，教师主动教，学生被动学。尽管近年来出现了翻转课堂、慕课等新的教学方式，但这些新的方式也只是对原有教学方式的补充，讲授内容、教育方式都没有明显的改进。因此，未从根本上改变教师单向传授知识给学生的方式，也基本没有改变教师的中心地位。

---

① 作者简介：刘冠美（1985—　），男，山东东平人，南京审计大学金融学院讲师，研究方向：供应链金融；陈珊（1997—　），女，江西吉安人，中央财经大学粤港澳大湾区研究院硕士研究生，研究方向：金融科技；刘桂梅（1978－），女，江苏徐州人，南京审计大学金融学院助理研究员，研究方向：高校教育管理。

在教师教授为主的单一单向模式下，教学方式机械，师生之间缺乏互动，课堂气氛沉闷。由于缺乏师生之间的沟通，学生的需求常常被忽视，教学效果差，满意度低。

2. 课堂上学生参与性低，“低头族”现象突出。大学中的课堂教学通常采用“插秧式”的组织形式，教师在讲台讲授知识，学生坐在座位上听。这种组织形式在某种程度上阻碍了师生之间的交流，同时也使得课堂变得枯燥无味，降低学生课堂参与的热情，上课沦为“教师带学生的集体划水”。在这种情况下，一些学生通过“刷手机”的方式打发“枯燥”的课堂时光，导致“低头族”现象在课堂上出现。

3. “00后”成为大学生的主体，课堂教学面临新挑战。众所周知，“00后”已经成为大学本科学生的主体，这是一代具有鲜明个性的群体，给当下本科课堂教学提出了新挑战。“00后”是伴随着中国加入世贸组织，并在电子互联网环境下成长起来的一代人。首先，“00后”具有更强的个性和自我意识。不仅体现在他们拥有个性化的、独特的表达方式，还体现在他们拥有更强烈的学习自主性。其次，“00后”熟练使用各种互联网工具，从小到大获取的信息比前几代人都更加丰富，因而见闻和视野也超越了前辈的同龄人。再次，“00后”具有更强烈的自我发展动力。根据中国青年报社与腾讯QQ联合制作的QQ用户《00后画像报告》，近90%的被调查者认为成功依靠奋斗，而对于学习的目的，60%以上的被调查者认为学习是为了获得更好的工作和提升自己，[3]这表明“00后”有更加务实的人生追求。

（二）流行综艺节目的特点

当前，随着互联网媒体平台的不断发展以及市场需求多元化的出现，综艺节目的内容及模式不断变化，种类不断丰富，游戏类、答题类、真人秀类、演讲类以及辩论类等节目层出不穷。[4]这些综艺节目中，大部分有着广泛的收视率，尤其深受青年人（包含大学生群体）的喜爱。总体来看，娱乐性、社会性和互动性是当下综艺节目的主要特征。

首先，娱乐性是综艺节目的首要特征。综艺节目坚持娱乐性的定位，紧紧围绕着大众对娱乐性的心理需求，在节目形式上呈现一种轻松诙谐、欢快愉悦的节目氛围。其次，社会性是综艺节目的典型特征。社会性主要体现在内容设置上更加贴近社会时事热点，更加贴近社会公众生活，注重现实性。这样的节目设置，可以吸引更多的观众流量，增强节目的关注度，并且能够引发观众情感上和心理上的共鸣，甚至引起对一些问题事件的深层次思考。

再次，互动性是综艺节目的普遍特征。在流程上，流行综艺节目通常注重主持人与嘉宾之间、嘉宾与嘉宾之间、主持人与现场观众以及场外观众的互动。多方互动不仅拉近了参与主体的距离，还能够增加场内外观众在节目中的参与感，使观众能够拥有更加充实的过程体验。

流行综艺节目在内容、节目呈现形式和节目流程上的不断探索，获得了较高的收视率，赢得了良好的口碑，深受广大观众尤其是青年群体的喜爱。针对前文提到的大学课堂中的问题，本文认为，可以借鉴综艺节目中的创新做法和方式，来改变目前大学课堂教学方法和方式。不仅有助于创新大学课堂的教学模式，使课堂迎合大学生，尤其是“00后”学生的喜好，而且能够增强学生在课堂上的活跃度及参与度，从而提高大学课堂的教学效果。

二、综艺节目对本科课堂教学的借鉴

本文选取了既在青年群体中受众比较广泛，也与课堂教学相对有更多共通之处的三类综艺节目，分别为演讲类、辩论类、答题类，并以这三大类综艺节目为例，具体探讨综艺节目对本科课堂教学的借鉴之处。

（一）演讲类综艺节目

1. 节目简介。国内演讲类综艺节目风格各异，有像《朗读者》这种深情动人、严肃凝重的风格，也有像《我是演说家》《超级演说家》这种热情洋溢、贴近生活的风格，还有像《脱口秀大会》《吐槽大会》这种轻松诙谐、幽默生动的风格。[5]在这几类演讲类节目中，脱口秀式演讲类节目最为火爆，席卷微博、微信等各大媒体平台，广受年轻人欢迎。以《脱口秀大会》为例，《脱口秀大会》自2017年8月开播以来多次登上各大平台热搜榜单，总播放量高达40亿次，成为同时期最受欢迎的综艺节目之一。《脱口秀大会》紧贴社会热点，通过互联网媒体平台由大众投票评选确定每期主题，各位脱口秀演员基于自身独特视角对主题进行不同风格的演绎，以诙谐幽默的语言向观众输出观点，使得观众能在轻松愉悦的气氛中产生共鸣、引起反思，从而向社会公众输送与传播正确的价值观。

《脱口秀大会》每季的规则有所不同，在第三季中采用车轮战式规则，分为五十进二十五突围赛、三十进十八主题赛、三分之一抢位赛等多个环节。在突围赛中，选手依次进行脱口秀表演，由领笑员及现场观众的投票结果决定选手去留；在主题赛中，选手根据投票名次高低从三个主题中依次选择主题，进行同场竞演；在抢位赛中，选手根据上一轮比赛的排名分别进入上、中、下三个层级，并且依次以三人为一组进行一场个人秀竞演。

2. 对本科课堂教学的借鉴。本科课堂可借鉴《脱口秀大会》的风格特点及节目规则，从教学风格、教学形式这两个方面进行创新。在教学风格方面，大学教师可以学习节目的语言特点，提高教学语言的幽默性，结合实际把课堂知识讲得既生动又有趣，避免照本宣科，这样能够在一定程度上吸引学生的注意力，激发他们的学习兴趣。在教学形式方面，教师可以在课堂开始前进行一段简短的个人脱口秀式演讲，来引入课堂教学主题，并充分活跃课堂气氛、调动学生学习的积极性。另外，在课堂组织上，教师可以设置演讲比赛环节，结合书本知识与社会热点两方面事先确定多个演讲主题，部分学生作为演讲嘉宾自主选择演讲主题、进行同台竞演，其余学生作为观众投票选出本节课的最佳演讲者，最后教师要对各位学生的演讲进行点评。通过将这种脱口秀式的演讲形式应用于大学课堂教学，可以赋予课堂更多的活力，使得教学更加生动化，有助于打破教学单一枯燥的教授形式，从而有效提高学生的学习兴趣，对提高学生熟悉知识的程度和增强学生的思考能力也有积极意义。

（二）辩论类综艺节目

1. 节目简介。国内辩论类节目起源于20世纪90年代的《亚洲大专中文辩论赛》《国际大专中文辩论赛》等比赛性节目，发展于《时事辩论会》《开讲天下》《一虎一席谈》等时事性电视节目，繁荣于《非正式会谈》《世界青年说》和《奇葩说》等娱乐性综艺节目。[6]

目前，娱乐性质的辩论类综艺节目在传统辩论的基础上加入“真人秀”“娱乐”等多种元素，在众多综艺节目中异军突起，获得了很高的关注度。《非正式会谈》于2015年开播至今已有六季，聚焦于当下青年人关注的社会热点话题，由来自11个国家的青年对其进行讨论，以辩论谈话形式探讨跨文化、多元化的答案，使得观众能够了解世界各国的不同文化。节目中，中国主席团率先提出讨论提案，并把控整场讨论流程及氛围；其次，各国代表针对提案首先表明立场，选择自己支持的一方，然后基于自己的文化背景对提案主题进行观点陈述，并进行讨论，展示出各国特色文化。相较于《非正式会谈》，《奇葩说》更加突出传统辩论的竞技性质。《奇葩说》自2014年开播至今已有七季，以辩论比赛的形式讨论热点话题，同时，轻松娱乐化的语言风格减少了传统辩论赛的严肃性、增添了趣味性，使得观众能够了解到多元化的价值观。节目中，选手们事先抽签选取辩题，两两配对为正反方，正反方先分别陈述论点，再进行对话式辩论，最后进行限时结辩。在辩论过程中，导师和现场观众可以任意选择自己支持的一方，同时屏幕实时公布正反两方的支持人数，最后根据投票的最终结果决定比赛的胜负。

2. 对本科课堂教学的借鉴。可以借鉴《非正式会谈》《奇葩说》等节目中的辩论形式，并将其应用于本科课堂的小组讨论环节。参照《非正式会谈》的形式，教师担当主持人角色把控好整场讨论流程，并营造出轻松活跃的讨论氛围。教师首先提出多个讨论提案，学生各自选择自己感兴趣的提案并自动分成对应的讨论小组。在小组讨论过程中，各个小组组员首先表明自身立场，再依次对提案进行个人陈述并进行讨论，最后选出一个组员代表全组进行总结。借鉴《奇葩说》的形式，教师事先准备好多个基于社会热点的辩题，并轮换式选取部分学生充当辩手，这些学生可以按先到先得原则或随机原则选择辩题的正反方、自动分组，其余学生作为观众通过投票选出最终获胜的一方。无论是哪一种形式，教师都需要把控辩论过程的节奏，并在辩论结束后都要对学生的表现进行指导点评并多给予鼓励和表扬。

引入这种轻松的辩论形式到课堂教学，不仅能够打破课堂沉闷的气氛，提升学生参与课堂的积极性，也能够使学生加深对知识的理解，提高口头表达能力。

（三）答题类综艺节目

1. 节目简介。答题类综艺节目种类众多，有《开心辞典》《幸运52》《一站到底》这种综合文化知识类节目，也有《中国汉字听写大会》《中国好诗词大会》《中国成语大会》这种单一知识类节目。在知识答题类综艺节目中，由江苏卫视推出的《一站到底》是最具代表性的节目之一，自2012年开播以来一直位列卫视综艺节目收视榜单前列。它采用挑战擂台模式，让参赛选手和台上擂主进行紧张、刺激的知识竞技赛，激发参与者之间的知识碰撞。在节目中，台上共有六名挑战对象，选手可以选择其中一名进行挑战，被挑战者可从“轮答”和“抢答”这两种模式中选择一种作为接下来的比赛模式。在“轮答”模式中，两人二十秒限时轮流回答选择题，轮答中问题答错即结束比赛，问题答错者淘汰。在“抢答”模式中，抢答成功者积一分，但若抢答失败则对手积一分，直至双方积分差两分即比赛结束，分数低者被淘汰。同时在以上两种模式的基础上，每隔六题便有一道附加助攻功能的题目，抢答成功者可选择台上一名人员作为助攻加入答题。

2. 对本科课堂教学的借鉴。对于大学课程教学，可以将《一站到底》的竞技答题形式应用于课堂知识提问环节，以此来检验学生对基础知识的了解程度。具体来说，在准备阶段，教师可以事先准备好以选择题、填空题、判断题为主的课程知识题库，并依据难度分成简单、中等、困难三大部分，同时将学生随机分成人数4～6人的比赛小组。[7]在实施阶段，教师可以分别在期中、期末两个阶段开展知识答题比赛，并担当主持人的角色主持整个比赛进程，每次比赛分为难度依次递增的三轮，第一轮采取多人限时抢答模式，第二轮、第三轮采取一对一限时轮答模式，每道题回答时间在30秒以内，答对得1分，答错不得分。每轮比赛每个小组依据得分高低淘汰一半学生，剩下一半学生则晋级进入下一轮比赛。另外，教师还可以将这种知识答题比赛纳入课堂平时成绩，以此来增强学生对课堂的兴趣和学习积极性，提升教学效果。

这种竞争比赛答题的方式，增加了课堂的趣味性和竞技性，活跃了课堂气氛，使课堂教学变得丰富多彩，能够迎合“00后”大学生多样化的需求，提升他们在课堂中的参与感和学习的自主性。

三、结语

课堂是本科教学的主要途径。针对目前本科课堂中存在的教学形式单一、学生参与度低以及“00后”成为学生主体等课堂中突出问题和挑战，本文提出通过借鉴流行综艺节目中的创新做法，来解决这些问题，改进课堂教学质量。文章以演讲类、辩论类和答题类综艺节目为例，介绍这些综艺节目的内容形式和基本规则，并结合大学课堂的教学要求，分别给出可借鉴之处。这对解决本科课堂教学的困境有积极意义。

参考文献

［1］陈宝生．在新时代全国高等学校本科教育工作会议上的讲话［J］．中国高等教育，2018（Z3）：4－10.

［2］解德渤，崔桐．大学课堂革命何以可能——研究性教学的旨趣、实践及其挑战［J］．重庆高教研究，2020，8（3）：56－66.

［3］胡嘉瑜．卓越教学视角下大学课堂教学问题及对策研究［D］．重庆：西南大学，2020.

［4］宋磊．综艺节目形式在初中英语教学活动中的应用研究［D］．郑州：郑州大学，2017.

[5] 索月颖，杨泽林．浅论语言类综艺节目对中学语文口语交际教学的启示［J］．今古文创，2020（38）：95－96.

[6] 陈亚琼．我国辩论式谈话节目创新研究［D］．乌鲁木齐：新疆大学，2016.

[7] 孙翔，梁艳，唐艳葵，等．“一站到底”知识大比拼盘活翻转课堂［J］．中国教育信息化，2018（17）：34－36.

项目教学法在《投资项目评估》课程中的应用

燕　雪　孟海逸

一、引言

随着金融体制改革和金融业的不断发展，为了进一步提高信贷资产的质量，金融机构需要进行更加严格的项目评估。《投资项目评估》是投资学专业核心课，是一门主要阐述项目投资决策依据与技术经济综合论证方法的课程。这门课程集经济、管理、财务等多类学科为一体，通过此课程的学习，学生能够掌握投资项目评估的原理和方法，深入分析投资策略并进行投资方案比选，进而达到灵活运用项目评估方法为决策提供参考依据的目的。因此，投资项目评估具有理论性和实践性相统一的显著特征，它不仅强调学生熟练掌握完整的评估理论体系以及相关法律法规和制度要求，而且要求学生能够具备团队合作和系统分析并解决问题的能力。

然而，在当前投资项目评估教学中，“重理论轻实践”的传统课堂教学模式常常抑制学生学习的积极性，且较少的实践教学安排也无法训练学生对评估知识的灵活运用，进而导致学生上课不积极、出勤率低等现象频发。项目教学法作为一种全新的教学方式，主张以“完整项目为载体”，要求学生通过收集资料、安排计划、实施计划等步骤来自主完成项目，最后由教师进行效果评价，使学生获得充分实践的机会，提高对项目的掌握能力。项目教学法注重“理论与实践相结合”的特点，能够很好地弥补投资项目评估教学中存在的问题。

因此，本文以南京审计大学投资学专业为例，对《投资项目评估》的课堂教学现状及存在问题进行深入剖析，并探讨以项目教学法为核心的课程改革路径。

二、《投资项目评估》教学中存在的问题

《投资项目评估》是一门兼具理论性和实践性的课程，因此，教师在教学过程中不仅要重视理论知识的传授，还需要注重培养学生的实践操作能力。当前，面对面授课作为高等教育的主要教学模式，虽然学生可以系统且高效地完成理论知识学习，但是，在《投资项目评估》的课堂上，这种教学模式不仅不能充分发挥学生自主学习的积极性，还不能提高学生的实践操作能力。具体表现在以下几个方面：

（一）教学目的不够明确

在现实的课堂教学中，教师更多的是传授理论知识，少有学校结合《投资项目评估》课程开展实践教学，这导致学生在走上工作岗位后，不能将课本上或老师教授的理论知识合理熟练地运用到投资项目评估的实践中去。这门课程设立的初衷是培养出具有优秀投资项目评估能力用以做出科学决策的评估人才，如今高校普遍的“重理论，轻实践”是与此初衷相违背的。进一步，也表明不少高校在《投资项目评估》的教学实践中并未依据教学初衷树立明确的教学目标。

（二）教学手段单一

课堂是“传道、授业、解惑”的主阵地，在应试教育风气的影响下，课堂也容易异化为“灌输”知识的场所。但是这种单一的教学手段，无疑会扼杀学生的自主能动性与创造性，学生只会“输入”老师所传授的知识而不会“输出”自己从中体悟到的并转换为投资评估中可行合理的实操能力。这种单一的教学手段与当今飞速变换的社会经济发展不相符，不利于我国人才的长期发展。

（三）考核方式难以体现学生的综合运用能力

目前，我国高校的投资项目评估课程的考核方式还是以小占比的平时出勤、大占比的期末为依据，延续了传统的高校考核模式，且期末考核的试卷通常是选择、判断以及计算等题型。这种闭卷纸质化的考核方式可以很好地评估学生对于理论的掌握程度，而不能对除此之外的实践应用能力进行合理考量。因此，为了应对最终占比最大的期末考试，不难发现，不少学生都采取“临时抱佛脚”，临考前几天选择突击学习课本上的理论知识，通过对核心理论概念死记硬背来应对考试。凡此，很难考查学生具体解决投资项目问题的能力。

三、项目教学法概述

项目作为一项创造产品或服务的工作，具有唯一性和时限性。唯一性是指这个产品或服务是独一无二的且与其他产品或服务具有显著差异；时限性是指项目具有准确的开始时间和准确的结束时间。以项目为核心的项目教学法最早源于德国双元制职业教育，其中的“项目”既是生产、生活中真实的项目，又是具体的教学内容。当前，项目教学法依然是我国职业教育过程中的主要教学方法。

（一）项目教学法的定义

从概念上看，项目教学法要求师生协同配合完成一个完整的“项目”或者“以项目为载体”进行的教学活动。需要指出，项目教学法中的项目是一个完整的工作，并非工作中的某个片段。在实际教学过程中，老师会将一个相对独立的项目交给学生，学生通过进行收集数据、查阅资料、小组探讨、总结汇报等一系列团队活动来独立处理这个项目，学生通过该项目的开展，能够清晰了解并把握项目进行过程中的每项基本要求和注意点。

（二）项目教学法的特点

项目教学法不再以老师为主体，不再以传统课堂传授理论知识为主，而是让学生在教师的指导下，亲身经历项目得出结果，让学生们清楚认识到比被动接受知识更重要的是边做边学的过程，以及在这一过程中不断提高自己的实践操作能力。在这种教学方式下，学生是主导者，而老师转换为指导者、牵引者。

项目教学法最显著的特点就是“以项目为主线、学生为主体”。最重要的是，项目教学法可以实现多重目标优化。对学生而言，他们可以积极独立地学习，能够激发自身创造力，提高应用理论知识解决现实问题的实践能力；对老师而言，他们可以由原先的主讲人转变为学生学习的促进者、引领者；对高校而言，通过项目教学法的推进实施，可以搭建起全新的课程理念并明确课程目标，有利于后期逐步完善学校的课程体系。

（三）项目教学法的一般流程

应用项目教学法进行课程教学需要遵循基本流程，具体如图 1 所示。

1. 设计项目：通过对教学内容和教学目标分析，确定恰当的教学项目，是确保项目教学法实施质量的重要前提。在项目设计阶段，教师需要明确任务信息，激发学生完成项目的兴趣。

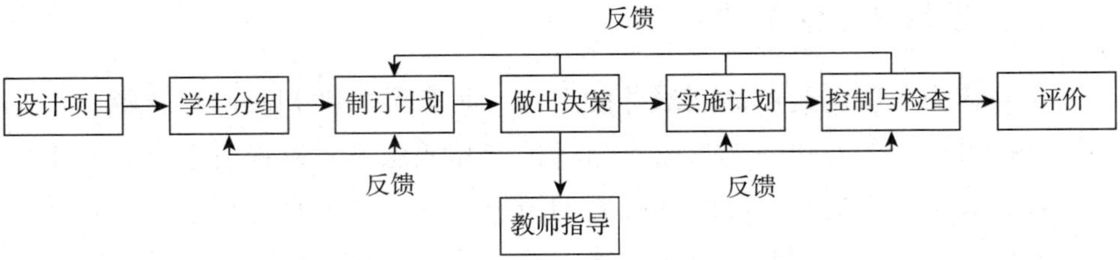

图1　项目教学法的基本流程

2. 学生分组：学生可以采取自由组合或者老师指派等方式，按照4～6名学生数量划分若干项目小组。

3. 制订计划：每个项目小组根据项目内容制订一份切实可行的项目计划。

4. 做出决策：在这一阶段学生需要对确定的计划进行分工，即何人何时做何事。

5. 实施计划：每个学生根据任务安排执行计划中的工作，执行过程由学生自主完成。

6. 控制与检查：学生对照计划检查执行情况、控制进度和质量。

7. 评价：在项目小组完成项目后，教师需要对工作是否达到预期目标进行评价，对于项目完成不足之处，教师应和学生一起找出工作偏差的原因。

四、项目教学法在《投资项目评估》课程中的应用

将项目教学法应用到《投资项目评估》课堂中的一般程序，就是让学生独立完成资料收集、评估小组组建、评估计划制订、评估项目开展、评估报告撰写及项目后评价的全过程，达到帮助学生掌握项目评估的基本理论和方法，并且灵活运用评估方法为科学决策提供可靠的参考依据的目的。在《投资项目评估》课堂建设中应用项目教学法具体内容包括以下几项。

（一）精选开设项目，预设评估情景

教师要根据课程的专业目标培养要求进行科学合理的课程设计，要综合考虑学生的知识基础，以培养投资评估能力为出发点，挑选具有可操作性、难度适中的模拟评估项目。通过给学生小组下发项目的可行性研究报告以及投资项目评估指导书等资料，帮助学生预设各类评估情景。合适的模拟评估项目能够调动学生的主观能动性，激发学生对项目进行探索和分析的欲望，从而让学生获得真正的实践感。

（二）项目教学实施，把握过程控制

学生结合相关资料编制项目实施规划，并自行进行小组讨论、数据整理等。在团队协作过程中，教师要确保团队内部职责任务分工明确及每名学生都积极参与模拟项目评估。教师要多监督学生小组的项目进展情况，进行合适的指导与交流，在项目实施过程中，学生很可能会遇上理论所不能支持解决的问题，这时教师就要站出来帮助解决此问题，及时对全班同学进行更正和指导，让每个同学都能及时地纠偏自己的错误。此外，教师在过程控制过程中，还应根据学生的反馈不断调整教学内容，及时为学生传授评估中需要用到的知识点，如在产业背景评估中让学生去了解国家当前的产业政策。

（三）教学结果评价，完成效果反馈

在学生评估完项目后，教师要对学生所做的项目进行最终的评价，主要从学生团队协作能力、理论知识应用能力、评估路线的切入角度等方面进行考量。

具体有以下几个方面：

1. 小组评估项目的方法与技术路线；
2. 小组采用数据的来源与后期处理；
3. 小组学生评估项目所设置的参数；
4. 小组项目评估报告；
5. 学生在整个项目中所体现的合作能力。

最后，教师根据小组模拟评估项目的完成情况对小组完成打分。

五、结语

《投资项目评估》是投资学专业的一门专业核心课程，对投资学专业学生的能力培养起着重大作用。在《投资项目评估》课程中应用项目教学法，能够很好地解决如今教学实践中发现的问题，将明显提高教学效果，提高学生的自主学习能力，整体提升学生的综合素质。

参考文献

［1］李设姣．项目教学法在《建设项目评估》课程中的应用［J］．武汉商学院学报，2017，31（004）：90－92.

［2］左小明，唐倩，何敏．投资项目评估课程教学改革策略研究［J］．金融经济，2015（2）：143－145.

［3］柳春锋.《项目管理》课程中项目导向教学法探析［J］. 现代职业教育，2018（13）.

［4］刘燊. 应用型人才培养模式下的投资项目评估课程教学模式改革探讨［J］. 科技经济市场，2018（10）：146－147.

［5］王冬梅. 项目教学法在网络营销和网络营销与推广课程教学中的应用［J］. 投资与合作，2020（7）：146－148.

新时代高校教师教学能力再阐释及提升机制分析

刘　妍[①]

2020年10月，中共中央、国务院印发《深化新时代教育评价改革总体方案》（以下简称《总体方案》），力图破立并举，推进教育评价关键领域改革取得实质性突破。在教师评价方面，《总体方案》从师德师风、教育教学实绩、一线学生工作、科研评价、人才称号等角度设计了更符合时代要求的评价指引，这对教师队伍建设提出了更多维、更全面、更具体的要求。2021年1月，教育部等六部门发布《关于加强新时代高校教师队伍建设改革的指导意见》（以下简称《指导意见》），从新时代坚持和发展中国特色社会主义、实现中华民族伟大复兴中国梦的战略全局出发，针对加强高校教师队伍建设提出8方面共20条举措。《总体方案》勾勒出"教师评价"的整体框架，《指导意见》则提出深化教育评价改革的具体保障措施。评价对象是教师，核心是"能力"，这其中，"教学能力"最为基础，也最为重要。新时代有必要重新阐释"教学能力"，同时，置身于高等教育创新改革的大背景下，进行更为宏观更具时代性的理论研究与实践探索。

一、文献综述

（一）国外文献综述

国外关于高校教师教学能力的研究可追溯到20世纪30年代。自20世纪中叶起，部分高校开启以教师教学能力提升为重点的教育改革，从而产生诸多理论研究成果。在教师教学能力构成方面，经历了从"教师性格对教学能力的影响"到"教师教学能力的系统性评价"，再到"从学生视角提出教师应具备的能力"的研究过程。此后，由于信息手段在教学中的运用，教学能

① 作者简介：刘妍（1981—　），女，江苏姜堰人，博士，南京审计大学教授，主要研究方向为"三农"保险、高校教师教学发展。

力构成被赋予更加丰富的内容。随着研究的不断深入，更多学者致力于关注教师的反思能力。在教学能力提升路径方面，部分学者倡导借鉴夏威夷高校的做法，即构建教师教学能力评价体系以规范评价的标准、频率及基于结果进行奖惩；Michael N. Solem 等研究表明，教师教学发展中心有助于教师间形成协作关系，提升教师专业化水平。在教学能力对教学的影响方面，教师教学能力对学生的知识理解能力及拓展能力会产生重要影响，这一点早已形成共识。

（二）国内文献综述

国内相关研究主要集中在三方面：一是教学能力的内涵及构成；二是教学能力现状、影响因素及提升策略；三是“双一流”等背景下教学能力研究。

关于高校教师教学能力内涵及构成的界定，主要有两类观点。第一类针对教学活动。罗树华等认为，教师教学能力体现在对教学活动的顺利实施和教学任务的具体落实方面；林金辉等认为，教学能力包括教师言语的表达能力；胡新荣等研究表明，教学能力应包括教学设计及教学总结能力。此外，有学者建议在评价教学能力时，纳入“安排教学步骤的能力”“运用流程能力”和“科研能力”。第二类侧重从心理层面来探讨教学能力，认为教学能力主要包括教学认知能力、教学操作能力和教学监控能力。

关于高校教师教学能力现状、影响因素及提升策略，相关研究认为，高校教师教学能力总体上有待提升，不足之处主要表现在三个方面：一是专业教学能力不足，二是对教学的重要性认识不足，三是教学经验不足。针对高校教师教学能力影响因素的研究表明，职业信念、专业意识、知识储备等内部因素最为关键；而学校及教育行政部门的监控机制、奖励机制和培训机制等外部因素，同样在一定程度上影响教师教学能力。在提升策略方面，现有研究从内部及外部两方面有针对性地提出建议。前者如确立“以学生为中心”的教学理念；加强科研反哺教学；树立师德信念、提高责任心，持续学习。后者如出台科学合理的教学能力奖惩制度，创建重视教学的法律环境；加强后续培训；完善激励机制；建立监督和评价体系；推进教师教学能力提升的终身化发展。

关于“双一流”等背景下教师教学能力相关研究，部分学者结合“双一流”“信息化时代”“思政育人”“产教融合”等背景，试图重新界定“教学能力”。研究表明，一流的教学能力应包括一流的教学理论、一流的教学意识、一流的教学行为。信息化时代对教师的教学能力应从认知与态度、教学设计能力、教学实施能力、教学评价能力等方面提出具体要求。新时代背景下，教师应加强意识形态工作能力、理论教学能力、实践教学能力及运用新媒体技术教学的能力，全面落实立德树人根本任务。

（三）文献评价

现有文献形成了良好的研究基础，从不同角度阐述了“教学能力”的内涵及构成，充分肯定了教学能力提升在教师自身成长及学生培养过程中的重要意义，并初步探讨了“双一流”等新的政策要求与时代背景下的“教学能力”。但如何结合政策新导向、教育新格局、学生新诉求、社会新需求，以及教师自身成长的内在要求，更加科学全面地理解“教学能力”，构建教师教学能力提升机制，提出可操作、可复制、可推广的对策，研究有待丰富与深化。

随着教育强国战略的持续推进，研究新时代高校教师教学能力提升机制，更具时代性与大局观。本研究旨在对“教学能力”进行再阐释，深入分析高校教师教学现状，进而构建高校教师教学能力提升机制。

二、高校教师“教学能力”概念的再阐释

（一）对“教学能力”的一般理解

传统上对于教学能力的理解较为狭隘，一般认为，教学能力与教学活动相关联，主要包括教师对学生学情及个性的观察能力，以及把握教材、运用教法的能力。《教育大辞典》对教学能力的界定是“教师为达到教学目标、顺利从事教学活动所表现出的一种行为特征，由一般能力和特殊能力组成。”这一表述指明了教学能力的内涵及分类，但未阐明其具体构成。

关于教学能力的具体构成，教育理论工作者认为教学能力是个立体概念，包含多维度的能力，如认识能力、设计能力、传播能力、组织能力与交往能力等。教学实践者则结合自身教学实践，进一步丰富了教学能力的构成，认为教学能力包括三个层次：教学能力的智力基础（分析性思维能力、创造性思维能力与实践性思维能力）、一般教学能力（教学认知能力、教学操作能力、教学监控能力）以及具体学科教学能力。

（二）新时代背景下高校教师“教学能力”再阐释

习近平总书记有关教育的讲话精神，以及《关于加快建设高水平本科教育 全面提高人才培养能力的意见》《高等学校课程思政建设指导纲要》等文件对教师“现代技术与教学融合的能力”“课程思政能力”等提出明确要求。新时代背景下，有必要重新阐释“教学能力”。

提升教师教学能力是为了更大程度上达成课程教学目标，落实立德树人根本任务。那么，新时代背景下，高校课程教学目标到底是什么？以保险学专业核心课程群为例，学生要成长为对行业发展、对社会、对国家有用的保险专业人才，需要在“求知”的同时，学会“做事”“适应”与“做人”，有担当与使命感，有正确的世界观、人生观与价值观。为此，相关课程应摒弃传统“知识传递”的单一目标，设置“知识为基、能力为重、素质导向、价值引领”的递进式教学目标（见表1）。

表1　　递进式的课程教学目标

目标	具体内容
价值目标	以习近平新时代中国特色社会主义思想为指引，通过拓宽课程学习的内涵与外延，培养家国情怀、法治意识、科学精神与广阔视野，形成正确的世界观、人生观与价值观
素质目标	培养刻苦钻研与勤勉好学精神，增强社会公共服务与行业奉献精神，树立大局观与责任担当意识，强化团结协作与创新创造理念，养成诚信品格与契约精神
能力目标	提升运用所学知识发现、分析和解决专业问题的能力，增强自主学习与知识检索能力，增进团队协作与沟通交流能力，提升独立思考与批判性思维能力等
知识目标	辨析风险、风险管理与保险的内在逻辑，理解保险的基本原则与保险合同原理，掌握保险市场与监管基础知识，了解保险行业发展情况

教师教学能力应与教学目标相匹配。本研究结合教学能力的一般理解、新时代提出的高要求以及递进式教学目标，认为高校教师教学能力主要包括知识讲解、教学组织、教学研究与价值塑造等能力，这四方面由表及里、层层递进，其中，“价值塑造能力”最为核心（见图1）。

“知识讲解能力”是教师必须具备的基础能力，要求教师能够讲清说透教学内容，实现知识传递功能，达成“知识目标”；“教学组织能力”意味着教师需要精心组织教学，通过重构教学内容、创新教学方法、创设教学环境，提高课程的高阶性与挑战度，培养学生的“高阶能力”，达成“能力目标”；“教学研究能力”要求教师能够以“研”促教，同时引导学生开展研究型学习，并在“研”的过程中强化团队协作与创新创造理念，帮助学生树立大局观和责任担当意识，全面提升学生的综合“素质”；“价值塑造能力”是指教师通过显性或隐性的课程思政教育，培养学生的家国情怀、法治意识、科学精神与广阔视野，形成正确的世界观、人生观与价值观。

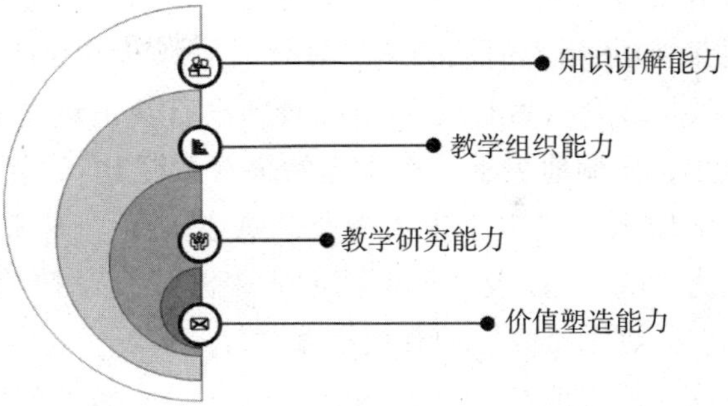

图 1　新时代背景下“教学能力”的具体构成

三、高校教师教学能力存在的主要问题

持续输送高素质人才的前提是拥有一支结构合理、专业素养高、顺应社会发展、适应实际需求的教师队伍。然而长期以来，特别是高校大规模开启人才引进计划以来，各校将主要精力与财力投入高端人才的引进中，随着“抢人才战”愈演愈烈，更多高校将高端人才与高水平科研成果数量的快速增长作为发展的主要目标。与此同时，教学相关的人员与经费投入减少，教学质量呈下滑趋势。2018 年以来，教育部重拳出击，一方面清理“唯帽子、唯论文”思想，另一方面明确要求“把工作重心重新恢复到本科生教学中”，随后出台若干配套文件，并推出更多类型的教学竞赛、教研课题及教学平台建设项目等，鼓励教师聚焦人才培养、转变教育教学理念、加大教学创新力度、提高教学研究能力、提升协同育人实效。

目前来看，高校“以教学为第一职能”的观点得到更大范围内的认同与强化。但整体来看，部分高校教师教学理念守旧、教学内容陈旧、教学方法单一、教学效果差强人意，对自身教学能力、课程建设与人才培养的内在关联缺乏深入思考与实践，高校教师教学能力主要存在以下问题。

（一）缺失重塑教学理念的能力

教学理念是对教学活动持有的基本态度与观念，是人们从事教学活动的信念，有什么样的教学理念就会孕育出什么样的教学活动。那么，当前高校教师的教学理念是什么？

本课题组于 2021 年 12 月面向近 600 名高校一线教师进行随机调查，一位被调查者表示其教学理念为“研究导向型”教学，认为“这一理念强调以学生为中心。教学实践中，教师主要借助图文、视频等资料，以提供应用真实情景的方式引出重点与难点，引导学生挖掘图文背后的专业问题，进而开启互动式、研究型课堂。”令人遗憾的是，只有不足10%的被调查者能够相对清晰地阐述自身的教学理念。另有近80%的教师没有真正意义上理解“教学理念”的内涵与外延，含糊地表示“教学当然跟着大纲走”。余下的被调查者则泛泛地表示其教学理念是“以学生为中心”或者“面向未来的教育”，但如何践行“以学生为中心”，以及“如何面向未来开展教育教学活动”，被调查者并无实质性观点，更无持续性的有效实践。

绝大部分高校教师未能结合学情与传统教学中的痛点问题，确立或重新审视自身教学理念，重塑教学理念的能力整体上有待提升。

（二）缺乏重构教学内容的能力

“教学内容”是教学实践中教师有意传递的信息，包括预设性教学内容与生成性教学内容。前者是教学活动开展前已经明晰的内容，后者是在教学活动中，由于师生或生生之间的有效互动而生成的新内容。

从调研情况来看，绝大部分教师对教学内容的理解停留在“预设性”层面，认为教学内容即“课前准备好的、课堂上需要讲解的知识”，包括基础知识与重难点知识，这些知识主要来自教材教参，归根结底，均是已有知识或已有知识的简单整合。“已有知识”支撑着当前高校课堂教学的开展，而课堂沿用100多年前形成的班级制，教室多为排排座的格局，教师往往是课堂的中心，着重发挥“知识传播”的功能，面对一届又一届学生专心传授着“已有知识”。当信息技术让知识随时随地可获取，学生将不再神化并崇拜处于课堂中心的教师。在这种情况下，如果教师依然限于教材单纯地进行“知识讲解”，课堂将变得了然无趣。

对教学内容进行重构，意味着要关注学生已有知识和经验，并以教材为本，融入学科前沿、实务热点及思政元素等，继而创造性地使用教材，这对教师自身的专业知识储备及全面素养提出挑战。调研结果表明，目前仅有约20%的教师能够主动并有质量地重构内容，力求教学内容有深度、广度，体现高阶性、创新性与挑战度。

总体而言，新时代背景下，受限于自身认知与能力，绝大部分高校教师未能重新审视教学环境、精准把握学情、关注社会发展，继而从教育教学的政策要求、学生成长成才的实际诉求、社会经济发展与行业对人才需求的实际出发进行教学内容重构。

（三）缺少创新教学方法的能力

教学方法包括教师教的方法和学生学的方法两方面，是教授方法与学习方法的统一，比较常见的如讲授法、讨论法、直观演示法、练习法、读书指导法、任务驱动法、参观教学法、现场教学法等。随着信息技术的发展及其在教学中的运用常态化，近年来，衍生出一些新的教学方式，如情景模拟、翻转课堂等。此外，“启发式微讲座”“PBL”“案例教学法”“专题研讨”“研究导向型教学”等教学方法也受到更多关注与实践。

尽管从理论上来看，教学方法如此丰富，但教学实践中真正被广为运用的并不多。调研结果表明，近30%的教师已习惯或正尝试利用“翻转课堂”开展线上线下混合式教学，学生利用课外时间进行线上基础知识的学习，线下则由教师针对线上重点知识，结合案例或热点话题，引导学生进行深入学习与思考，并提出观点，在巩固线上所学的同时，帮助学生进一步构建课程内容框架、丰富知识体系。10%左右的教师具有创新教学方法的意愿与行动，如通过开设启发式微讲座讲清课程定位、价值及其要求，提升学生的专业与行业认同感，激发学生学习兴趣，培养学生自我领导力与内驱力，提升学生学习主动性；或者走出课堂，围绕特定主题，以“社会调查”形式开展教学，增强学生的家国情怀与使命感。但仍有逾60%的教师主要采取“讲授法”，课堂“到课率”“抬头率”“参与率”均不理想，教学方法亟待创新。

创新教学方法，意味着教师能够在界定教学内容与重难点的基础上，有针对性地选择合适的方法开展教学活动，从而提升学生的参与度与获得感。调查结果显示，由于未能对知识点难易程度进行有效区分、未准确了解学生的既有经验与诉求、缺乏持续改进教学效果的主观意识，部分教师教学方法单一，创新教学方法的能力亟待加强。

（四）欠缺科学评价教学的能力

教学评价主要包括教学过程的评价、教学活动的评价与教学效果的评价。

从调研结果来看，绝大部分教师将“教学评价”片面地理解为“教学效果评价”，忽略了对教学过程及具体活动的评价。同时，简单地认为教学效果评价即考查学生在学习之后知识点掌握的情况，唯分数论，未能充分反思教学活动对学生产生的更为宽广更为持久的影响，也未综合评价教学活动对教师自身及课程本身产生的影响，更未探究教学活动对专业发展及相关行业发展的积极意义。

在对教师进行“教学评价”相关调查时，有两点反馈值得关注。一是部分教师认为自身已经在教学中嵌入了“过程性考核”，如“单元随测”与“期中测试”。本研究认为，“过程性评价”应当伴有师生的有效沟通、教师的跟踪反馈以及学生动态的变化与成长，单元随测与期中测试只是发生在教学过程中的结果性评价而已。二是部分教师认为教学效果的评价应该指向学生，与教师自身并无关联。本研究认为，师生是教学活动中最为重要的主体，教师作为教学活动的主导者发挥着重要作用，其专业素养与综合能力是否得到提升理应是教学评价的重要内容。教师对教学评价的认知深刻影响着其教学理念、教学投入与教学实效。从目前情况来看，教学评价的主体与内容都迫切需要“出新”。

受传统教学理念、教学内容设计思路、教学方法及教学评价体系影响，高校教师教学能力整体亟待提升。而要提升知识讲解、教学组织、教学研究与价值塑造等能力，教师首先要弄清“为什么教？教什么？怎么教？教得如何?”需要反思并革新教学理念，需要结合社会对专业人才的需求及信息化时代大学生的特征重构教学内容，需要研究并实践更高效的教学方法，需要完善融合过程性与终结性测评的多主体评价体系。当然，这些远非教师个体能够承担，构建多主体参与的教师教学能力提升机制迫在眉睫。

四、高校教师教学能力提升机制

“以学生为中心”是当前高等教育改革的必然趋势，也是每位教师应遵循的理念。践行这一育人理念需要强有力的质量保障体系支撑。现实来看，这个体系通常包括二级学院以及教务处、实验中心、教师发展与评价处等职能部门；而更为理想的是，这个体系包括学校的每一个单位与部门，涉及每位师生员工。除全员全力服务教学活动外，还应制定并动态优化相关配套政策。学校需要依据教育主管部门颁布的高等教育相关文件，以及教师教学能力相关要求，沿着“引进—培养—评价—激励—发展”的思路，借助政策引导并支持教师实现教学能力的提升，以及自身的全面成长。学院层面应出台具体工作指南、实施办法以及奖励措施，引导教师提前谋划、整合式推进教学相关工作，提升教学工作成效。

（一）强化教师内生动力激发机制

“以学生为中心”对教师提出了更高要求，核心是教师必须重构教学内容。互联网时代，面对丰富的网络资源，教师到底该教什么？很显然，“教学内容”不应只包含课程知识点，课堂不应只讲授知识点，教师更不应只是已有知识的运输者。知识点之外，学生应有机会接受相应的能力训练与素质熏陶，接触爱国主义、家国情怀、理想信念、中华优秀传统文化教育等，从而获得全面、健康、持续的成长，这对教师“价值塑造”能力提出挑战，更是要求教师激发内生动力，持续学习，动态优化教学内容。一是进行精准的学情分析，以“需求为导向”重构教学内容；二是进行精细的社会需求分析，以“出口为导向”更新教学内容；三是进行精深的自我反思，以有效“输出”带动持续“输入”，动态升级教学内容。

（二）优化基层教学组织运行机制

高校教学实践除了教学内容的逻辑之外，还存在着教学方法逻辑，只有两个逻辑和谐一致，学生才能获得学习的享受，教师才有可能实现职业的专业化发展。二级学院应着力打造课程组等基层教学组织，在“教什么”与“如何教”两方面为教师提供有用的服务。基层教学组织的核心工作主要包括推进专业与课程建设、促进教师教学能力提升、优化以结果为导向的人才培养模式等。教师教学能力提升方面，一是提供校内培训与校外研修机会，提升教师教学能力；二是帮助教师解决在教学实践中遇到的问题和困惑，排除教师教学中面临的阻力；三是适时开展科学评价，帮助每一位教师个体更快速更稳健更持久地发展。新的时代背景下，基层教学组织的工作还应实现标准化、规范化、专业化、科学化与常态化，同时，要兼顾民族性与时代性。

（三）完善职能部门多元支持机制

教师教学能力的提升离不开学校相关职能部门的高效管理与服务。以教务处（部）为例，其在专业与课程建设、学生培养、教学资源建设之外，还承担着教师教育、教学质量保障、教学奖励相关的管理与服务工作，对教师教学能力的培养、评价与提升起着关键作用。而教师发展与评价部门作为高校教学质量的组织保障，兼具学术性、服务性与行政性，应当聚焦教师在教学中面临的“真问题”，精准地提供指导；动态地关注教师工作实效，适时给予有效评价。具体而言，应帮助教师树立先进的教学理念，养成“面向未来”的教育教学姿态，提升教学方法与技术以及开展教学研究；同时创设交流平台，鼓励教师充分利用信息技术进行泛在学习与研讨，持续提升教学能力，最终实现自身的专业化发展。

（四）建立合理有效的教学评价机制

教学评价应综合考查学生、教师及课程建设情况，有机融合过程性评价与终结性评价，构建多主体参与的评价体系，建议包括“教师评学”“生生互评”“学生自评”“督导评教”“用人单位评课”等内容。前 3 类评价主要针对学生，综合考查学生在经历教学实践后获得的成长及存在的不足；教学督导是学校教学运行和质量把控的核心力量，主要对教学质量、教学管理、教风学风进行检查、督导和评价，“督导评教”即由校内督导以随堂听课等方式针对教师提出改进建议，帮助教师改进教学方法，提升教学效果；“用人单位评课”侧重结合行业实际需求对课程进行评价并提出完善建议，促使教师将课程教学、人才培养与社会需求相结合，通过提升个人教学能力优化人才供给与社会需求的匹配度。

五、结论

随着新工科、新医科、新农科、新文科建设工程的推进，传统的大学管理范式面临极大挑战，亟须推进一系列具有实效的改革。改革目标明确、角度多维，这其中，“人才培养”是核心，“教学改革”是抓手。“上面千条线，下面一根针”，教学改革说到底必须通过一线教师具体贯彻和实施，提高教育质量的任务最后是教师承担，大学教师在教学改革工作中处于重中之重的地位。但大学教师教学整体发展状况并不容乐观，教师的“专业性”长期以来未得到应有的重视。近年来，通过高层次人才的持续引进，教师队伍的整体学历及科研能力有显著改善，但有学历有学问并不代表着一定就有相当水平的教学能力以及教师专业素养，这就要求一线教师进行持续学习、反思与创新，要求二级学院加强基层教学组织建设，要求学校相关职能部门发挥实效，促进教师教学能力提升与自身专业化发展。

参考文献

[1] 曹月新，张博伟．高校教师教学能力培养问题研究［J］．东北师大学报（哲学社会科学版），2016（2）：208－213.

[2] 段利华，褚远辉．当前影响高校教师教学能力提高的因素与对策［J］．黑龙江高教研究，2014（10）：86－88.

[3] 胡新荣，姚运红．基于核心授课胜任力的高校青年教师课堂教学能力的评价［J］．高教学刊，2015（14）：155－156.

[4] 韩磊．“一流本科”背景下高校教师教学能力提升路径研究［D］．武汉：华中农业大学，2019.

[5] 金子越，陈慧，周仲海．高校青年教师教学能力发展瓶颈及策略探究［J］．中国管理信息化，2018，21（23）：216－217.

[6] 刘盈盈．江西省本科高校青年教师教学能力现状研究和提升路径探

析［D］．南昌：江西农业大学，2017.

［7］刘爽，孙彦刚，门勇，等．基于情境模式结合 STEAM 理念化工技术经济学教学设计［J］．广东化工，2020，47（23）：168－169.

［8］李朝．高校教师教学能力构成及影响因素研究［J］．黑龙江高教研究，2017（1）：103－105.

［9］李辉，贾晓薇．高校教师考核评价制度存在的问题及完善措施［J］．辽宁师范大学学报（社会科学版），2015，38（5）：648－652.

［10］罗树华．试论教师教育能力的价值［J］．教育科学，1991（4）：39－44.

［11］林金辉，潘赛．研究型大学青年教师教学能力结构的实证研究［J］．江苏高教，2010（6）：82－84.

［12］林崇德．对教师教学能力的思考［J］．思想政治课教学，1996（5）：21－22.

［13］罗秋兰，陈有禄，黄秉鍊．高校教师教学能力提升的妨碍因素及对策研究［J］．教育与职业，2012（36）：80－82.

［14］梅瑛，苗鸿宾，薄瑞峰，等．高校青年教师教学能力提升体系建设探讨［J］．机械设计，2018，35（S2）：233－235.

［15］毛洪涛．高校教师教学能力提升的机制探索［J］．中国高等教育，2011（23）：35－37.

［16］潘懋元．大学教师发展论纲——理念、内涵、方式、组织、动力［J］．高等教育研究，2017，38（1）：62－65.

［17］彭书明．构建高校教师教学能力发展体系研究［J］．继续教育研究，2015（8）：71－72.

［18］苏强，王国银，谭梓琳，等．高校青年教师教学能力提升的逻辑生成［J］．教育研究，2018，39（4）：121－126.

［19］田爱民．高校思政课教师教学能力提升研究［J］．高等农业教育，2020（4）：82－86.

［20］徐紫冷．信息化背景下高校教师教学能力提升策略研究［D］．武汉：华中农业大学，2017.

［21］袭雅楠．高校青年教师教学能力的影响因素及提升策略研究［D］．沈阳：沈阳师范大学，2014.

［22］岳丽娜，聂怀勇．教育信息化 2.0 视域下高校教师信息化教学能力

现状调查与分析［J］. 华北理工大学学报（社会科学版），2021，21（4）：108－114.

［23］约翰·杜威. 我们怎样思维：经验与教育［M］. 姜文闵，译. 北京：人民教育出版社，2005.

［24］Don Hamachek. Characteristics of Good teachers and Implication for Teacher Education［M］. Phi Delta Kappan，1969：341－345.

［25］Michael N. Solem，Kenneth E. Foot h. Concerns，Attitudes，and Abilities of Early－Career Geography Faculty［J］. Journal of Geography in Higher Education，2006（6）：228.

［26］Thiessen，D. ，A skillful start to a teaching career：a matter of developing impactful behaviors，reflective practices，or professional knowledge?［J］. International Journal of Educational Research，2000（33）：515－537.

智能时代：数字韧性教育的内涵解析及时代价值

姜淑慧　张　杰　薛　琨

计算机技术的出现，让人类社会进入了智能时代，这一时代不仅会改变形势，还会改造创造者，包括生活方式和思维方式。以计算机技术为代表的人工智能、大数据、区块链、云存储等智能技术的出现，引发社会生产方式的改变，“智能+”时代已经来临。例如，2020年1月全球公共卫生事件新冠肺炎疫情发生之后，借用云计算、大数据和区块链技术，不到一个月，2月11日就在杭州上线支付宝健康码，随后短短1周内，健康码以迅雷不及掩耳之势遍布全国100余城市，为疫情有效防控作出了巨大的贡献。与此同时，我们不得不改变原有的“线下”生活模式，迅速适应并开启“线上”生活。智能技术再次迎难而上，成为战胜“新冠”的最美逆行者之一，相继推出了在线医疗（如阿里健康）、在线零售（如盒马鲜生）、远程办公（如企业微信）等应用软件，以简单、易操作的人机交互方式帮助我们及时接受并适应“线上”生活。在教育领域，为了满足学生的学习需求以及考虑到学生的心理状况，更是模拟真实学校办学情境，及时推出腾讯课堂、学习通等在线教育软件，保障老师和学生课堂视频教学有效完成；推出腾讯会议等视频会议软件，利于老师进行学术或管理工作交流，保障学校日常管理的正常运转。“疫情”的发生已经成为事实，它已经促使“智能化教育”的产生并引发了“教育智能化”的诉求。数字韧性素养的开展正好可以帮助学生适应“智能化教育”新常态，并能够及时表达个人的需求，以此为基础发展个人能力，更好地适应复杂的社会生活。

一、数字韧性教育目标聚焦：塑造数字韧性思维

数字韧性教育中的“韧性”一词是祝智庭教授和沈书生教授在论文《数字韧性教育：赋能学生在日益复杂世界中幸福成长》中对英文单词“Resilience”的翻译，指的是“某一个特定的系统（包括个体或组织的、自然或社

会的）在遭遇持续变化过程中，系统能够维持其基本结构，能够适应变化并逐步发展的一种属性”。早期沈书生教授在研究学习力时，针对 Claxton 教授提出的衡量学习力的“4R”维度，其中就包含“Resilience”一词，当时翻译为“顺应力”，强调的是当学习者在“面对无序和混乱的外部世界”时，可以让其保持“耐性”与“专注精神”，能够抗拒来自“内在或外在”干扰的一种素养。那么，同一个单词，分别翻译为生态学领域概念的“韧性”和力学领域的“顺应力”，是否具有矛盾呢？从二者的含义来说，显然是不矛盾的。“顺应力”是从“结果”的角度阐释 Resilience，面向的是教育未来，即学生未来如果想要在复杂世界中幸福成长，则在当前的教育过程中，必须具备这样一种抗干扰的素养。“韧性”是从“过程”的角度阐释 Resilience，面向的是教育过程，即学生在遭遇外部环境变化过程中，既能保持当前幸福成长的状态稳定，又能根据变化做出积极回应，再次达到一个新的幸福成长的稳定状态。

杜威认为，任何教育形式和教育方法的存在，归根结底都是社会需求的产物。智能时代，我们处于各种“数字”包围中，数字信息无处不在、数字设备触手可及、数字危机猝不及防，学生的数字韧性不断受到来自家庭、学校、社会等各种数字技术系统的影响。作为教师，必须竭尽全力，不断开拓和优化新的教育模式，帮助学生塑造数字韧性思维，突破“数字”围城，这也是时代的需求。数字韧性思维的塑造能够解决的问题：一是帮助学生解决跨界问题，数字韧性思维善于从系统的角度解决复杂问题，它的包容性有利于其能够将各种外部资源进行有效选择和整合，形成优良的问题解决办法。二是帮助学生建构积极的心理，数字韧性思维在遇到问题时，想到的不是躲避，而是在不断适应过程中，形成新的更加积极的稳定状态。三是有效解决青少年“网瘾”问题，数字韧性思维的塑造能够帮助青少年认清网瘾本质，靠自身的“韧性”自觉抵御各种不良诱惑，不断建立心理防线，更好地超越传统的防与堵方式。

美国学者约翰·查菲认为，“思维是人们认识世界的一种能动的、有目的、有条理的主观努力，思维的展开方式是了解问题、思考问题和解决问题的”。因此，数字韧性思维的塑造并不是简单地教给学生做什么、不做什么，而是需要长期的教育实践，形成某种教育逻辑，不断促进学生形成思考问题和解决问题的思维变革并能保持持续建构。先秦庄周先生在《庖丁解牛》中提到，文惠君看过庖丁解牛的过程后，高度赞赏他的技术高超。庖丁却回答说“所好者，道也，非技也”。笔者认为，庖丁所说的“道”是经过反复的训练、不断推敲、反复总结，从最初的“所见无非牛首”到“未尝见全牛”到最终的“官知止而神欲行”的状态，本质上应该是庖丁从解牛的“纯技术”到“技术融于思维”到最后完全形成解牛“思维”的技术素养升华过程。目前数字韧性教育主要涉及数字指南、数字生活、数字素养、数字学习、数字创造、数字智能等内容，由庖丁解牛的启示，我们可以将当前的内容进行重新梳理和总结：一是从纯技术角度了解“数字”的功能和应用基本常识，揭开技术的神秘面纱，如学习内容可以是数字智能、数字指南；二是从技术融于思维的角度引入数字信息解读和创造，帮助学生学会从数字的角度理解信息并创造信息，学习内容可以是数字学习、数字生活、数字创造；三是从思维形成的角度引入数字素养的培养，帮助学生形成数字韧性思维，解决各种“数字”困境，实现幸福生活。

二、数字韧性教育的主体对象：指向“学生”（人）本位

在韧性教育的研究过程中，技术应用领域与积极心理学领域对于韧性教育的理解皆具有统一的指向性，即都指向特定系统中“人”这一主体。数字韧性教育是基于韧性教育面向时代产生的新的教育形态，其必然指向教育中“学生”这一主体，这也符合长期一直占据教育重要地位的建构主义“以学生为主体”的核心思想。数字韧性教育指向“学生”主体有两层含义：一是在教与学过程中，老师“传道授业解惑”时刻围绕学生需求和认知规律开展，可以根据学生实际情况动态调整学习计划、开发学习资源等，让学生做学习真正的“主人”；二是在各种技术构成的复杂生活环境中，老师通过帮助学生塑造数字韧性，让学生学会对生活“包容”，从而摆脱技术奴役，做技术环境真正的“主人”。因此，数字韧性教育指向学生“主体”有三个特征：一是不仅关注学生短期学习状况，更加关注学生持续学习能力；二是不仅关注学生完成知识的自我建构，更加关注学生完成知识的社会建构；三是不仅关注稳定学习环境中的学习，更加关注复杂生活环境中学生学习力生成。

保尔·朗格朗认为，“如果一个成人对自己的教育失去了兴趣，如果他除例外情况以外总是对正规和非正规的教育没有热情，那就是由于他在易受影响的年龄青少年时期没有从提供给他或强加给他的教育中发现他所需要和期望得到的东西……”。从保尔·朗格朗的观点来看，只有能够帮助学生明确表达内在需求的教育，才可以保持学习者持续的学习热情和兴趣，这是保障

“学生”主体实现的重要内在因素。随着技术从“单技术—复合技术—富技术”的发展变化轨迹，技术介入教育的范围越来越广泛，技术的教育功能性越来越强大。但是，我们不能忽略的是技术只能作为介入教育的中间手段，而不能代替技术关系中人的主体位置，海德格尔也认为：“关于技术工具的中性把握，恰好表明对技术本质的茫然无知”，因此，技术的存在并非中立，其好坏是由技术关系中的使用者决定。在教育生态中，老师作为教育技术的直接使用者和教育过程的直接参与者，如何根据学生内在需求和认知规律，正确使用“技术”更好地开发教育资源、组织教学过程、开展教学评价，引导学生逐步实现教学目标，这是保障“学生”主体实现的重要外在因素。

学习投入是以“学生”主体视角研究学习的重要理论。弗雷德里克斯等将学习投入维度分为行为投入（Behavioural Engagement）、情感投入（Emotional Engagement）和认知投入（Cognitive Engagement）。基于此，数字韧性教育可以从三个方面关注学生主体：一是学生学习行为投入。关注资料获取、系统使用等行为，促进学习习惯动态生成；追踪学习时间、学习内容、资料利用率等，促进学习目标有效达成；关注努力程度、精神状态、注意力、受挫调整等心理，促进学习状态弹性回归；关注问题解决能力、创新能力、同伴合作能力等，促进知识不断建构和持续。二是学生学习情感投入。情感投入是学生在学习过程中的情感态度与体验，包括内在情感投入和外在情感投入，对老师的满意度、对教育内容的认同等属于外在情感投入，对学习的兴趣、热情和积极性属于内在情感投入。三是学生学习认知投入。数字韧性教育可以对学生学习记录智能追踪后，采取内容分析法对学习者的学习内容进行有效分析与归类，从学习者在每个维度中出现的频数推断学习者的认知水平。做到真正关注学生先验知识，做好先行组织者工作，从根本掌握学生认知水平和认知规律。

三、数字韧性教育的本质：关注元素养的培养

数字韧性教育关注元素养培养是满足国际教育发展需求、适应智能时代的教育模式。元素养最早出现于2011年美国信息专家Mackey和Jacobson发表的论文《Reframing in Literacy as Metaliteracy》（《元素养：信息素养的重构》），文中指出元素养本质上是一种自我参照的综合框架，是催生其他素养的基础素养。2013年召开的信息世界社会峰会（World Summit on the Information Societ）多次强调元素养的重要性，呼吁世界各国联合起来，开展元素养教育。

2015 年 2 月，美国高等教育研究协会（Association of College & Research Libraries，ACRL）重新修订了《高等教育信息素养框架》，正式将元素养概念写入框架中。随着元素养理论研究的不断深入，“数字化”“智慧化”对教育影响不断加大，学生的“数字”韧性不断受到挑战，国内不少研究者开始关注元素养，例如，肖婉老师和张舒予老师明确提出了元素养是社交媒体时代高校信息素养教育的新理念；刘丽萍等老师系统论证了元素养教育是未来信息素养教育转型的新导向；吴云珊老师从共生学科服务理论的视角探索高校元素养教育模式等。经过分析内容可以发现，研究者的理论基础基本是基于 Mackey 和 Jacobson 提出的元素养概念模型（元认知—多元素养—交互技术—批判互动构成的概念模型）和元素养目标框架（行为（Behavioral）、认知（Cognitive）、情感（Affective）、元认知（Metacognitive））。

数字韧性教育中的“元素养”是传统信息素养的继承和拓展，是“数字化”不断参与教育引发的学生“韧性”需求。数字韧性教育的“继承”表现在其延续了传统信息素养中强调“信息识别、信息获取、信息利用、信息评价”等基本能力，能够从结果的视角（Know What）实现学生信息识别、获取、利用、评价等过程的培养，例如学生需要获取信息，老师只需要告诉学生采用什么方式获取即可。但是，在新的智能时代，学生可以选择的“数字”工具越来越多，其功能需要也越来越广泛，简单地 Know What，只能简单地获取和处理微量的信息，不能很好地适应学生发展，这就涉及概念的“拓展”。数字韧性教育的“拓展”表现在能够从“元认知”的视角，帮助学生实现信息解读（Know Why）和信息创造（Know How），例如学生需要获取信息，老师需要告诉学生可以采用什么方式、为什么要采用这种方式、可以利用这种方式做些什么。因此，数字韧性教育中元素养培养是基于“元认知”的，表现出两个特点：一是元素养是基础性素养，能够不断催生其他的素养；二是元素养具有包容性，能够整合多种素养成为综合素养。

美国是元素养教育研究理论和实践的先驱者，有比较成熟的经验可以借鉴，因此数字韧性教育中的“元素养”培养可以借鉴国外案例经验：一是以目标为导向，逐级实现元素养培养。开发课程资源，将元素养教育细分成若干单元，每个单元都对应明确的教学评价，用于评价学生是否达到相应的目标。当学生达到目标后，才可以“晋级”下一个更高阶的学习单元，直到完成最高单元，达到元素养培养目标。例如，纽约州立大学阿尔巴尼分校开发的“徽章系统”，通过设置“最高徽章—子徽章—内容—任务—挑战”五个层级，不仅有助于系统培养学生的创新、交流、合作及适应能力，更为人才评价提供了非常有用的参考价值。二是“实践”中反思元认知问题，促进元素养培养。重新设计教学模式，将元素养教育融入具体的教学情境中，关注学生在具体的操作实践中不断完成对元认知问题的思考，培养学生的自主能力和创造能力，完成元素养培养。例如，纽约州立大学帝国学院开设的“数字故事”（Digital Storytelling）课程，将讲故事的艺术与多媒体（图片、声音、视频、动画）艺术结合，从而形成的一种新的讲故事方式，能够在讲故事的过程中，不断激发学生对元认知问题的思考等。三是专业课程“主题融入导向”，促进元素养培养。邀请数字韧性教育专家与专业课程老师重新对课程进行设计、规划，将元素养培养的方式方法融入专业教育中，也可以采取专业教育老师和数字韧性教育专家同时授课模式。例如，美国斯克兰顿大学在本科生中开设的“修辞与社交媒体”，尝试将元素养培养的框架和理论引入专业课程，既能帮助学生掌握修辞等文学基础理论知识，还可以在社交环境中培养学生的元素养能力，强化学生批判性地吸收信息和隐私保护意识。

四、数字韧性教育平台依托：学习空间的“智慧”构建

对于“智慧”的研究，亚里士多德在《形而上学》中就有研究，他认为“智慧就是关于某些本源和原因的知识”，他还举例说明，“有经验者要比只具有某些感觉的人更加富有智慧，有技艺者与有经验者相比，技师和工匠相比，理论科学与实践科学相比，都是前者比后者更加富有智慧”。只有理解“智慧”内涵，才能架构“智慧”学习空间，助力学生“智慧”生成，帮助学生更幸福地生活。学习空间有“居所和转运双重属性”，“居所”体现了“空间”智慧，伴随学习的产生而产生，相关研究理论和实践都比较成熟，“拿来”和“复制”比较容易，故“空间”智慧发挥余地相对较小。“转运”属性，体现了“学习智慧”，对智能时代学生学习影响更为深远，是利用技术作为知识转运载体，打通学习生态中学习关系通路，更好地帮助学生实现知识内化和外显，更好地适应复杂社会生活。从知识“转运”过程中，需要转运的载体（各种技术等），涉及技术智慧；转运过程需要借助各方面的服务（老师等），涉及服务智慧；需要到达转运的目的地（学生获得未来幸福生活能力），涉及文化智慧。

（一）学习空间的“空间”智慧

“空间”智慧指的是学习生态中存在的老师、学生、教学设备等人与人、

人与物、物与物之间的物理组合和排列智慧。作为“居所”，学习空间是学生学习实践行为的重要基地，而“实践就是行动——而且它还是一种清醒的意识，行动不只是做。人是一种自行动的东西”。换句话说，学生学习作为重要的实践行为，是受到学生内在对学习目标和学习内容认可意识的驱使，并会通过学生对学习目标理解和相应的学习行为进行匹配，贯穿于整个学习实践中。理查德·保罗认为，“我们正面临一个全新的世界，而拥有了能控制自己思想、经常自我反省的思考能力，就能逐渐决定我们工作、生活的质量，乃至决定我们最为重要的生存”。也就是说，思考是促进知识深化、应用于工作生活的重要手段。因此，“居所”可以借助于已经很成熟的建筑学人性化设计原则，保障学习空间美观、舒适、可用，促进学习随时随地发生、学习资料随手可查可得，帮助学生从主观意识上接受并喜爱在“居所”里进行学习实践和思考。例如，可以打造“学习空间、资源空间、互动空间三位一体的实体空间”，为学生提供学习、阅读、交流、休闲的舒适环境。

（二）学习空间的“技术”智慧

伊斯雷尔·谢弗勒认为，“不管主体的行动如何受到一些自变量的影响，我们至少应把主体的行动看成是一个普遍认为的‘手段—目的’过程。目的是根源于信念的，手段则是指向目的的”。技术作为重要的手段介入教育，必须指向完成学习目的。因此，从技术本身角度，技术智慧表现在技术的自适应性，不仅能够适应当前教学模式，也能够通过适度调整适应新的表现形式、面对新的挑战。从技术使用者——老师角度，技术智慧表现在技术的灵活组合性，老师在尊重学生需求的前提下，运用技术思维，实现各种技术方式组合，实现技术使用的“恰当、必须、有度，而非多多益善、全盘代替”。从技术使用者——学生角度，学生能够不断调整适应并灵活选择使用各种技术，积极主动提升自我发展意识、态度和能力，为面对复杂社会生活做好充分的准备。例如，新冠肺炎疫情公共卫生危机发生后，很多学校利用现有的设备和网络，积极开发新系统，及时推出网上直播课程，保障了线上课程的顺利开展，满足了学生的学习需求，这既体现了学校系统的技术智慧，也体现了老师和学生应用技术的智慧。

（三）学习空间的“服务”智慧

纳西姆·尼古拉斯·塔勒布（Nassim Nicholas Talbe）在《黑天鹅》一书中提到过，由于世界充满着偶然性且复杂事物的发展总是有内在的不可预测性，……但我们认为大部分人类行为都具有惯常性和可预测性。作为老师，需要采用各种科学有效的方式，对学生的学习行为进行预测，获得惯常行为，并从行为中获得认知水平。在此基础上，不断调整学习策略，帮助学生提供针对性的服务支持。“服务”智慧贯穿于教学的整个过程，例如，在教学设计环节，选择可用性强的人机友好交互界面，减少学生操作系统的难度，吸引更多的学生参与学习；在教学过程环节，利用大数据和数据挖掘等技术提供强大的搜索引擎，帮助学生高效快速地找到学习资源和问题解决办法；在教学评价环节，利用智能设备追踪学生的学习记录、阅读内容、学习习惯等，分析学生的学习投入情况和学习存在的问题等。另外，教师本身的“服务”能力是有局限性的，需要定时的充电蓄电，学校可以定期组织教师进行校内外培训，通过专家讲解、老师之间相互交流，帮助老师不断接受新理论、新技术，更好地为学生服务。

（四）学习空间的“文化”智慧

教育学在研究过程中，长期存在着“与中国文化传统的断裂、与实践的脱离、存在着缺家园、缺内在生长力、缺学术尊严的并不理想的生存状态等几大问题”，这些“世纪问题”直接反映了只有教育理论和实践必须与传统文化、本土文化相符合，才能真正为教学服务，做到在中国文化水土里更好地孕育中国的学生，培养出国家真正需要的人才。“文化智慧”主要表现在：一是用中国话语方式对中国传统文化精神内涵和外延进行解读，不断开发、发扬和传承优秀文化资源，让学生从“家”“国”的角度，认真思考自己从哪里来、未来可以走向何方；二是将本土文化赋予时代意义，融入课程教学，不断宣扬时代精神和主流意识，让学生从“主人翁”的角度，认真思考自己承担的社会责任；三是积极宣传大学文化和育人精神，帮助学生认真思考如何掌握适应个人发展的专业技能等。通过对传统文化、本土文化和大学文化精神的深入理解，帮助学生增强民族和文化认同感、归属感和自豪感，更有利于学生正确价值观和学习内在生长力的建立，在此基础上，更有针对性、更有效地开展学习。

五、时代价值

数字韧性教育并不是空穴来风，而具有一定的时代价值。它作为一种新型教育生产力，能够不断改善教育关系、调整教育内容和模式，真正实现教育为社会输送人才的功能，从而助力社会的发展；它也可以以“元素养”的优势，整合社会各界教育力量，有效解决各种跨界问题，进一步优化教育生态，促进教育目标的达成；它还可以开展与学生最息息相关的“生命”教育，保障学生需求的正常表达和满足，帮助学生更从容更有尊严地面对变化，适应各种复杂情境中生存和生活。因此，数字韧性教育的具体价值表现在以下三个方面。

（一）数字韧性教育作为新型的教育生产力，能够助力美好社会发展

2019 年 11 月，中共中央发布的《关于坚持和完善中国特色社会主义制度推进国家治理体系和治理能力现代化若干重大问题的决定》中，“数据”第一次被纳入生产要素，并参与分配。由此可见，“数据”在社会发展中发挥着越来越重要的作用。数字韧性教育是以“数据”为生产要素的生产力，它完全不同于以往农业社会的“土地 + 劳动”、工业时代的“土地 + 劳动 + 资本”及“二战”之后的“技术”的生产要素。同时，它的劳动者和生产工具也不再是农业社会的“农民 + 手工工具”以及工业时代的“产业工人 + 能量转换工具”，而是与“数据”生产要素相匹配的“智力工作者 + 智能设备”。换句话说，数字韧性教育是由智力工作者（这里主要是教育工作者和教育参与者，如老师和学生）为主要劳动对象，以智能设备（这里主要是教育设备）为生产工具，以“数据”（这里是指教育数据，如老师通过智能设备获取的学生学习行为数据等）为生产要素构成的新型教育生产力，通过智力劳动者利用智能设备，不断加工出具有强大信息承载力的“数据”，并把“数据”以信息流的方式投入教育中，以教育再反哺社会，不断带动社会发展，从而实现对土地、资本、技术等产生指数化赋能。新型教育生产力也决定了教学中新型的师生关系，数字韧性教育老师直击教育“本源”，更加关注学生，以关乎学生生存和生活的思维为目标，以助力学生元素养养成为核心理念。这种教育产生的师生关系本身就有很大的包容性，能够促进师生关系和谐发展、教与学相生相长，更利于学生以一种幸福稳定状态整合自身和周边的资源，积极投身于美好社会创建。

（二）数字韧性教育能够整合教育力量，构建优良教育生态

从学校承担的社会责任来看，数字韧性教育是学校在新时代发展的一个必然趋势。长期以来，学校教育无论在时间上还是在功能上均一直占据着主导地位，但是学校的责任“不在于把社会的全部成就传递下去，保存起来，而只是把有助于未来更美好的社会的部分传递和保存起来”。毋庸置疑，随着信息获取越来越便利，学校信息传递和保存的功能正在不断弱化，教育参与未来美好社会构建的功能需求却越来越突出。数字韧性教育的开展有利于学

校联合各界教育力量，形成数字韧性教育共同体，共同研究教育理论和实践。关于共同体的研究，马克思在《1844年经济学哲学手稿》中关于共产主义的讨论，经常涉及这一术语，共同体的问题可以追溯到亚里士多德的《政治学》，他在此书中直接把雅典的主要政治形式——城邦（polis）看作是政治共同体。在相关论述中可以看出，共同体是能够从系统的视角将具有共同利益的相关人员聚合到一起，形成一个良性的生态系统。数字韧性教育是一种新型的教育诉求，它能够有效整合个人教育力、社会教育力、学校教育力、家庭教育力等与学生成长和发展利益相关的教育群体，激发他们的积极性和责任心，形成更加优良的教育关系，构建优良教育生态，在此生态中，各自利用自己的专长，共同促进数字韧性教育目标的达成。

（三）数字韧性教育能够关注生命教育，满足学生生存生活需求

自20世纪90年代起，教育领域掀起了素质教育的热潮，很多学者专家开始不断关注学生权利，以此促进学生健康成长。但正如克里夫·贝克所言，“有时候给了学生选择权，却没有给他们提供做出明智选择所需要的帮助”。生活在智能时代，作为数字土著的学生，每天都要面对铺天盖地的数字信息，如何有效选择，成为教育领域一个重要的研究命题。为了不让学生在“众多选择”中迷失方向，做出盲目选择，必须帮助学生面向“生命”不断学会选择。“生命·实践”教育是叶澜教授及其团队受到中国传统哲学中“天人合一”思想的启发提出的，是将西方教育学与本土教育实践相结合，充分关注中国学生个体“生命”教育，完成了教育学的中国式表达。“生命·实践”教育的核心思想是“教天地人事 育生命自觉”，即“经教育与自我教育，个体逐渐由外而内、由内而外，最终实现自觉把握人生命运的转化、生成过程”。换句话说，“生命·实践”教育是培养学生做自己命运的主人，拥有完全的个人生命主动权和生活选择权，学会在复杂的生活环境中生存和发展。数字韧性教育的目标与“生命·实践”教育的目标有着异曲同工之妙，毕竟教育最终的成功与否就体现在“学生”能否拥有终身选择幸福生活的权利。因此，数字韧性教育关注“生命教育”能够真正地从学生身心成长需求的视角，关怀学生个体在身临数字环境中时能够做出促使“生命发展”的各种选择，从根本上解决其生命成长密切相关问题，培养学生终身学习和生活生存的能力，最终实现“人的发展”这一终极目标。

总之，当时代发展和社会生活情境发生巨大变化时，作为上层建筑的教育就必须做出适应性调整以及功能的再造来应对这些变化，这是教育在复杂

变化中求得生存的唯一选择。教育如果脱离了“时代”和“社会”，就如同脱了靶的箭、走了火的枪、断了线的风筝，不但不会达到既定的目的，更有可能会产生不可预知的危险，影响整个国家的发展。我们不得不承认，当前教育正处在一个巨大的转型期，保持既有模式发展还是进行改革创新是当前面临的一个重要选择。笔者认为，如果继续固守传统线下教室教育模式，就无法适应知识海量剧增、信息瞬息万变、智能设备无处不在、日益充满不确定性的社会现实，学校教育必将面临一个适应性的发展困惑。只有尝试从学生适应社会生存的角度，接纳、包容并积极探索“数字”介入的教育模式，构建新型的智慧教育空间（环境），才是教育未来发展之道，而我们现在所探究的数字韧性教育所做的就是这样一种尝试。

参考文献

［1］Warren Kalbacker，连真然．数字时代［J］．世界科学，2018（12）：10－12.

［2］祝智庭，沈书生．数字韧性教育：赋能学生在日益复杂世界中幸福成长［J］．现代远程教育研究，2020，32（4）：3－10.

［3］沈书生，杨欢．构建学习力：教育技术实践新视角［J］．电话教育研究，2009（6）：13－16.

［4］彭少健．2014 中国媒介素养研究报告［M］．北京：中国广播电视出版社，2014：13.

［5］保尔·朗格朗．终身教育引论［M］．周南照，陈树清译．北京：中国对外翻译出版公司，1985：15.

［6］沈书生．学习空间的变迁与学习范式的转型［J］．电化教育研究，2018，39（8）：59－63，84.

［7］张廷．网络教学环境下学习情绪及情绪模型的研究［D］．北京：首都师范大学，2008.

［8］肖婉，张舒予．元素养：社交媒体时代高校信息素养教育新理念［J］．开放教育研究，2016（5）：95－101.

［9］刘丽萍，刘春丽．元素养：信息素养教育转型新导向［J］．情报资料工作，2017（1）：100－104.

［10］吴云珊．基于共生学科服务理论的高校元素养教育模式预设［J］．图书馆学研究，2019（10）：23－26.

[11] 宋霞霞，马德俊．基于数字故事的教育叙事可视化研究［J］．现代教育技术，2012（2）：36－41.

[12] 沈书生．学习空间：学习发生的中介物［J］．电化教育研究，2020（8）：19－25.

[13] 伽达默尔，杜特．解释学　美学　实践哲学：伽达默尔与杜特对谈录［M］．金惠敏译．北京：商务印书馆，2005.

[14] 理查德·保罗，琳达·埃尔德．思考的力量：批判性思考成就卓越人生［M］．丁薇译．上海：上海人民出版社，2006：2.

[15] 伊斯雷尔·谢弗勒．人类的潜能——一项教育哲学的研究［M］．石中英，涂元玲译．上海：华东师范大学出版社，2006：16－17.

[16] 叶澜．课程教学过程再认识：功夫重在论外［J］．课程·教材·教法，2013（5）：3－13.

[17]［美］埃里克·西格尔（Eric Siegel）．大数据预测［M］．周昕译．北京：中信出版社，2014：7.

[18] 叶澜．中国教育学发展世纪问题的审视［J］．教育研究，2004（7）：3－17.

[19] 杜威．道德教育原理［M］．王承绪等译．杭州：浙江教育出版社，2003：41.

[20] 王贵贤，田毅松．《1844年经济学哲学手稿》导读［M］．北京：中国民主法制出版社，2012：79.

[21] 克里夫·贝克．优化学校教育——一种价值的观点［M］．戚万学等译．上海：华东师范大学出版社，2003：中文版序，5.

[22] 叶澜．中国哲学传统中的教育精神与智慧［J］．教育研究，2018（6）：4－7.

[23] Dewey, J. Experience and education [M]. New York: Simon and Schuster, 1938.

[24] Rescigno RC. Practical Implementation of Educational Technology. The GTE/GTEL Smart－Classroom. The Hueneme School District Experience [Z]. Paper presented at the US/USSR Joint Conference on Computers, Education, and Children, Moscow, USSR, 1988: 27.

[25] Fredricks, J. A., Blumenfeld, P. C. and Paris, A. H. School Engagement: Potential of the Concept, State of the Evidence [J]. Review of Educational

Research，2004（1）：59－109.

［26］Mackey，T.，& Jacobson，T，Reframing in－formation literacy as a metaliteracy［J］. College & Research Libraries，2011，72（1）：62－78.

［27］Rethinking ACRL's information literacy standands'. the process begins［EB/OL］.［2017－10－12］. http：//www. acrl. ala. org/ acrlinsider/archives/7329.

［28］Yowell C. Digital Badges：The future is here［EB/OL］.［2017－05－20］. http：//www. reconnectlearning. org/why－badges－matter.

［29］Allain N. Metacognitive question［EB/OL］.［2017－06－12］. http：//www. slideshare. net/ALATechSource/jacobson－and－mackey－metaliteracy－workshop.

［30］Witek D. Metaliteracy at the level［EB/OL］.［2016－03－20］. http：//metalitearcy. org/2015/10/30/ metalitearcy at the course level a look at revising for metaliteracy from the forth coming metalitearcy in practice book/.